SDG – Forschung, Konzepte, Lösungsansätze zur Nachhaltigkeit

Die nachhaltige Entwicklung unserer Welt ist eine der wichtigsten Herausforderungen in Gegenwart und Zukunft und zugleich eine Aufgabe, an der alle Wissenschaften beteiligt sind. Um einen sichtbaren Beitrag auf diesem Weg zu leisten, gibt SPRINGERNATURE die Buchreihe SDG – Forschung, Konzepte, Lösungsansätze zur Nachhaltigkeit heraus, in der Arbeiten aus allen Disziplinen publiziert werden können, die die wissenschaftliche Analyse oder die praktische Förderung von Nachhaltigkeit zum Ziel haben, wie sie insbesondere in den Nachhaltigkeitszielen der Vereinten Nationen definiert sind.

Patricia Moock

SDGs im Mittelstand

Nachhaltigkeit in Unternehmen ganzheitlich umsetzen

Patricia Moock
4L Impact Strategies GmbH
Karlsruhe, Deutschland

ISSN 2731-8826   ISSN 2731-8834   (electronic)
SDG – Forschung, Konzepte, Lösungsansätze zur Nachhaltigkeit
ISBN 978-3-662-67735-3   ISBN 978-3-662-67736-0   (eBook)
https://doi.org/10.1007/978-3-662-67736-0

Die Deutsche Nationalbibliothek verzeichnet diese Publikation in der Deutschen Nationalbibliografie; detaillierte bibliografische Daten sind im Internet über http://dnb.d-nb.de abrufbar.

Planung/Lektorat: Mareike Teichmann
Springer Gabler ist ein Imprint der eingetragenen Gesellschaft Springer-Verlag GmbH, DE und ist ein Teil von Springer Nature.
Die Anschrift der Gesellschaft ist: Heidelberger Platz 3, 14197 Berlin, Germany

Das Papier dieses Produkts ist recyclebar.

Vorwort

Warum dieses Buch?

Die Wirtschaftswelt befindet sich in einer massiven Transformation und in einem multidimensionalen Spannungsfeld. Krieg, Lieferengpässe, Ressourcenknappheit, Dürren, Extremwetterereignisse, Klimakatastrophe, massives Artensterben, Pandemien usw. dominieren die Schlagzeilen der Medien der letzten Jahre. Unternehmen, Branchen und sogar ganze Industrien stehen dabei vor schier unlösbaren Herausforderungen: die digitale Transformation zu meistern sowie Nachhaltigkeit zu verankern und dabei Lieferausfälle zu jonglieren, Cyberattacken zu mitigieren und Fachkräfte zu finden. Im deutschsprachigen Raum sind besonders mittelständische und Familienunternehmen von diesen Herausforderungen betroffen. In vielen Gesprächen und durch Kundenbeziehungen stelle ich immer wieder fest, dass diese Unternehmen schon seit der Gründung den Anspruch haben, langfristig über Generationen hinweg sozial- und umweltverträglich zu wirtschaften. Anders als vielleicht bei Großkonzernen wird dabei erst mal nicht darüber geredet, sondern gemacht, und zwar mit großem Ehrgeiz und intrinsisch motiviert, „weil es eben das Richtige ist". Oft sind es dabei viele einzelne Maßnahmen, die über Jahre hinweg stetig implementiert wurden. Nachhaltigkeit spielt hier also schon lange eine wichtige Rolle und ist in vielen mittelständischen Unternehmen eben eine Selbstverständlichkeit. Dennoch kommen immer wieder Fragen auf, wie man Nachhaltigkeit ganzheitlich im Unternehmen verankert, was alles darunterfällt und wie man sicherstellt, alles berücksichtigt zu haben. Hierbei kommen die „Sustainable Development Goals" der UN (kurz: SDGs) ins Spiel. Als globales Rahmenwerk bieten sie einen Orientierungsrahmen und einen ganzheitlichen Blick auf Nachhaltigkeit und leisten für Mittelständler einen wertvollen Beitrag zur strategischen Ausrichtung, zu Innovationsvorhaben, für die Umsetzung, für die interne und externe Kommunikation und für die Entwicklung einer nachhaltigen Kultur. Die Arbeit mit den SDGs bietet den Vorteil, dass nun Mittelständler ihre jahrelangen Bemühungen der lokalen Nachhaltigkeitsarbeit mit einem global anerkannten Rahmenwerk verbinden können.

Dieses Buch soll als Handreichung dienen, die SDGs als global ausgelegtes Rahmenwerk auf das eigene Unternehmen anzuwenden und Nachhaltigkeit ganzheitlich im Unternehmen auf allen Ebenen zu verankern.

Aufbau des Buches

Dieses Buch ist als ein Praxisbuch für AnwenderInnen geschrieben und soll Sie dabei unterstützen, Nachhaltigkeit mit den SDGs bei Ihnen im Unternehmen zu verankern. Besonders nützlich ist es dabei für diejenigen AnwenderInnen, die sich dem Thema Nachhaltigkeit strategisch ganzheitlich nähern und dabei die SDGs verwenden möchten. Dazu stelle ich in den einzelnen Kapiteln immer wieder Workshopabläufe, praktische Checklisten und Checkfragen, Tabellen, konkrete Formate, Tipps und Hinweise vor, die Ihnen die Arbeit erleichtern sollen. Diese sollten Sie dabei unbedingt auf Ihr Unternehmen zuschneiden und anpassen, denn Sie kennen Ihr Unternehmen dabei am besten und haben sicherlich eine Ahnung, was wirkt und was nicht.

Nichtsdestotrotz möchte ich Sie ermutigen, sich neuen Ansätzen und Methoden zu nähern und dabei vielleicht auch die eigene Komfortzone zu verlassen.

Im 1. Kapitel dieses Buches gebe ich einen bewusst kurzen Überblick über Nachhaltigkeit, die Besonderheiten im mittelständischen Umfeld, das politische Umfeld und ordne die SDGs in den Nachhaltigkeitskontext ein.

Im 2. Kapitel stelle ich Ihnen die SDGs vor, ihre Herkunft, gebe einen Überblick über die wichtigsten Ziele und ordne sie in den unternehmerischen Kontext ein. Dabei gebe ich Ihnen eine Auswahl an für Unternehmen relevante Unterziele der SDGs. Falls Sie die SDGs schon in- und auswendig kennen, überspringen Sie es einfach.

Im 3. Kapitel geht es dann von der Theorie in die Praxis und ich stelle dar, wie Sie die SDGs für die Bestimmung der Ausgangslage in Bezug auf Nachhaltigkeit in Ihrem Unternehmen nutzen können. Dabei stelle ich Ihnen wichtige Analysemethoden vor, unter anderem auch, wie Sie eine Wesentlichkeitsanalyse und Risikoanalyse mit den SDGs durchführen können.

Im 4. Kapitel beschreibe ich nachhaltige Geschäftsmodelle, leite Geschäftsmodellinspirationen aus den SDGs ab und zeige, wie die Visions- und Strategieentwicklung mit den SDGs erfolgen kann. Ich gebe hierbei allgemeine Hinweise und Tipps zur Visions- und Strategieentwicklung, sodass der Einstieg für Sie erleichtert ist.

Im 5. Kapitel erläutere ich das Konzept der nachhaltigen Haltung bzw. des „Sustainability Mindsets" und wie die SDGs die nachhaltige Kultur- und Kompetenzentwicklung unterstützen können.

Im 6. Kapitel steht die Entwicklung einer nachhaltigen „Governance" bzw. guten Unternehmensführung im Vordergrund und wie die SDGs Sie bei der Entwicklung von nachhaltigen Prozessen unterstützen können. Dabei gehe ich detailliert auf die nachhaltige Produktentwicklung mit den SDGs und die nachhaltige Beschaffung ein.

Im 7. Kapitel gebe ich allgemeine Hinweise zur Umsetzung der Nachhaltigkeitstransformation, der Organisation in einem Programm und Hinweise zum Changemanagement, das zu einer erfolgreichen Umsetzung im Unternehmen unverzichtbar ist.

Im 8. Kapitel beschreibe ich, wie die SDGs zur externen (Nachhaltigkeitsbericht) und internen Nachhaltigkeitskommunikation genutzt werden können.

Nach dem Fazit in Kapitel 9 ist ein Glossar mit den wichtigsten Nachhaltigkeitsbegriffen angehängt. Dieses soll Ihnen helfen, den Überblick über die einzelnen Themen und Abkürzungen zu behalten.

Durch das Buch hinweg gebe ich Ihnen ebenso Hinweise, welche Inhalte auch für die Nachhaltigkeitsberichterstattung relevant sind.

Sie sind herzlich dazu eingeladen, in den direkten Austausch mit mir zu gehen, Feedback zu geben oder Ihre Erfahrungen mit der Anwendung der vorgestellten Konzepte zu teilen.

Karlsruhe   Dipl.-Ing. Patricia Moock
im Februar 2023

Danksagung

Zuletzt möchte ich mich bedanken, besonders bei meiner Familie, die mich während des Schreibens moralisch unterstützt hat und während der vielen Stunden, die ich hinter dem Schreibtisch saß, geduldig war; bei meinem Team in der 4L Impact Strategies und besonders bei Viktoria Gil Manrique, die mir so wunderbar den Rücken freigehalten hat und mich mit Sparring unterstützt hat; bei meiner Geschäftspartnerin Alice Knorz, die mir bedingungslos den Rücken stärkt; bei Johannes Schlosser für konzeptionelles Sparring in unseren gemeinsame Projekten; bei meinen Kunden, mit denen ich etliche SDG-Konzepte ausprobiert habe und Feedback erhalten habe zur Verbesserung und bei meiner Lektorin Mareike Teichmann für die wunderbare Unterstützung und den fruchtvollen Austausch.

Inhaltsverzeichnis

Über die Autorin

Dipl.-Ing. Patricia Moock ist Mitgründerin und Geschäftsführerin von 4L Impact Strategies und berät erfolgreich Unternehmen zu den Schwerpunkten strategische Ausrichtung auf Nachhaltigkeit, Nachhaltigkeitstransformation, nachhaltige Unternehmensentwicklung und Innovation. Durch ihre Erfahrungen im Ausland sowie in KMU, Konzernen und Start-ups bringt sie Know-how aus erster Hand zu unterschiedlichsten Arbeitsweisen und Organisationsformen mit. Sie ist Expertin für die 17 Ziele der nachhaltigen Entwicklung, nachhaltige Unternehmensstrategien, nachhaltige Geschäftsmodelle sowie Transformation und engagiert sich seit Jahren auch privat für Nachhaltigkeit.

1

Nachhaltigkeit im Unternehmenskontext und die Relevanz für mittelständische Unternehmen

Zusammenfassung Nachhaltigkeit hat in den letzten Jahren an Relevanz stark zugenommen und ist längst auch für kleine und mittelständische Unternehmen wichtig. Diese bilden das Rückgrat der deutschen Wirtschaft. Der politische Rahmen in Bezug auf Nachhaltigkeit und gelebte Verantwortung in Unternehmen verändert sich gerade stark. Dabei muss Nachhaltigkeit global sowie lokal verankert und gedacht werden. Das Framework für globale und lokale Nachhaltigkeit sind die „Sustainable Development Goals" der Vereinten Nationen. Diese finden gerade für den Mittelstand in der Nachhaltigkeitsarbeit eine hohe Anwendbarkeit und Relevanz.

Unsere Welt befindet sich in einem noch nie da gewesenen Wandel. Die Menschheit steht gleichzeitig vor mehreren Krisen mit schwerwiegenden Folgen und Herausforderungen: Lieferengpässe, Innovationsdruck, Digitalisierung, Fachkräftemangel. Die Liste ließe sich noch lange fortsetzen. Auch wenn wir eine Krise mehr oder weniger unbeschadet überstehen, werden wir umgehend mit der nächsten konfrontiert. Unternehmen sind mit einer multidimensionalen Transformation konfrontiert. Gerade mittelständische Unternehmen sind einem hohen Risiko ausgesetzt, unter den vorherrschenden Krisen besonders zu leiden. Sie sind in der Regel auf sich allein gestellt und haben keinen großen Mutterkonzern, der sie in einer Notlage auffangen kann. Selten sind sie in vielen verschiedenen Geschäftsfeldern tätig, sodass sie nicht einfach von einem besonders betroffenen

P. Moock, *SDGs im Mittelstand,* SDG - Forschung, Konzepte, Lösungsansätze zur Nachhaltigkeit, https://doi.org/10.1007/978-3-662-67736-0_1

Unternehmenszweig auf einen anderen umschwenken können. Somit haben mittelständische Unternehmen ein besonderes Bedürfnis, sich ganzheitlich nachhaltig und somit resilient für die Zukunft aufzustellen.

Für eine Reihe von Interessengruppen wird die Nachhaltigkeitsleistung von Unternehmen immer wichtiger. InvestorInnen sind davon überzeugt, dass Unternehmen, die Nachhaltigkeit priorisieren, langfristig bessere Renditen bieten können als konventionell handelnde Betriebe (Edelmann Trust Barometer 2020). VerbraucherInnen erwarten, dass Sie mit Ihrem Unternehmen aktiv an der Gestaltung geeigneter Nachhaltigkeitspraktiken mitwirken (Scott und McGill 2021). Immer häufiger wird die nachhaltige Ausrichtung von Unternehmen zum Entscheidungskriterium für potenzielle MitarbeiterInnen, insbesondere bei Nachwuchstalenten. Gerade im Hinblick auf den voranschreitenden Fachkräftemangel können nachhaltige Unternehmen sich attraktiver auf dem Arbeitsmarkt positionieren. Die nachhaltige Unternehmensausrichtung trägt somit wesentlich zu Ihrer Reputation, Kunden- und Mitarbeitendenbindung sowie Wettbewerbs-fähigkeit bei. Zusätzlich entwickelt sich der politische Rahmen hinsichtlich Nachhaltigkeit im Unternehmen rasant weiter. Mit der gesetzlichen Ver-ankerung schreitet der Gesetzgeber mit dem Lieferkettengesetz, der neuen Pflicht zur Nachhaltigkeitsberichterstattung oder der EU-Taxonomie mit schnellen Schritten voran, die verlorene Zeit aus den vergangenen Jahren aufzuholen.

Außerhalb politischer Rahmenbedingungen gibt es weitere äußere Ein-flüsse, die die Nachhaltigkeit Ihrer unternehmerischen Leistung einfordern. In den folgenden Abschnitten möchte ich Ihnen eine kurze Einführung in die Nachhaltigkeit, die Relevanz für den Mittelstand und was das globale Rahmenwerk zur Nachhaltigkeit – die „Sustainable Development Goals" (kurz: SDGs) für mittelständische Unternehmen leisten können.

1.1   Mittelständische Unternehmen und Nachhaltigkeit im Unternehmenskontext

Im Jahr 2020 machte der Mittelstand 99,4 % der deutschen Unternehmen aus. Dies unterstreicht seine enorme Wichtigkeit für die deutsche Wirt-schaft. Mittelständische Unternehmen beschäftigen mehr als 55 % der berufstätigen Personen in Deutschland und erarbeiten mit starken 42 % einen nennenswerten Anteil der Bruttowertschöpfung in Deutschland (Statistisches Bundesamt 2022).

Quantitativ lässt sich der Mittelstand anhand von festgelegten Größenkriterien wie Umsatz und MitarbeiterInnenzahl definieren. Nach dem Handelsgesetzbuch (kurz: HGB) werden die in Tab. 1.1 dargestellten Schwellenwerte verwendet.

Einige große Unternehmen, die längst die Schwellenwerte der MitarbeiterInnen oder auch der Umsatzerlöse überschreiten, fühlen sich dennoch dem deutschen Mittelstand zugehörig. Neben dieser quantitativen Definition muss es also weitere qualitative Merkmale für den Mittelstand geben. Zu den qualitativen Merkmalen zählen unter anderem die Autonomie des Unternehmens, die persönliche Überschaubarkeit und das persönliche und finanzielle Engagement zumindest eines Eigentümers (Krämer 2003, S. 9). Ihre flachen Strukturen und die daraus resultierende Flexibilität und schnelle Entscheidungsgeschwindigkeit sind ein weiteres Merkmal. Des Weiteren besitzen sie ein großes Bewusstsein, unter anderem für ihre Umwelt und ihre Beschäftigten und langfristige Denk- und Handlungsmuster zeichnen sie aus (Grothe und Marke 2012, S. 26). In eigentümer- oder familiengeführten Unternehmen ist der Inhaber oder die Inhaberfamilie im Unternehmen präsent und ist durch die Haftungsstruktur stark persönlich mit dem Erfolg des Unternehmens verbunden. Sie sind entsprechend stark mit ihrer Identität mit dem Unternehmen verknüpft; der Erfolg des Unternehmens zahlt auf das Wohlergehen der Familie ein und umgekehrt. Ebenso wird die Mitarbeiterschaft in die Familienwerte einbezogen und es herrscht eine hohe lokale Verbundenheit vor (Altenburger und Schmidpeter 2018, S. 8–9).

Folglich schwingt eine hohe unternehmerische Verantwortung bei vielen mittelständischen Unternehmen als eine Art Selbstverständlichkeit mit. So setzt eine Vielzahl von Unternehmen bereits Maßnahmen und Projekte im Sinne der Nachhaltigkeit um. Laguir et al. (2016) kommen zu dem Schluss, dass Familienunternehmen mehr soziale Verantwortung tragen als Nichtfamilienunternehmen gleicher Größe. Die Mehrheit der Familienunternehmen legt dabei einen größeren Wert auf die Umsetzung von nachhaltigkeitsbezogenen

Tab. 1.1 Definition der Unternehmensgrößen nach HGB. (Quelle: § 267a HGB, § 267 Abs. 1 HGB; § 267 Abs. 2 HGB; § 267 Abs. 3 HGB)

Unternehmens-klasse	Anzahl der Arbeit-nehmer im Jahres-durchschnitt	Umsatzerlöse [Mio. €]	Bilanzsumme [Mio. €]
Kleinst	Bis 10	Bis 0,35	Bis 0,7
Klein	Bis 50	Bis 6	Bis 12
Mittelgroß	Bis 250	Bis 40	Bis 20
Groß	Über 250	Über 40	Über 20

Maßnahmen als auf die Kommunikation (Moutchnik 2011). Jedoch hat das nachhaltigkeitsbezogene Engagement einen unsystematischen Charakter, weist oft eine mäßige Integration auf und ist fokussiert auf die Eigentümerwerte (Jamali et al. 2009), also nicht vollumfänglich in eine Strategie eingebettet.

Nachhaltigkeit in Unternehmen ist in aller Munde und im öffentlichen Diskurs nicht mehr wegzudenken. Doch was bedeutet Nachhaltigkeit eigentlich? Im Bericht „Our Common Future" (oder auch Brundtland-Bericht genannt) der Weltkommission für Umwelt und Entwicklung aus dem Jahr 1987 erhielt der Begriff der Nachhaltigkeit in Form eines Leit-bilds erstmals politische Präsenz. „Humanity has the ability to make development sustainable to ensure that it meets the needs of the present without compromising the ability of future generations to meet their own needs (United Nations 1987, S. 27)." Das Leitbild einer nachhaltigen Ent-wicklung strebt gleichermaßen ökologische, soziale und ökonomische Ziele an – die sogenannte „Triple Bottom Line". Erste Unternehmenskonzepte aus dem Leitbild heraus entstanden in den 1990er-Jahren.

Die betriebliche Nachhaltigkeit folgt ebenfalls der „Triple Bottom Line": Die wirtschaftliche Nachhaltigkeit sichert die langfristige Handlungsfähig-keit eines Unternehmens und ist Grundlage eines jeden Geschäftsmodells. Sie setzt die Erzielung von Gewinnen voraus, damit ein Unternehmen fortbestehen kann. Die soziale Nachhaltigkeit sieht zu jeder Zeit einen verantwortungs- und friedvollen Umgang mit allen Stakeholdern vor. Die ganzheitliche Betrachtung des Produktlebenszyklus, der rücksichtsvolle Umgang mit Umwelt und Ressourcen und die Beanspruchung der Lebens-grundlagen im Rahmen der natürlichen Regeneration sind Grundlagen der ökologischen Nachhaltigkeit (Rogall 2012, S. 47–48).

Die vergangenen Jahre brachten seit der Entwicklung erster nachhaltiger Unternehmenskonzepte diverse Nachhaltigkeitsmanagement- und CSR-Konzepte hervor. Beispielsweise werden Leitfäden zur Umsetzung und zum Nachweis betrieblicher Nachhaltigkeit durch internationale Standards (z. B. ISO-Normen) zur Verfügung gestellt (Scholz und Pastoors 2018, S. 11 ff.): Quali-tätsmanagementstandards (z. B. ISO 9001) können für die Gewährleistung der wirtschaftlichen Nachhaltigkeit herangezogen werden. ISO 26000 ist ein „Social-Responsibility-Leitfaden", welcher mit Kernthemen und Handlungsfeldern gesellschaftlicher Verantwortung Orientierung im Bereich der sozialen Nach-haltigkeit gibt. Umweltmanagementsysteme wie ISO 14001, Eco Management and Audit Scheme (kurz: EMAS) und Energiemanagementsysteme wie ISO 50001 können für Maßnahmen ökologischer Nachhaltigkeit genutzt werden.

Die existierenden Konzepte gehen überwiegend auf einzelne Prozesse oder Bereiche ein und berücksichtigen die Komplexität einer nachhaltigen

Entwicklung nicht in ausreichendem Maße. Sie ermöglichen daher keine ganzheitliche Integration von Nachhaltigkeit in Unternehmen – ein Managementsystem eines internationalen Normungsinstituts, das hierzu in der Lage ist, existiert bisher nicht. Auch dieses Buch kann ein solches System nicht bereitstellen, es kann jedoch Hilfe leisten, mit den SDGs Nachhaltigkeit in Ihrem Unternehmen zu verankern.

„Business Case" Nachhaltigkeit
Diverse Studien belegen die Bedeutung nachhaltiger Geschäftsmodelle für den Unternehmenserfolg: Mithilfe solider Nachhaltigkeitsstandards können Unternehmen unter anderem ihre Kapitalkosten senken, ihre Aktienkursentwicklung positiv beeinflussen und im Allgemeinen ihre betriebliche Leistung verbessern (Clark et al. 2014, S. 9). Laut Ambec und Lanoie (2008, S. 45) verschaffen nachhaltige Geschäftsmodelle diverse weitere wirtschaftliche Vorteile, wie z. B. geringere Markteintrittsbarrieren für bestimmte Märkte, die Risikoreduktion aus Stakeholderbeziehungen, eine stärkere Produktdifferenzierung und eine höhere Ressourcenproduktivität, durch welche wiederum die Kosten für Beschaffung und Entsorgung gesenkt werden können. Das allgemeine Verständnis nachhaltiger Geschäftsmodelle besteht darin, dass sie im Vergleich zu konventionellen Geschäftsmodellen nicht nur auf die Bereitstellung eines ökonomischen Nutzens abzielen, sondern durch ihr Handeln auch einen ökologischen und sozialen Mehrwert erzielen wollen (Ahrend 2016, S. 12).

Mittelständische Unternehmen können im Hinblick auf die Einführung von nachhaltigen Strategien und Geschäftsmodellen im Vergleich zu größeren, komplexen Unternehmen von unterschiedlichen Vorteilen profitieren. In der Regel bleibt bei ihnen mehr Raum für Flexibilität und Innovation. Wie oben beschrieben, sind mittelständische Unternehmen oft eigentümer- und/oder familiengeführt, sodass es kurze Entscheidungswege gibt und schnelle Veränderungen möglich sind. Sie können sich also relativ unkompliziert für Nachhaltigkeit als Teil ihrer Unternehmensstrategie entscheiden (Altenburger und Schmidpeter 2018, S. 4).

Hinzu kommt, dass der Wirkung ihres unternehmerischen Handelns im Mittelstand eine besondere Bedeutung zukommt: Sie sind häufig Zulieferer für Großunternehmen, zugleich aber auch Einkäufer von Ressourcen und Rohstoffen. Dadurch haben sie als Bindeglied einen enormen Einfluss auf Prozesse entlang der Lieferkette und können diese nachhaltig beeinflussen.

Nachhaltigkeit in Familienunternehmen ist dabei keine Reaktion auf einen äußeren Trend der letzten Jahre, sondern ein grundlegender Bestandteil ihres verantwortungsvollen unternehmerischen Handelns und entspringt einer inneren Werthaltung.

Dazu passt die Aussage von Antje von Dewitz und Lisa Fiedler von VAUDE – ein 1974 gegründetes deutsches Familienunternehmen in der Outdoorsportbranche: „Die Privatwirtschaft hat einen bedeutenden Einfluss auf die ökologischen, sozialen und wirtschaftlichen Bedingungen. Um langfristig den Erhalt unseres Planeten sicherzustellen und soziale Ungleichheit zu beseitigen, ist ein Leitbild für unternehmerisches Handeln notwendig, das in der gesamten Lieferkette Verantwortung für Mensch und Natur übernimmt (Altenburger und Schmidpeter 2018, S. 252)."

1.2 Politischer Rahmen

Die nachhaltige Ausrichtung Ihres Unternehmens verspricht jedoch nicht nur für die Innenperspektive langfristige Vorteile, wie im vorigen Kapitel gezeigt. Auch ein Blick auf die Außenperspektive zeigt, dass äußere Einflussfaktoren wie politische Rahmenbedingungen Nachhaltigkeit einfordern.

Es gibt eine Vielzahl von Faktoren, die von außen Druck auf Unternehmen ausüben, Nachhaltigkeitsaspekte in ihrem Geschäftsmodell zu berücksichtigen. Dieser Druck wird durch die sich in den kommenden Jahren dynamisch entwickelte Regulatorik im Nachhaltigkeitsbereich weiter zunehmen.

Zum einen ist hier die Schaffung politischer Programme und regulatorischer Instrumente seitens der Bundesregierung sowie der Europäischen Kommission zu nennen. Dies wurde notwendig, da Umweltschäden sowie die Folgen des Klimawandels immer deutlicher zu spüren sind. Auch Unternehmen sind davon betroffen, beispielsweise durch die Knappheit natürlicher Ressourcen und die Verteuerung fossiler Energieträger. Vor diesem Hintergrund verabschiedete die Bundesregierung im Jahr 2019 das Klimaschutzprogramm 2030 und zeichnete 2020 den Green Deal der EU-Kommission mit.

Die Ziele des EU Green Deal sind unter anderem (Europäische Kommission 2019, S. 2 ff.):

- Europa soll 2050 der erste treibhausgasneutrale Kontinent werden,
- Versorgung mit sauberer und erschwinglicher Energie,
- Förderung einer Kreislaufwirtschaft,
- energie- und ressourcenschonendes Bauen,
- schadstofffreie Umwelt,

- europäische Chemikalienstrategie für Nachhaltigkeit,
- Ökosysteme und Biodiversität erhalten und wiederherstellen,
- faire, gesundheitsförderliche und umweltfreundliche Lebensmittelsysteme für eine bessere Ernährung,
- nachhaltige und intelligente Mobilität,
- niemanden zurücklassen (= das Motto der SDGs).

Ein wirkungsvolles Instrument des Green Deals ist die CO_2-Bepreisung, die seit Januar 2021 Inverkehrbringer von Brennstoffen dazu verpflichtet, einen Preis in Höhe von 25 € pro Tonne CO_2 zu bezahlen. Im Jahr 2025 soll dieser bereits 55 € pro Tonne betragen, wobei 2026 eine weitere Erhöhung auf bis zu 65 € möglich ist. Die Gelder aus der Bepreisung sollen unter anderem in Klimaschutzmaßnahmen und in Maßnahmen zur Vermeidung der Verlagerung von Treibhausgasemissionen in Nicht-EU-Länder („Carbon Leakage") fließen. Darüber hinaus sollen die Einnahmen verwendet werden, um eine Entlastung der Strompreise für VerbraucherInnen und Unternehmen zu finanzieren. Ein weiteres wesentliches Element des Green Deals ist der Aktionsplan Kreislaufwirtschaft, der Maßnahmen für den gesamten Lebenszyklus von Produkten enthält. Er verfolgt das Ziel, durch die nachhaltige Gestaltung aller Lebenszyklusphasen, von der Produktgestaltung bis zur Entsorgung, den materiellen Fußabdruck zu reduzieren, die Hersteller vermehrt in die Verantwortung zu nehmen und den nachhaltigen Konsum zu fördern. Ressourceneffizienz, Abfallvermeidung und die Langlebigkeit von Produkten stehen im Fokus des Aktionsplans (Europäische Kommission 2020, S. 4 ff.).

Auch im Bereich Energie gibt es klare, gesetzlich verankerte Ziele: Die Novellierung des Erneuerbare-Energien-Gesetzes (EEG) vom 1. Januar 2023 sieht eine weitere Beschleunigung des Ausbaus erneuerbarer Energien vor. Demnach soll der Bruttostromverbrauch in Deutschland bis 2030 zu 80 % aus erneuerbaren Energien gedeckt werden (EEG 2023 § 1 Abs. 2). Bis 2050 soll der in Deutschland erzeugte und verbrauchte Strom vollständig klimaneutral sein. Im Allgemeinen soll auch eine Senkung des Primärenergieverbrauchs erreicht werden. Dieser soll laut Energieeffizienzstrategie 2050 (Eff-STRA), welche Ende 2019 beschlossen wurde, im Vergleich zum Basisjahr 2008 bis 2030 um 30 % und bis 2050 um 50 % reduziert werden (Bundesministerium für Wirtschaft und Energie 2019, S. 9).

Die Einhaltung von ökologischen und sozialen Mindeststandards entlang der Lieferketten von deutschen Unternehmen wird durch das Lieferkettensorgfaltspflichtengesetz (LkSG), das 2021 vom Bundestag verabschiedet wurde, sichergestellt. Seit dem 1. Januar 2023 gilt es zunächst für Unternehmen mit mehr als 3000 Beschäftigten, ab dem 1. Januar 2024 werden Unternehmen mit mehr als 1000 Beschäftigten betroffen sein (Bundesministerium für Wirtschaft und Klimaschutz, 2023). Die betroffenen Unternehmen sind dadurch gezwungen, Mindeststandards von ihren Zulieferern zu verlangen, sodass das LkSG auch für viele mittelständische Unternehmen relevant sein wird. Mit der Corporate Sustainability Due Diligence Directive (CSDDD) wird derzeit ein Vorschlag zur Ausweitung der Lieferkettensorgfaltspflichten auf EU-Ebene erarbeitet (Europäische Kommission 2022). Um diese in das deutsche Recht zu adaptieren, wird das LkSG zu gegebenem Zeitpunkt entsprechend angepasst werden.

Nicht nur die Ausrichtung der Unternehmenspraktiken nach Nachhaltigkeitsaspekten wurde und wird weiterhin gesetzlich verankert, auch Offenlegungspflichten in Bezug auf Nachhaltigkeit wurden etabliert und werden in der Aktualität weiter verschärft. Im Jahr 2018 ist zunächst die Non-Financial Reporting Directive (NFRD) auf EU-Ebene in Kraft getreten (2014/95/EU), welche in Deutschland über das CSR-Richtlinie-Umsetzungsgesetz (CSR-RUG) umgesetzt wird. Gemäß NFRD müssen betroffene Unternehmen nicht finanzielle Informationen zu Umwelt-, Sozial- und Arbeitnehmerbelangen, der Achtung von Menschenrechten sowie der Korruptionsbekämpfung offenlegen. Im Jahr 2021 folgte dann die Sustainable Finance Disclosure Regulation (SFDR), welche Anbieter von Finanzprodukten wie Banken und Versicherungen dazu verpflichtet, Angaben zur Nachhaltigkeitswirkung ihrer Produkte offenzulegen ((EU) 2019/2088). Seit 2022 werden sowohl die NFRD als auch die SFDR durch die EU-Taxonomie erweitert, die für die Sachverhalte, die der Offenlegung bezüglich der Wirtschaftsaktivitäten unterliegen, konkrete ökologische Bewertungskriterien zugrunde legt.

Die jüngste Vergangenheit brachte die EU-Richtlinie zur Nachhaltigkeitsberichterstattung (Corporate Sustainability Reporting Directive, kurz CSRD; [EU] 2022/2464) hervor. Die Richtlinie wurde im November 2022 durch das EU-Parlament angenommen. Diese sieht eine neue, ausgeweitete Berichtspflicht vor, welche umfassendere und an einheitlichen Maßstäben orientierte Nachhaltigkeitsberichte verlangt. Für Unternehmen von öffentlichem Interesse mit mehr als 500 MitarbeiterInnen soll die CSRD für Geschäftsjahre beginnend mit dem 1. Januar 2024 gelten. Ein Jahr später folgen alle weiteren bilanzrechtlich großen Unternehmen. Kapitalmarktorientierte kleine und mittlere Unternehmen werden für das Geschäftsjahr ab dem 1. Januar 2026 berichtspflichtig, wobei sie von der Möglichkeit des Aufschubs bis 2028 Gebrauch machen können. Zur Umsetzung der CSRD hat die European Financial Reporting Advisory Group (kurz EFRAG) im

November 2022 einen Entwurf über die Standards der offenzulegenden Nachhaltigkeitsinformationen, die sogenannten "European Sustainability Reporting Standards" (ESRS), vorgelegt. Bis zum 30. Juni 2023 kann die Europäische Kommission die Standards inhaltlich anpassen, bevor sie dann als Rechtsakt erlassen werden. Auf die Nachhaltigkeitsberichterstattung gehe ich vertieft in Abschn. 8.1 ein.

Politische Zielsetzungen auf internationaler und auch außereuropäischer Ebene finden sich in den 17 Zielen für nachhaltige Entwicklung der Vereinten Nationen („Sustainable Development Goals", kurz SDGs). Politische Rahmenwerke wie der EU-Green Deal und die Deutsche Nachhaltigkeitsstrategie bauen auf sie auf. In Kap. 2 gehe ich detailliert auf die SDGs mit ihren Unterzielen und den unternehmerischen Kontext ein.

Insgesamt wird also deutlich, dass Nachhaltigkeit für Unternehmen, insbesondere auch für den Mittelstand, vom „schönen Extra" auch zu einem Muss wird – ein Trend, der sich in den folgenden Jahren immer weiter intensivieren wird. Unternehmen, die zukunftsorientiert handeln – d. h. langfristig als fähiger Wettbewerber und attraktiver Arbeitgeber bestehen wollen – und gleichzeitig die Vorteile nachhaltiger Entwicklung für sich erkennen, ergreifen heute die notwendigen Maßnahmen. Nachhaltigkeit besteht nicht nur darin, die Auswirkungen der eigenen Unternehmensaktivitäten zu analysieren und zu überwachen. Vielmehr geht es darum, Nachhaltigkeit langfristig über die Unternehmensstrategie zu integrieren, diese kontinuierlich weiterzuentwickeln und somit Nachhaltigkeit im Unternehmen zu verankern und sein Geschäftsmodell im Sinne der Nachhaltigkeit weiterzuentwickeln. Dieses Buch soll in den folgenden Kapiteln aus der Praxis heraus Unterstützung bieten, Nachhaltigkeit mit dem Rahmenwerk der UN, den „Sustainable Development Goals", im Unternehmen zu verankern und in die Strategie zu integrieren.

1.3 Nachhaltigkeit und die „Sustainable Development Goals"

Nachhaltigkeit umzusetzen ist eine Querschnittsaufgabe, die alle Bereiche des Lebens berührt. Ihre Umsetzung ist eine globale Herausforderung, denn die Auswirkungen von nicht nachhaltigem Handeln sind auch global spürbar. Umweltprobleme und soziale Herausforderungen können kein Unternehmen und keine Regierung mit einem politischen Instrument allein lösen. Dies kann erfolgreich auch nur in einer engen globalen Zusammenarbeit erfolgen.

Die 17 Ziele für nachhaltige Entwicklung der Vereinten Nationen, kurz SDGs, bilden einen weltweiten Orientierungsrahmen für eine nachhaltige Entwicklung. Sie rufen nicht nur die Regierungen der Vereinten Nationen auf, eine nachhaltige Entwicklung anzustreben, sondern richten sich auch an Wirtschaftsunternehmen sowie die Zivilgesellschaft (United Nations 2015).

> Der offizielle deutsche Titel lautet „Transformation unserer Welt: Die Agenda 2030 für nachhaltige Entwicklung" (kurz: Agenda 2030).

Die SDGs sind die bislang einzigen globalen Nachhaltigkeitsziele, die einheitliche Maßstäbe setzen. Mit ihren detaillierten Unterzielen zeigen sie konkrete Handlungsfelder für die größten existierenden und sich in Zukunft anbahnenden Herausforderungen auf. Zentrale Aspekte der Ziele sind das Beenden von Hunger und Armut, die Reduzierung von Ungleichheiten im Lebensstandard, ein nachhaltiges Management von natürlichen Ressourcen, das den Erhalt von Ökosystemen gewährleistet und deren Resilienz stärkt, Wohlstand für alle, friedliche, gerechte und inklusive Gesellschaften und das Erreichen durch globale Partnerschaften.

Die 17 Ziele sind

- Ziel 1: Armut in allen ihren Formen und überall beenden
- Ziel 2: Den Hunger beenden, Ernährungssicherheit und eine bessere Ernährung erreichen und eine nachhaltige Landwirtschaft fördern
- Ziel 3: Ein gesundes Leben für alle Menschen jeden Alters gewährleisten und ihr Wohlergehen fördern
- Ziel 4: Inklusive, gleichberechtigte und hochwertige Bildung gewährleisten und Möglichkeiten lebenslangen Lernens für alle fördern
- Ziel 5: Geschlechtergleichstellung erreichen und alle Frauen und Mädchen zur Selbstbestimmung befähigen
- Ziel 6: Verfügbarkeit und nachhaltige Bewirtschaftung von Wasser und Sanitärversorgung für alle gewährleisten
- Ziel 7: Zugang zu bezahlbarer, verlässlicher, nachhaltiger und moderner Energie für alle sichern
- Ziel 8: Dauerhaftes, inklusives und nachhaltiges Wirtschaftswachstum, produktive Vollbeschäftigung und menschenwürdige Arbeit für alle fördern
- Ziel 9: Eine widerstandsfähige Infrastruktur aufbauen, inklusive und nachhaltige Industrialisierung fördern und Innovationen unterstützen
- Ziel 10: Ungleichheit in und zwischen Ländern verringern
- Ziel 11: Städte und Siedlungen inklusiv, sicher, widerstandsfähig und nachhaltig gestalten
- Ziel 12: Nachhaltige Konsum- und Produktionsmuster sicherstellen
- Ziel 13: Umgehend Maßnahmen zur Bekämpfung des Klimawandels und seiner Auswirkungen ergreifen

- Ziel 14: Ozeane, Meere und Meeresressourcen im Sinne nachhaltiger Entwicklung erhalten und nachhaltig nutzen
- Ziel 15: Landökosysteme schützen, wiederherstellen und ihre nachhaltige Nutzung fördern, Wälder nachhaltig bewirtschaften, Wüstenbildung bekämpfen, Bodendegradation beenden und umkehren und dem Verlust der biologischen Vielfalt ein Ende setzen
- Ziel 16: Friedliche und inklusive Gesellschaften für eine nachhaltige Entwicklung fördern, allen Menschen Zugang zur Justiz ermöglichen und leistungsfähige, rechenschaftspflichtige und inklusive Institutionen auf allen Ebenen aufbauen
- Ziel 17: Umsetzungsmittel stärken und die globale Partnerschaft für nachhaltige Entwicklung mit neuem Leben erfüllen

Unternehmen weltweit nehmen bei der Erreichung und Umsetzung der SDGs eine zentrale Rolle ein: Laut der Business and Sustainable Development Commission (BSDC 2017, S. 25) können sie entscheidend zur Erreichung von mindestens der Hälfte der 169 SDG-Unterziele betragen. Unternehmen brauchen jedoch auch die SDGs, um langfristig bestehen zu können, denn ohne ihre Berücksichtigung würden die Kosten der globalen Belastung steigen, was Unternehmen zunehmend beeinträchtigen würde. Gleichzeitig werden sich Regierungen gezwungen sehen, die Wirtschaftstätigkeiten strenger zu reglementieren, wodurch die Unternehmen vor weitere Herausforderungen gestellt werden.

Die Relevanz der SDGs in Deutschland zeigt sich in der Tatsache, dass die Bundesregierung sie in die Deutsche Nachhaltigkeitsstrategie integriert hat, aus welcher wiederum Regelungen und Gesetze hervorgehen und auch in Zukunft hervorgehen werden. Die Deutsche Nachhaltigkeitsstrategie enthält Maßnahmen zur Umsetzung der SDGs in Deutschland inklusive konkreter Leitprinzipien und Ziele für die einzelnen Entwicklungsfelder. Sie berücksichtigt zwei Perspektiven: Maßnahmen mit Wirkung in Deutschland und Maßnahmen in Deutschland mit weltweiten Auswirkungen (Die Bundesregierung 2021, S. 30). Auch auf europäischer Ebene finden sich die SDGs in den strategischen Prioritäten wieder – sie sind im EU Green Deal (siehe Abschn. 1.2) verankert.

Wie bereits in   Abschn. 1.2 erwähnt, haben gerade mittelständische Unternehmen einen besonders großen Einfluss auf die nachhaltige Entwicklung ihres (Unternehmens-) Umfelds und somit auch auf die SDGs. Viele Unternehmen erzielen bereits heute – wenn auch teilweise unbewusst – positive Wirkungen, die in Zusammenhang mit den SDGs stehen. Andersherum kann Ihr Unternehmen von den Zielen profitieren: Sie decken alle wesentlichen Nachhaltigkeitsbereiche ab, sodass sie optimal geeignet sind, um sie als Basis für die nachhaltige Entwicklung in Ihrem Unternehmen zu verwenden. Durch ihre Verankerung im Gesetz trägt die Ausrichtung Ihres Unternehmens an den SDGs in weiten Teilen auch zur Erfüllung von regulatorischen Anforderungen Ihrer Unternehmensaktivitäten bei und bereitet Sie auf zukünftige gesetzliche Änderungen vor. Ihre Strategie an den SDGs auszurichten, ermöglicht die ganzheitliche Betrachtung Ihres Unternehmens. So werden Ihre Nachhaltigkeitsbemühungen von einzelnen Maßnahmen und Projekten zu einer Selbstverständlichkeit bei allen Geschäftsprozessen heranwachsen. Auf weitere Vorteile, die die SDGs für Ihr Unternehmen bereithalten, gehe ich in Abschn. 2.3 genauer ein.

Nicht alle SDGs sind für jedes Unternehmen gleichermaßen relevant. Dieses Buch soll Ihnen unter anderem dabei helfen, die für Ihr Unternehmen wichtigsten SDGs zu identifizieren. Zu diesem Zweck stelle ich die 17 Ziele und die im Unternehmenskontext relevanten Unterziele in Abschn. 2.2 ausführlich vor. Weitere Schritte zur Standortanalyse mit den SDGs und Ableitung Ihrer Wirkung auf die SDGs erläutere ich in Kap. 3 sowie Schritte zur Visions- und Strategieentwicklung mit den SDGs erläutere ich in Kap. 4.

Literatur

Ahrend K-M (2016) Geschäftsmodell Nachhaltigkeit: ökologische und soziale Innovationen als unternehmerische Chance. Springer Gabler, Berlin

Altenburger R, Schmidpeter R (Hrsg.) (2018) CSR und Familienunternehmen: gesellschaftliche Verantwortung im Spannungsfeld von Tradition und Innovation. Springer Gabler (Management-Reihe Corporate Social Responsibility), Berlin

Ambec S, Lanoie P (2008) Does it pay to be green? A systematic overview. Acad Manag Perspect 22(4):45–62

Bundesministerium für Wirtschaft und Energie (2019) 'Energieeffizienzstrategie 2050'. https://www.bmwk.de/Redaktion/DE/Publikationen/Energie/energieeffiezienzstrategie-2050.pdf?__blob=publicationFile&v=12. Zugegriffen: 28. Okt. 2022

Bundesministerium für Wirtschaft und Klimaschutz (2023) 'Lieferkettensorgfalts pflichtengesetz Gesetz über die unternehmerischen Sorgfaltspflichten in Lieferketten', Bundesministerium für Wirtschaft und Klimaschutz. https://www.bmwk.de/Redaktion/DE/Gesetze/Wirtschaft/lieferkettensorgfaltspflichtengesetz.html. Zugegriffen: 28. Okt. 2023

Business and Sustainable Development Commission (2017) Valuing the SDG prize: Unlocking business opportunities to accelerate sustainable and inclusive growth

Clark GL, Feiner A, Viehs M (2014) From the stockholder to the stakeholder: how sustainability can drive financial outperformance. SSRN Electron J [Preprint]

Die Bundesregierung (2021) 'Deutsche Nachhaltigkeitsstrategie Weiterentwicklung 2021'. www.bundesregierung.de/publikationen. Zugegriffen: 24. Jan. 2023

Edelman (2020) Edelman Trust Barometer 2020. https://www.edelman.com/trust/2020-trust-barometer. Zugegriffen: 24. Jan. 2023

Europäische Kommission (2019) 'MITTEILUNG DER KOMMISSION AN DAS EUROPÄISCHE PARLAMENT, DEN EUROPÄISCHEN RAT, DEN RAT, DEN EUROPÄISCHEN WIRTSCHAFTS- UND SOZIALAUSSCHUSS UND DEN AUSSCHUSS DER REGIONEN - Der europäische Grüne Deal'. https://eur-lex.europa.eu/resource.html?uri=cellar:b828d165-1c22-11ea-8c1f-01aa75ed71a1.0021.02/DOC_1&format=PDF. Zugegriffen: 20. Okt. 2022

Europäische Kommission (2020) 'MITTEILUNG DER KOMMISSION AN DAS EUROPÄISCHE PARLAMENT, DEN RAT, DEN EUROPÄISCHEN WIRTSCHAFTS- UND SOZIALAUSSCHUSS UND DEN AUSSCHUSS DER REGIONEN - Ein neuer Aktionsplan für die Kreislaufwirtschaft Für ein saubereres und wettbewerbsfähigeres Europa'. https://eur-lex.europa.eu/resource.html?uri=cellar:9903b325-6388-11ea-b735-01aa75ed71a1.0016.02/DOC_1&format=PDF. Zugegriffen: 20. Okt. 2022

Europäische Kommission (2022) 'Vorschlag für eine RICHTLINIE DES EUROPÄISCHEN PARLAMENTS UND DES RATES über die Sorgfaltspflichten von Unternehmen im Hinblick auf Nachhaltigkeit und zur Änderung der Richtlinie (EU) 2019/1937'. https://eur-lex.europa.eu/resource.html?uri=cellar:bc4dcea4-9584-11ec-b4e4-01aa75ed71a1.0007.02/DOC_1&format=PDF. Zugegriffen: 28. Jan. 2023

Grothe A, Marke N (2012) 'Nachhaltiges Wirtschaften – eine besondere Herausforderung für KMU', in Verein Niedersächsischer Bildungsinitiativen e. V., Arbeitsstelle Weltbilder e. V., und Institut für angewandte Kulturforschung e. V. (Hrsg.) Nachhaltiges Wirtschaften für KMU – Ansätze zur Implementierung von Nachhaltigkeitsaspekten. oekom verlag, München

Jamali D, Zanhour M, Keshishian T (2009) Peculiar strengths and relational attributes of SMEs in the context of CSR. J Bus Ethics 87(3):355–377

Krämer W (2003) Mittelstandsökonomik: Grundzüge einer umfassenden Analyse kleiner und mittlerer Unternehmen. Vahlen, München

Laguir I, Laguir L, Elbaz J (2016) Are family small- and medium-sized enterprises more socially responsible than nonfamily small- and medium-sized enterprises?: Are family SMEs more socially responsible than nonfamily SMEs? Corp Soc Responsib Environ Manag 23(6):386–398

Moutchnik A (2011) Verästelungen der Umwelt-, Nachhaltigkeits- und CSR-Kommunikation von Unternehmen. uwf UmweltWirtschaftsForum 19(3–4):123–134

Rogall H (2013) Nachhaltige Ökonomie. In: Rogall H (Hrsg.) Volkswirtschaftslehre für Sozialwissenschaftler: Einführung in eine zukunftsfähige Wirtschaftslehre. Springer Fachmedien Wiesbaden, Wiesbaden, S 123–143

Scholz U, Pastoors S (2018) Betriebliche Nachhaltigkeit. In: U Scholz et al (Hrsg.) Praxishandbuch Nachhaltige Produktentwicklung: Ein Leitfaden mit Tipps zur Entwicklung und Vermarktung nachhaltiger Produkte. Springer, Berlin, S 11–21

Scott L, McGill A (2019) Creating a strategy for a better world. PwC. https://www.pwc.com/sdgchallenge. Zugegriffen: 2. Jan. 2022

Statistisches Bundesamt (Destatis) (2022) 'Kleine und mittlere Unternehmen', Destatis Statistisches Bundesamt. https://www.destatis.de/DE/Themen/Branchen-Unternehmen/Unternehmen/Kleine-Unternehmen-Mittlere-Unternehmen/_inhalt.html#233754. Zugegriffen: 11. Dez. 2022

United Nations (1987) Report of the World Commission on Environment and Development: Our Common Future. Annex to document A/42/427 – Development and International Co-operation: Environment

United Nations (2015) 'Transforming our World: The 2030 Agenda for Sustainable Development'. https://sustainabledevelopment.un.org/content/documents/21252030%20Agenda%20for%20Sustainable%20Development%20web.pdf. Zugegriffen: 3. Juli 2022

2

Einführung in die SDGs im Unternehmenskontext

Zusammenfassung Im Jahr 2015 verständigten sich die 193 Staaten der Vereinten Nationen auf 17 „Sustainable Development Goals" (SGDs, Ziele für nachhaltige Entwicklung). Die SDGs bilden das globale Rahmenwerk für die nachhaltige Entwicklung. Hauptadressat sind dabei Regierungen. Doch auch Unternehmen und die Zivilgesellschaft werden von ihnen angesprochen. Aus den SDGs lassen sich zahlreiche nachhaltigkeitsbezogene Themen für Unternehmen ableiten und können besonders für den Mittelstand von großem Nutzen sein.

In diesem Kapitel möchte ich Ihnen die SDGs näherbringen, um Ihnen so einen ersten Einstieg für die Arbeit mit ihnen zu ermöglichen. Nach einer kurzen Einführung, woher die SDGs kommen und welche übergeordneten Ziele sie anstreben, stelle ich jedes der 17 Ziele kurz vor. Dabei gehe ich jeweils auf ihre Relevanz für Unternehmen ein und stelle den Bezug zu einer nachhaltigen Entwicklung her. Sie erfahren in diesem Kapitel außerdem, was die SDGs für Ihr Unternehmen leisten können und warum sie sich für die Strategieentwicklung eignen.

2.1 Herkunft, Ziel und Ausrichtung der SDGs

Im Jahr 2015 verständigten sich die 193 Staaten der Vereinten Nationen auf 17 „Sustainable Development Goals" (SGDs, Ziele für nachhaltige Entwicklung). Die Ziele sollen bis 2030 erreicht werden, weshalb sie auch

© Der/die Autor(en), exklusiv lizenziert an Springer-Verlag GmbH, DE, ein Teil von Springer Nature 2024
P. Moock, *SDGs im Mittelstand*, SDG - Forschung, Konzepte, Lösungsansätze zur Nachhaltigkeit, https://doi.org/10.1007/978-3-662-67736-0_2

Agenda 2030 für nachhaltige Entwicklung genannt werden. Sie beziehen sich auf die drei wesentlichen Bereiche des Leitbildes der Nachhaltigkeit (Ökologie, Ökonomie, Soziales) und sollen zum Schutz unseres Planeten beitragen, den Frieden weltweit fördern und ein menschenwürdiges Leben für alle ermöglichen (United Nations 2015).

Die SDGs setzen als bisher einziges Programm weltweit einheitliche Maßstäbe und Ziele einer nachhaltigen Entwicklung. Sie richten sich nicht an bestimmte einzelne Einheiten, sondern an alle und jeden – an Regierungen, Unternehmen und an die Zivilgesellschaft. Die Verfolgung der Ziele bietet bislang nicht da gewesene Chancen, mit globalen Anstrengungen eine weltweite Verbesserung der Lebensgrundlagen unter Einhaltung der planetaren Grenzen zu erreichen. Die SDGs stellen somit einen wichtigen politischen Handlungsrahmen dar. Auch für Privatpersonen sind sie von hoher Relevanz, was beispielsweise die nachhaltige Ausrichtung des eigenen Lebensstils angeht.

Anders als ihre Vorläufer, die Millenniumsziele, richten sich die SDGs nicht nur an Regierungen, sondern auch an Unternehmen. Diese werden ausdrücklich aufgerufen, mit ihren Investitionen, Innovationen und Geschäftspraktiken zu einer nachhaltigen Entwicklung im Sinne der SDGs beizutragen. Dies kann geschehen, indem sie ihre negativen Auswirkungen auf die Umwelt und Gesellschaft reduzieren und gleichermaßen ihre positive Wirkung stärken. Auch wenn sich alle Regierungen der Vereinten Nationen auf die SDGs geeinigt haben, erfordert die erfolgreiche Umsetzung das Handeln und die Zusammenarbeit aller Akteure. Das Kernprinzip lautet, „Niemanden zurückzulassen" (engl. "leave no one behind").

Die Ziele sind untergliedert in 169 Unterziele, die auf konkrete Handlungsmöglichkeiten hinweisen. Nachhaltigkeitsthemen wie Armut, Gesundheit, erneuerbare Energien, Klimawandel und Umweltschäden sind nur ein Teil des breiten Spektrums, das die SDGs abdecken. Um die Zielerreichung messbar zu machen, hat die sogenannte Inter-Agency and Expert Group on SDG Indicator (IAEG-SDGs) im Jahr 2017 insgesamt 231 globale Indikatoren entwickelt. Diese wurden durch die Mitgliedstaaten auf nationaler und regionaler Ebene ergänzt. Die Mitgliedstaaten werden gemäß den Indikatoren jährlich bewertet und in ein Ranking gesetzt, worüber jedes Jahr zur Jahresmitte ein Bericht erscheint.

Wie die einzelnen Länder im Ranking der SDG im Vergleich abschneiden, können Sie unter dashboard.sdgindex.org einsehen. 2022 befand sich Deutschland im internationalen Vergleich auf Platz 6.

Der generelle Aufbau der SDGs mit der Überschrift, dem Ziel, den Unterzielen und den Indikatoren ist anhand des Beispiels des SDG 12 und Unterziel 12.6 in Tab. 2.1 zu sehen.

Unterziele der SDGs, die mit einer alphabetischen Nummerierung (z. B. 12.a) gekennzeichnet sind, richten sich speziell an Regierungen.

Die SDGs können zwar ohne das Engagement der Unternehmen nicht erfolgreich umgesetzt werden, die Abhängigkeit besteht jedoch in beide Richtungen. Auch der Unternehmenserfolg hängt langfristig von der Erreichung der SDGs ab (Scott und McGill 2019, S. 5). Die meisten Unternehmen sind bereits von den Herausforderungen, die die SDGs adressieren, betroffen. Sei es direkt durch die Beeinträchtigung eines Geschäftsfelds (z. B. nach Dürren in der Lebensmittelproduktion) oder indirekt durch von Extremwetterereignissen oder Kriegen hervorgerufene Preisexplosionen von Rohstoffen und Ressourcen. Die Zerstörung unserer Lebensgrundlagen führt auch zu einem Verlust der Geschäftsmöglichkeiten für Unternehmen – und der dauerhafte Erhalt unserer Lebensgrundlagen hängt von der Verwirklichung der SDGs ab.

Die SDGs stellen eine ehrgeizige und transformative Agenda dar. Unternehmen, die eine aktive Rolle bei dieser Transformation einnehmen und die SDGs in den Mittelpunkt identitärer, strategischer und operativer Entscheidungen stellen, werden letztendlich besser in der Lage sein, Chancen zu nutzen, Risiken zu managen und eine dauerhafte Lizenz für den Betrieb bis 2030 und darüber hinaus zu erhalten. Der Privatsektor hat ein klares und berechtigtes Interesse daran, nachhaltige Lösungen zu entwickeln und zu erweitern, indem er die SDGs als Framework nutzt, um Herausforderungen anzugehen, eine starke Wachstumsstrategie aufzubauen und dabei neue Märkte zu erschließen.

Tab. 2.1 Genereller Aufbau der SDGs

SDG Überschrift	Ziel	Unterziel	Indikator
Nachhaltige/r Konsum und Produktion	Nachhaltige Produktions- und Konsummuster sicherstellen	**12.6** Die Unternehmen, insbesondere große und transnationale Unternehmen, dazu ermutigen, nachhaltige Verfahren einzuführen und in ihre Berichterstattung Nachhaltigkeitsinformationen aufzunehmen	**12.6.1** Anzahl der Unternehmen, die Nachhaltigkeitsberichte veröffentlichen

2.2   SDGs im Detail: Ziele und Unterziele im Unternehmenskontext

Im Folgenden stelle ich jedes SDG kurz vor, setze es in den jeweiligen Kontext für Deutschland und gebe relevante Unterziele in teilweise gekürzter Form an und hebe damit verbundene Nachhaltigkeitsthemen für Unternehmen hervor. Dabei kann ein SDG direkt mit dem Kerngeschäft Ihres Unternehmens zusammenhängen, Ihre unternehmerische Tätigkeit kann sich indirekt auf ein SDG auswirken oder es kann ein wichtiges Thema für die Umsetzung zu mehr Nachhaltigkeit sein. Diese Auflistung an Themen ist keineswegs vollständig, sondern soll erste Hinweise für die Integration von Nachhaltigkeit in Ihr Unternehmen geben, falls das jeweilige SDG nicht Teil des Kerngeschäftes ist. Zusätzlich soll es Sie unterstützen, die SDGs in den unternehmerischen Kontext zu setzen. Die gesamten Unterziele können Sie unter anderem der Website des Bundesministeriums für wirtschaftliche Zusammenarbeit und Entwicklung unter www.bmz.de/de/agenda-2030 entnehmen. Der deutsche Kontext ist aus der Deutschen Nachhaltigkeitsstrategie von 2021 entnommen.

2.2.1   SDG 1: Keine Armut

„Armut in all ihren Formen und überall beenden."
   (Mit freundlicher Genehmigung von © United Nations 2015. All Rights Reserved.)

Hintergrund
Ein Mangel an Einkommen und Ressourcen für einen Lebensunterhalt, aber auch ein mangelhafter Zugang zu Bildung und zu einer Grundversorgung, Diskriminierung und fehlende Beteiligung an Entscheidungsprozessen wird im Sinne von SDG 1 als Armut verstanden.

In Deutschland sind vor allem die Themen Verteilung von Einkommen und Vermögen innerhalb der Gesellschaft, Armutsvermeidung, Altersarmut, die Mindestsicherung durch ein soziokulturelles Existenzminimum sowie bezahlbarer Wohnraum relevant.

Es bestehen enge Bezüge und Überschneidungen mit SDG 10 Reduzierung von Ungleichheit und dem Kernprinzip „Niemanden zurückzulassen".

Relevante Unterziele für Unternehmen

- **1.1:** Bis 2030 die extreme Armut – gegenwärtig definiert als der Anteil der Menschen, die mit weniger als 1,25 US-Dollar pro Tag auskommen müssen – für alle Menschen überall auf der Welt beseitigen.
- **1.2:** Bis 2030 den Anteil der Männer, Frauen und Kinder jeden Alters, die in Armut in all ihren Dimensionen nach der jeweiligen nationalen Definition leben, mindestens um die Hälfte senken.
- **1.5:** Bis 2030 die Widerstandsfähigkeit der Armen und der Menschen in prekären Situationen erhöhen und ihre Exposition und Anfälligkeit gegenüber klimabedingten Extremereignissen und anderen wirtschaftlichen, sozialen und ökologischen Schocks und Katastrophen verringern.

Relevante Nachhaltigkeitsthemen für Unternehmen
Faire Entlohnung (entlang der gesamten Lieferkette), „Equal Pay", Inklusion des Preismodells der Angebote, Antidiskriminierung.

2.2.2 SDG 2: Kein Hunger

„Den Hunger beenden, Ernährungssicherheit und eine bessere Ernährung erreichen und eine nachhaltige Landwirtschaft fördern."
(Mit freundlicher Genehmigung von © United Nations 2015. All Rights Reserved.)

Hintergrund

Zuletzt durch die Folgen des Klimawandels (Dürre und Überschwemmungen) betrifft Hunger immer mehr Menschen. Das Problem wird durch die konventionelle Landwirtschaft verstärkt, die zur Destabilisierung der Ökosysteme beiträgt. Trotz ausreichender Nahrungsmittelproduktion haben durch mangelnde Infrastrukturen, Handelsbarrieren und Konflikte nicht alle Menschen den gleichen Zugang zu Nahrung. Das Problem der Fehl- und Mangelernährung führt sowohl zu Übergewicht als auch zu Unterernährung.

Für Deutschland steht bei der nationalen Umsetzung neben der Förderung einer nachhaltigen Landwirtschaft vor allem eine ökologisch, ökonomisch und sozial nachhaltige und gesunde sowie ernährungsphysiologisch ausgewogene Ernährung im Fokus.

SDG 2 ist eng mit SDG 15 Leben an Land verbunden. Die Schädigung der Ökosysteme führt zu einem starken Biodiversitätsverlust, was wiederum die Verfügbarkeit und den Anbau von Nahrungsmitteln beeinträchtigt.

Relevante Unterziele für Unternehmen

- **2.1:** Bis 2030 den Hunger beenden und sicherstellen, dass alle Menschen, insbesondere die Armen und Menschen in prekären Situationen, einschließlich Kleinkindern, ganzjährig Zugang zu sicheren, nährstoffreichen und ausreichenden Nahrungsmitteln haben.
- **2.2:** Bis 2030 alle Formen der Fehlernährung beenden.
- **2.3:** Bis 2030 die landwirtschaftliche Produktivität und die Einkommen von kleinen Nahrungsmittelproduzenten verdoppeln, unter anderem durch den sicheren und gleichberechtigten Zugang zu Grund und Boden.
- **2.4:** Bis 2030 die Nachhaltigkeit der Systeme der Nahrungsmittelproduktion sicherstellen und resiliente landwirtschaftliche Methoden anwenden, die die Produktivität und den Ertrag steigern, zur Erhaltung der Ökosysteme beitragen, die Anpassungsfähigkeit an Klimaänderungen, extreme Wetterereignisse, Dürren, Überschwemmungen und andere Katastrophen erhöhen und die Flächen- und Bodenqualität schrittweise verbessern.
- **2.5:** Bis 2020 die genetische Vielfalt von Saatgut, Kulturpflanzen sowie Nutz- und Haustieren und ihren wildlebenden Artverwandten bewahren, unter anderem durch gut verwaltete und diversifizierte Saatgut- und Pflanzenbanken.

Relevante Nachhaltigkeitsthemen für Unternehmen
Nachhaltige Beschaffung, Nachhaltigkeitsstandards für Lieferketten, Lebensmittelkennzeichnung, gesunde und bezahlbare Nahrung, genetische Vielfalt von Zucht- und Nutztieren, Vermeidung von Lebensmittelverschwendung.

2.2.3   SDG 3: Gesundheit und Wohlergehen

SDG 3 Gesundheit und Wohlergehen. (Mit freundlicher Genehmigung von © United Nations 2015. All Rights Reserved.)

„Ein gesundes Leben für alle Menschen jeden Alters gewährleisten und ihr Wohlergehen fördern."

(Mit freundlicher Genehmigung von © United Nations 2015. All Rights Reserved.)

Hintergrund
Trotz guter medizinischer Möglichkeiten sterben weiterhin viele Menschen an Krankheiten, die behandelbar oder durch Impfungen vermeidbar wären. Dazu kommen Faktoren, die die Krankheitsentwicklung begünstigen: Konsum von Alkohol, Tabak und anderen Drogen, Stress und Schadstoffbelastung. Verkehrsunfälle sind ebenfalls eine Gesundheitsgefahr und eine häufige Todesursache.

In Deutschland sind vor allem die Themen Aufbau eines resilienten Gesundheitssystems, gesundheitliche Aufklärung und Prävention sowie die Verbindung von Gesundheit und Umweltschutz relevant.

Die Inhalte des SDG 3 sind unter anderem eng mit dem SDG 1 Keine Armut, dem SDG 2 Kein Hunger, dem SDG 4 Hochwertige Bildung, dem SDG 5 Geschlechtergleichheit und dem SDG 10 Reduzierung von Ungleichheiten verbunden.

Relevante Unterziele für Unternehmen

- **3.3:** Bis 2030 die Aids-, Tuberkulose- und Malariaepidemien und die vernachlässigten Tropenkrankheiten beseitigen und Hepatitis, durch Wasser übertragene Krankheiten und andere übertragbare Krankheiten bekämpfen.
- **3.4:** Bis 2030 die Frühsterblichkeit aufgrund von nicht übertragbaren Krankheiten durch Prävention und Behandlung um ein Drittel senken und die psychische Gesundheit und das Wohlergehen fördern.
- **3.6:** Bis 2020 die Zahl der Todesfälle und Verletzungen infolge von Verkehrsunfällen weltweit halbieren.
- **3.8:** Die allgemeine Gesundheitsversorgung, einschließlich der Absicherung gegen finanzielle Risiken, den Zugang zu hochwertigen grundlegenden Gesundheitsdiensten sowie zu sicheren, wirksamen, hochwertigen und bezahlbaren unentbehrlichen Arzneimitteln und Impfstoffen für alle erreichen.
- **3.9:** Bis 2030 die Zahl der Todesfälle und Erkrankungen aufgrund gefährlicher Chemikalien und der Verschmutzung und Verunreinigung von Luft, Wasser und Boden erheblich verringern.

Relevante Nachhaltigkeitsthemen für Unternehmen
Höhe der Emissionen in Luft und Wasser, Arbeitssicherheit und Gesundheit, Gesundheitsförderung am Arbeitsplatz, Gesundheitsmanagement, Zugang zu Gesundheitsdiensten und Arzneimitteln, Krankenstand, Umgang mit Stress.

2.2.4 SDG 4: Hochwertige Bildung

„Inklusive, gerechte und hochwertige Bildung gewährleisten und Möglichkeiten des lebenslangen Lernens für alle fördern."

(Mit freundlicher Genehmigung von © United Nations 2015. All Rights Reserved.)

Hintergrund
Mit SDG 4 soll der Zugang zu Bildung für alle Menschen jeden Alters in gleichberechtigter Weise und somit die Selbstverwirklichung, gesellschaftliche Teilhabe und der Zugang zu menschenwürdiger Arbeit ermöglicht werden. Das lebenslange Lernen soll gefördert werden.

Schwerpunkte in Deutschland sind unter anderem ein leistungsfähiges Bildungssystem für alle Altersstufen zu etablieren sowie Chancengerechtigkeit. Im Rahmen der UN-Kampagne Bildung für nachhaltige Entwicklung (BNE) wird dieses Thema in Deutschland über einen eigenen Aktionsplan implementiert.

Eng verbunden ist die Zielerreichung von SDG 4 mit dem SDG 1 Keine Armut und SDG 8 Menschenwürdige Arbeit und Wirtschaftswachstum.

Relevante Unterziele für Unternehmen

- **4.2:** Bis 2030 sicherstellen, dass alle Mädchen und Jungen Zugang zu hochwertiger frühkindlicher Erziehung, Betreuung und Vorschulbildung erhalten.
- **4.3:** Bis 2030 den gleichberechtigten Zugang aller Frauen und Männer zu einer erschwinglichen und hochwertigen fachlichen, beruflichen und tertiären Bildung gewährleisten.
- **4.4:** Bis 2030 die Zahl der Jugendlichen und Erwachsenen wesentlich erhöhen, die über die entsprechenden Qualifikationen für eine Beschäftigung, eine menschenwürdige Arbeit und Unternehmertum verfügen.
- **4.5:** Bis 2030 geschlechtsspezifische Disparitäten in der Bildung beseitigen und den gleichberechtigten Zugang der Schwachen in der Gesellschaft zu allen Bildungsebenen gewährleisten.
- **4.6:** Bis 2030 sicherstellen, dass alle Jugendlichen und ein erheblicher Anteil der Erwachsenen lesen, schreiben und rechnen lernen.
- **4.7:** Bis 2030 sicherstellen, dass alle Lernenden die notwendigen Kenntnisse und Qualifikationen zur Förderung nachhaltiger Entwicklung erwerben (z. B. zu den Themen nachhaltige Lebensweisen, Geschlechtergleichstellung, Friedenskultur u.v.m.).

Relevante Nachhaltigkeitsthemen für Unternehmen
Bildung für nachhaltige Entwicklung, Verfügbarkeit von qualifizierten Arbeitskräften, Kompetenzentwicklung, Beschäftigung von Jugendlichen, Wissensmanagement.

2.2.5   SDG 5: Geschlechtergleichheit

„Geschlechtergerechtigkeit und Selbstbestimmung für alle Frauen und Mädchen erreichen."

(Mit freundlicher Genehmigung von © United Nations 2015. All Rights Reserved.)

Hintergrund

In vielen Teilen der Welt besitzen Frauen nicht die gleichen Rechte, haben weniger Bildungs- und Aufstiegschancen als Männer und sind häufig Gewalt ausgesetzt. Die wirtschaftliche Ungleichheit (z. B. ungleiche Bezahlung) steht dabei oft im Fokus. Positive Entwicklungen sind im Sinne eines Anstiegs bei der politischen Mitbestimmung von Frauen zu verzeichnen.

Die gleichberechtigte Teilhabe von Frauen am Arbeitsmarkt, gleiche Bildungschancen sowie die Bekämpfung der Gewalt gegen Frauen und Mädchen sind Schwerpunktthemen in Deutschland. Des Weiteren sollen die Voraussetzungen für eine gleichberechtigte Verteilung von Erwerbs- und Sorgearbeit zwischen Frauen und Männern geschaffen und Gleichstellungspolitik beschleunigt werden.

Die Zielerreichung von SDG 5 trägt unter anderem auch zu SDG 10 Reduzierung von Ungleichheiten und SDG 1 Keine Armut bei.

Relevante Unterziele für Unternehmen

- **5.1:** Alle Formen der Diskriminierung von Frauen und Mädchen überall auf der Welt beenden.

- **5.2:** Alle Formen von Gewalt gegen alle Frauen und Mädchen im öffentlichen und im privaten Bereich einschließlich des Menschenhandels beseitigen.
- **5.4:** Unbezahlte Pflege- und Hausarbeit durch die Bereitstellung öffentlicher Dienstleistungen und Infrastrukturen, Sozialschutzmaßnahmen und die Förderung geteilter Verantwortung innerhalb des Haushalts und der Familie entsprechend den nationalen Gegebenheiten anerkennen und wertschätzen.
- **5.5:** Die volle und wirksame Teilhabe von Frauen und ihre Chancengleichheit bei der Übernahme von Führungsrollen auf allen Ebenen der Entscheidungsfindung im politischen, wirtschaftlichen und öffentlichen Leben sicherstellen.
- **5.6:** Den allgemeinen Zugang zu sexueller und reproduktiver Gesundheit und reproduktiven Rechten gewährleisten, wie im Einklang mit dem Aktionsprogramm der Internationalen Konferenz über Bevölkerung und Entwicklung, der Aktionsplattform von Peking und den Ergebnisdokumenten ihrer Überprüfungskonferenzen vereinbart.

Relevante Nachhaltigkeitsthemen für Unternehmen
Diversität und Chancengleichheit, Frauen in Führungspositionen, gleiche Bezahlung für Frauen und Männer, Kinderbetreuungsdienste und -leistungen.

2.2.6 SDG 6: Sauberes Wasser und Sanitäreinrichtungen

„Verfügbarkeit und nachhaltige Bewirtschaftung von Wasser und Sanitärversorgung für alle gewährleisten."
(Mit freundlicher Genehmigung von © United Nations 2015. All Rights Reserved.)

Hintergrund

Obwohl 2008 der Zugang zu sauberem Trinkwasser durch die Vereinten Nationen als Menschenrecht anerkannt wurde, müssen viele Menschen ohne sauberes Trinkwasser leben. Mehr als die Hälfte der Weltbevölkerung verfügt über keine sichere Abwasserentsorgung. In anderen Teilen der Welt werden hingegen große Wassermengen verschwendet.

Schwerpunkte in Deutschland sind der Gewässerschutz und Verbesserung der Wasserqualität, der bezahlbare Trinkwasserzugang sowie die Sanitärversorgung und Hygiene.

Eng verknüpft sind dabei das SDG 14 Leben unter Wasser und SDG 15 Leben an Land sowie SDG 2 Kein Hunger und SDG 3 Gesundheit und Wohlergehen.

Relevante Unterziele für Unternehmen

- **6.1:** Bis 2030 den allgemeinen und gerechten Zugang zu einwandfreiem und bezahlbarem Trinkwasser für alle erreichen.
- **6.2:** Bis 2030 den Zugang zu einer angemessenen und gerechten Sanitärversorgung und Hygiene für alle erreichen und der Notdurftverrichtung im Freien ein Ende setzen.
- **6.3:** Bis 2030 die Wasserqualität durch Verringerung der Verschmutzung, Beendigung des Einbringens und Minimierung der Freisetzung gefährlicher Chemikalien und Stoffe, Halbierung des Anteils unbehandelten Abwassers und eine beträchtliche Steigerung der Wiederaufbereitung und gefahrlosen Wiederverwendung weltweit verbessern.
- **6.4:** Bis 2030 die Effizienz der Wassernutzung in allen Sektoren wesentlich steigern und eine nachhaltige Entnahme und Bereitstellung von Süßwasser gewährleisten, um der Wasserknappheit zu begegnen und die Zahl der unter Wasserknappheit leidenden Menschen erheblich zu verringern.
- **6.6:** Bis 2020 wasserverbundene Ökosysteme schützen und wiederherstellen, darunter Berge, Wälder, Feuchtgebiete, Flüsse, Grundwasserleiter und Seen.

Relevante Nachhaltigkeitsthemen für Unternehmen

Minimierung der Verschmutzung und des Eintrags von Chemikalien in Wasser, verbesserte Wassereffizienz, Zugang zu Wasser und Sanitäreinrichtungen für MitarbeiterInnen, Schutz der wasserbezogenen Ökosysteme und der Artenvielfalt.

2.2.7   SDG 7: Bezahlbare und saubere Energie

„Zugang zu bezahlbarer, verlässlicher, nachhaltiger und zeitgemäßer Energie für alle sichern."

(Mit freundlicher Genehmigung von © United Nations 2015. All Rights Reserved.)

Hintergrund

Durch Fortschritte bei der Elektrifizierung und Energieeffizienz konnte der Zugang zu bezahlbarer und sauberer Energie in den letzten Jahren verbessert werden – auch in Entwicklungsländern. Trotz der in Industrieländern sinkenden Energieintensität steigt der Verbrauch weiter an, sodass sich der Einspareffekt aufhebt.

In Deutschland wird die Umsetzung mit der Energiewende vorangetrieben. Wesentlich dabei sind Energieeffizienz sowie die Steigerung des Anteils erneuerbarer Energien und die Intensivierung der Energieforschung und -entwicklung.

Die Erreichung von SDG 7 trägt maßgeblich zur Erreichung von SDG 13 Klimaschutz bei.

Relevante Unterziele für Unternehmen

- **7.1:** Bis 2030 den allgemeinen Zugang zu bezahlbaren, verlässlichen und modernen Energiedienstleistungen sichern.
- **7.2:** Bis 2030 den Anteil erneuerbarer Energie am globalen Energiemix deutlich erhöhen.

- **7.3:** Bis 2030 die weltweite Steigerungsrate der Energieeffizienz verdoppeln.

Relevante Nachhaltigkeitsthemen für Unternehmen
Anteil erneuerbarer Energien, Energieintensität und Energieeffizienz, Investitionen in die Energieinfrastruktur, Energiemanagementsysteme.

2.2.8 SDG 8: Menschenwürdige Arbeit und Wirtschaftswachstum

„Dauerhaftes, inklusives und nachhaltiges Wirtschaftswachstum, produktive Vollbeschäftigung und menschenwürdige Arbeit für alle fördern."
(Mit freundlicher Genehmigung von © United Nations 2015. All Rights Reserved.)

Hintergrund
Das Ziel eines nachhaltigen Wachstums ist es, die natürlichen Lebensgrundlagen zu wahren und gleichzeitig den Lebensstandard der Weltbevölkerung zu erhöhen. Hierfür ist ein Umdenken in der Privatwirtschaft unumgänglich. Unter anderem spielen hier die Verantwortungsübernahme für die globale Lieferkette sowie die Achtung der Menschenrechte eine wichtige Rolle.

In Deutschland liegt der Fokus auf der Förderung eines nachhaltigen Wirtschaftswachstums, stabile öffentliche Haushalte, guter Arbeit, einem hohen Beschäftigungsstand, nachhaltigen Lieferketten sowie Ressourcenschonung.
Dabei bestehen vielfältige Berührungspunkte zu den anderen SDGs, insbesondere zu SDG 7 Energie, SDG 9 Infrastruktur und Innovationen,

SDG 12 nachhaltige/r Produktion und Konsum, SDG 13 Klimaschutz und SDG 17 globale Partnerschaften, zu SDG 1 Armut beenden und SDG 10 Ungleichheit verringern.

Relevante Unterziele für Unternehmen

- **8.2:** Eine höhere wirtschaftliche Produktivität durch Diversifizierung, technologische Modernisierung und Innovation erreichen, einschließlich durch Konzentration auf mit hoher Wertschöpfung verbundene und arbeitsintensive Sektoren.
- **8.3:** Entwicklungsorientierte Politiken fördern, die produktive Tätigkeiten, die Schaffung menschenwürdiger Arbeitsplätze, Unternehmertum, Kreativität und Innovation unterstützen, und die Formalisierung und das Wachstum von Kleinst-, Klein- und Mittelunternehmen unter anderem durch den Zugang zu Finanzdienstleistungen begünstigen.
- **8.4:** Bis 2030 die weltweite Ressourceneffizienz in Konsum und Produktion Schritt für Schritt verbessern und die Entkopplung von Wirtschaftswachstum und Umweltzerstörung anstreben.
- **8.5:** Bis 2030 produktive Vollbeschäftigung und menschenwürdige Arbeit für alle Frauen und Männer erreichen.
- **8.6:** Bis 2020 den Anteil junger Menschen, die ohne Beschäftigung sind und keine Schul- oder Berufsausbildung durchlaufen, erheblich verringern.
- **8.7:** Zwangsarbeit abschaffen, moderne Sklaverei und Menschenhandel beenden und das Verbot und die Beseitigung der schlimmsten Formen der Kinderarbeit sicherstellen und bis 2025 jeder Form von Kinderarbeit ein Ende setzen.
- **8.8:** Die Arbeitsrechte schützen und sichere Arbeitsumgebungen für alle Arbeitnehmer fördern.
- **8.9:** Bis 2030 Politiken zur Förderung eines nachhaltigen Tourismus erarbeiten und umsetzen, der Arbeitsplätze schafft und die lokale Kultur und Produkte fördert.

Relevante Nachhaltigkeitsthemen für Unternehmen
Resiliente Unternehmensstruktur, wirtschaftliche Innovation, Ressourceneffizienz, Entkopplung von Umweltzerstörung und Wirtschaftswachstum, Abschaffung von Zwangs- und Kinderarbeit entlang der Wertschöpfungskette, nachhaltige Lieferketten, Arbeitsrechte, Maßnahmen zur Antidiskriminierung, digitale Transformation, „Sustainable Finance", Kompetenzentwicklung und Förderung der MitarbeiterInnen, Verfügbarkeit qualifizierter Arbeitskräfte.

2.2.9 SDG 9: Industrie, Innovation und Infrastruktur

„Eine belastbare Infrastruktur aufbauen, inklusive und nachhaltige Industrialisierung fördern und Innovationen unterstützen."

(Mit freundlicher Genehmigung von © United Nations 2015. All Rights Reserved.)

Hintergrund

Die Industrie hat einen erheblichen Anteil an der weltweiten Wertschöpfung und damit einen wichtigen Stellenwert für eine nachhaltige Entwicklung. Die zentrale Herausforderung besteht in der Umstellung auf eine ressourceneffiziente, schadstoffarme und klimafreundliche Produktion. Eine Zusammenarbeit mit der Wissenschaft und die Einbindung externer Anspruchsgruppen sollen dabei unterstützen, den Herausforderungen zu begegnen.

In Deutschland sollen unter anderem die Entwicklung nachhaltiger Innovationen durch Kooperationen der Wirtschaftssektoren und die betriebsinterne Innovationskraft gefördert werden. Die Bundesregierung setzt sich zudem zum Ziel, die SDGs bei Innovationsprozessen, insbesondere im Kontext der Digitalisierung, von Beginn an konsequent zu berücksichtigen.

Das SDG 9 bildet eine wichtige Basis für andere SDGs, z. B. für nachhaltige Landwirtschaft (SDG 2), für nachhaltiges Wirtschaftswachstum (SDG 8), nachhaltige Städte (SDG 11), nachhaltige Konsum- und Produktionsmuster (SDG 12) und den Klimaschutz (SDG 13).

Relevante Unterziele für Unternehmen

- **9.1:** Eine hochwertige, verlässliche, nachhaltige und widerstandsfähige Infrastruktur aufbauen, regional und auch grenzüberschreitend.

- **9.2:** Eine inklusive und nachhaltige Industrialisierung, insbesondere in den am wenigsten entwickelten Ländern, fördern.
- **9.3:** Insbesondere in den Entwicklungsländern den Zugang kleiner Industrie- und anderer Unternehmen zu Finanzdienstleistungen, Wertschöpfungsketten und Märkten erhöhen.
- **9.4:** Bis 2030 die Infrastruktur modernisieren und die Industrien nachrüsten, sodass ein effizienterer Ressourceneinsatz und die vermehrte Nutzung sauberer und umweltverträglicher Technologien und Prozesse gewährleistet werden.
- **9.5:** Die wissenschaftliche Forschung verbessern und die technologischen Kapazitäten der Industriesektoren in allen Ländern und insbesondere in den Entwicklungsländern ausbauen.

Relevante Nachhaltigkeitsthemen für Unternehmen
Investitionen in Umwelt und Innovationen, Forschung und Entwicklung, Weitergabe technologischen Wissens, Digitalisierung.

2.2.10 SDG 10: Weniger Ungleichheiten

„Ungleichheit innerhalb von und zwischen Staaten verringern."
(Mit freundlicher Genehmigung von © United Nations 2015. All Rights Reserved.)

Hintergrund
Innerhalb und zwischen Ländern bestehen große Einkommens- und Vermögensungleichheiten, welche gesellschaftliche Probleme befeuern. Über das Einkommen hinaus gibt es jedoch auch weitere Ungleichheiten, beispielsweise in Form von Diskriminierung, sodass in Deutschland z. B. ein

beträchtlicher Teil der arbeitslosen Bevölkerung einen Migrationshintergrund oder einen Behinderungsgrad hat.

In Deutschland sollen Einkommen und Vermögen fair verteilt sowie gleiche Chancen für alle Menschen und Diskriminierungsfreiheit ermöglicht werden.

Relevante Unterziele für Unternehmen

- **10.1:** Bis 2030 nach und nach ein über dem nationalen Durchschnitt liegendes Einkommenswachstum der ärmsten 40 % der Bevölkerung erreichen und aufrechterhalten.
- **10.2:** Bis 2030 alle Menschen unabhängig von Alter, Geschlecht, Behinderung, Rasse, Ethnizität, Herkunft, Religion oder wirtschaftlichem oder sonstigem Status zu Selbstbestimmung befähigen und ihre vollumfängliche Inklusion fördern.
- **10.3:** Durch die Abschaffung diskriminierender Gesetze, Politiken und Praktiken und die Förderung geeigneter gesetzgeberischer, politischer und sonstiger Maßnahmen die Chancengleichheit gewährleisten.

Relevante Nachhaltigkeitsthemen für Unternehmen
Diversität und Chancengleichheit, Diskriminierungsfreiheit, gleiche Entlohnung für Frauen und Männer, Inklusion.

2.2.11 SDG 11: Nachhaltige Städte und Gemeinden

„Städte und Siedlungen inklusiv, sicher, widerstandsfähig und nachhaltig machen."
(Mit freundlicher Genehmigung von © United Nations 2015. All Rights Reserved.)

Hintergrund

Über die Hälfte der Weltbevölkerung lebt in Städten und diese wachsen teilweise schnell und unkontrolliert. Damit verbunden sind ein hoher Energieverbrauch, hohe Treibhausgasemissionen sowie die Versiegelung von Böden. Hohe Verkehrsaufkommen und Abfallmengen sind eine weitere Belastung.

In Deutschland sollen unter anderem der interkommunale Austausch, die Barrierefreiheit und die nachhaltige Mobilität gestärkt sowie die Flächenversiegelung eingedämmt werden.

Starke Vernetzung besteht zwischen dem SDG 11 unter anderem mit dem SDG 3 Gesundheit und Wohlergehen, SDG 13 Klimaschutz, SDG 15 Leben an Land und SDG 12 nachhaltige/r Produktion und Konsum.

Relevante Unterziele für Unternehmen

- **11.1:** Bis 2030 den Zugang zu angemessenem, sicherem und bezahlbarem Wohnraum und zur Grundversorgung für alle sicherstellen.
- **11.2:** Bis 2030 den Zugang zu sicheren, bezahlbaren, zugänglichen und nachhaltigen Verkehrssystemen, insbesondere zu öffentlichem Verkehr, für alle ermöglichen und die Sicherheit im Straßenverkehr verbessern.
- **11.3:** Bis 2030 die Verstädterung inklusiver und nachhaltiger gestalten und die Kapazitäten für eine partizipatorische, integrierte und nachhaltige Siedlungsplanung und -steuerung in allen Ländern verstärken.
- **11.5:** Bis 2030 die Zahl der durch Katastrophen, einschließlich Wasserkatastrophen, bedingten Todesfälle und der davon betroffenen Menschen deutlich reduzieren.
- **11.6:** Bis 2030 die von den Städten ausgehende Umweltbelastung pro Kopf senken, insbesondere die Luftqualität und Abfallbehandlung verbessern.

Relevante Nachhaltigkeitsthemen für Unternehmen

Nachhaltige Gebäude und -ausstattung, nachhaltiges Bauen, Investitionen in die Infrastruktur, nachhaltiger Transport, Smart City, inklusiver Wohnraum.

2.2.12 SDG 12: Nachhaltige/r Konsum und Produktion

„Für nachhaltige Konsum- und Produktionsmuster sorgen."
(Mit freundlicher Genehmigung von © United Nations 2015. All Rights Reserved.)

Hintergrund

Die Weltbevölkerung verbraucht jedes Jahr mehr nachwachsende Ressourcen, als unser Planet in der Zeit regenerieren kann – eine Entwicklung, die sich von Jahr zu Jahr verstärkt. Um dem entgegenzuwirken, sind nachhaltigere Produktionsprozesse und Konsummuster nötig, welche durch Zertifizierungen und Siegel kenntlich gemacht werden können.

In Deutschland liegt der Fokus auf der Ressourceneffizienz, Kreislaufwirtschaft (insbesondere Abfallvermeidung), Förderung nachhaltigen Konsums sowie Förderung des Umwelt- und Nachhaltigkeitsmanagements.

SDG 12 ist eng verbunden mit dem SDG 8 Menschenwürdige Arbeit und Wirtschaftswachstum, SDG 13 Klimaschutz, SDG 15 Leben an Land und SDG 3 Gesundheit und Wohlergehen.

Relevante Unterziele für Unternehmen

- **12.1:** Den Zehnjahres-Programmrahmen für nachhaltige Konsum- und Produktionsmuster umsetzen, wobei alle Länder, an der Spitze die entwickelten Länder, Maßnahmen ergreifen, unter Berücksichtigung des Entwicklungsstands und der Kapazitäten der Entwicklungsländer.
- **12.2:** Bis 2030 die nachhaltige Bewirtschaftung und effiziente Nutzung der natürlichen Ressourcen erreichen.
- **12.3:** Bis 2030 die weltweite Nahrungsmittelverschwendung pro Kopf auf Einzelhandels- und Verbraucherebene halbieren und die entlang der Produktions- und Lieferkette entstehenden Nahrungsmittelverluste verringern.

- **12.4:** Bis 2020 einen umweltverträglichen Umgang mit Chemikalien und allen Abfällen während ihres gesamten Lebenszyklus gewährleisten und ihre Freisetzung in Luft, Wasser und Boden erheblich verringern.
- **12.5:** Bis 2030 das Abfallaufkommen durch Vermeidung, Verminderung, Wiederverwertung und Wiederverwendung deutlich verringern.
- **12.6:** Die Unternehmen dazu ermutigen, nachhaltige Verfahren einzuführen und in ihre Berichterstattung Nachhaltigkeitsinformationen aufzunehmen.
- **12.7:** In der öffentlichen Beschaffung nachhaltige Verfahren fördern, im Einklang mit den nationalen Politiken und Prioritäten.
- **12.8:** Bis 2030 sicherstellen, dass alle Menschen über ein Bewusstsein für nachhaltige Entwicklung und eine Lebensweise in Harmonie mit der Natur verfügen.

Relevante Nachhaltigkeitsthemen für Unternehmen
Nachhaltige Beschaffung, Ressourceneffizienz, ökologischer und sozialer Fußabdruck der Produkte, nachhaltige Produktion, Kennzeichnung und Zertifizierung von Produkten und Dienstleistungen, Nachhaltigkeitsmanagementsysteme, Kreislaufwirtschaft, Konsumentenaufklärung.

2.2.13 SDG 13: Maßnahmen zum Klimaschutz

„Umgehend Maßnahmen zur Bekämpfung des Klimawandels und seiner Auswirkungen ergreifen."

(Mit freundlicher Genehmigung von © United Nations 2015. All Rights Reserved.)

Hintergrund
Extremwetterereignisse häufen sich und bringen verheerende Folgen mit sich. Der Klimawandel zwingt jährlich Millionen von Menschen, ihre

Heimat zu verlassen. Die Bedrohung ist global und geht über einzelne Regionen, Gruppen oder Branchen hinaus.

Ziel in Deutschland ist es, die direkten und indirekten Treibhausgasemissionen zu reduzieren, die Energiewende voranzutreiben und Klimaanpassungsmaßnahmen an Gebäuden und Infrastruktur vorzunehmen.

Die Zielerreichung von SDG 13 ist eng verbunden mit SDG 14 Leben unter Wasser, SDG 7 Energie, SDG 15 Leben an Land, SDG 11 Nachhaltige Städte, SDG 17 Partnerschaften und SDG 1 Keine Armut.

Relevante Unterziele für Unternehmen

- **13.1:** Die Widerstandskraft und die Anpassungsfähigkeit gegenüber klimabedingten Gefahren und Naturkatastrophen in allen Ländern stärken.
- **13.2:** Klimaschutzmaßnahmen in die nationalen Politiken, Strategien und Planungen einbeziehen.
- **13.3:** Die Aufklärung und Sensibilisierung sowie die Kapazitäten im Bereich der Abschwächung des Klimawandels, der Klimaanpassung, der Reduzierung der Klimaauswirkungen sowie der Frühwarnung verbessern.

Relevante Nachhaltigkeitsthemen für Unternehmen
Maßnahmen zur Emissionsreduktion, Risiken und Chancen des Klimawandels, Umweltinvestitionen, nachhaltiges Lieferkettenmanagement, Energieeffizienz, effiziente Produktion.

2.2.14 SDG 14: Leben unter Wasser

„Ozeane, Meere und Meeresressourcen im Sinne einer nachhaltigen Entwicklung erhalten und nachhaltig nutzen."
(Mit freundlicher Genehmigung von © United Nations 2015. All Rights Reserved.)

Hintergrund

Die Weltmeere sind überfischt, mit Plastikmüll verschmutzt und der Säuregehalt der Ozeane nimmt aufgrund zu hoher CO_2-Konzentrationen in der Atmosphäre kontinuierlich zu. Die marinen Ökosysteme werden durch das menschliche Handeln stark beeinträchtigt. Dies hat auch einen Einfluss auf die menschliche Gesundheit.

Eine Reduktion des Nährstoffeintrags in Gewässer, die Förderung des Ökolandbaus und der nachhaltigen Fischerei, vorsorgende Küstenschutzstrategien sowie die Verhinderung der Meeresvermüllung sind Handlungsschwerpunkte in Deutschland.

SDG 14 hat unter anderem viele Berührungspunkte mit SDG 17 Partnerschaften, SDG 13 Klimaschutz und SDG 15 Leben an Land sowie SDG 2 Kein Hunger.

Relevante Unterziele für Unternehmen

- **14.1:** Bis 2025 alle Arten der Meeresverschmutzung, insbesondere durch vom Lande ausgehende Tätigkeiten, verhüten und erheblich verringern.
- **14.2:** Bis 2020 die Meeres- und Küstenökosysteme nachhaltig bewirtschaften und schützen.
- **14.3:** Die Versauerung der Ozeane auf ein Mindestmaß reduzieren und ihre Auswirkungen bekämpfen.
- **14.4:** Bis 2020 die Fangtätigkeit wirksam regeln und die Überfischung, die illegale, ungemeldete und unregulierte Fischerei und zerstörerische Fangpraktiken beenden.
- **14.7:** Bis 2030 die sich aus der nachhaltigen Nutzung der Meeresressourcen ergebenden wirtschaftlichen Vorteile für die kleinen Inselentwicklungsländer und die am wenigsten entwickelten Länder erhöhen.

Relevante Nachhaltigkeitsthemen für Unternehmen

Nachhaltige Beschaffung, Entsorgungswege der Produkte, Umweltinvestitionen, Reduktion des Treibhausgasausstoßes, Verschmutzung durch Abfälle und Gefahrstoffe, nachhaltige Nutzung der Meeresressourcen.

2.2.15 SDG 15: Leben an Land

„Landökosysteme schützen, wiederherstellen und ihre nachhaltige Nutzung fördern, Wälder nachhaltig bewirtschaften, Wüstenbildung bekämpfen, Boden-verschlechterung stoppen und umkehren und den Biodiversitätsverlust stoppen."

(Mit freundlicher Genehmigung von © United Nations 2015. All Rights Reserved.)

Hintergrund

Intakte Ökosysteme ermöglichen unsere Lebensgrundlage und sind größtenteils unersetzlich. Wälder betreiben Klimaschutz, indem sie CO_2 in Biomasse binden. Menschliche Eingriffe verursachen einen gravierenden Rückgang der biologischen Vielfalt und gefährden somit in bedrohlichem Maße unsere Lebensgrundlage.

In Deutschland sollen daher vor allem der Biodiversitäts- und Boden-schutz, die nachhaltige Waldbewirtschaftung sowie die Renaturierung von Fließgewässern gestärkt werden.

SDG 15 ist stark vernetzt mit SDG 2 Kein Hunger, SDG 14 Leben unter Wasser, SDG 13 Klimaschutz, SDG 12 Nachhaltige/r Produktion und Konsum und SDG 6 Sauberes Wasser.

Relevante Unterziele für Unternehmen

- **15.1:** Bis 2020 die Erhaltung, Wiederherstellung und nachhaltige Nutzung der Land- und Binnensüßwasser-Ökosysteme, insbesondere der Wälder, gewährleisten.
- **15.2:** Bis 2020 die nachhaltige Bewirtschaftung aller Waldarten fördern, die Entwaldung beenden, geschädigte Wälder wiederherstellen und die Auf- und Wiederaufforstung weltweit beträchtlich erhöhen.

- **15.3:** Bis 2030 die Wüstenbildung bekämpfen, die geschädigten Flächen und Böden einschließlich der von Wüstenbildung, Dürre und Überschwemmungen betroffenen Flächen sanieren.
- **15.4:** Bis 2030 die Erhaltung der Bergökosysteme einschließlich ihrer biologischen Vielfalt sicherstellen.
- **15.5:** Die Verschlechterung der natürlichen Lebensräume verringern, dem Verlust der biologischen Vielfalt ein Ende setzen und bis 2020 die bedrohten Arten schützen und ihr Aussterben verhindern.
- **15.6:** Die ausgewogene und gerechte Aufteilung der sich aus der Nutzung der genetischen Ressourcen ergebenden Vorteile und den angemessenen Zugang zu diesen Ressourcen fördern.
- **15.7:** Der Wilderei und dem Handel mit geschützten Pflanzen- und Tierarten ein Ende setzen und dem Problem des Angebots illegaler Produkte aus wildlebenden Pflanzen und Tieren begegnen.
- **15.8:** Bis 2020 Maßnahmen einführen, um das Einbringen invasiver gebietsfremder Arten zu verhindern, ihre Auswirkungen auf die Land- und Wasserökosysteme deutlich zu reduzieren und die prioritären Arten zu kontrollieren oder zu beseitigen.

Relevante Nachhaltigkeitsthemen für Unternehmen
Ressourcenschutz und -effizienz, Biodiversitätserhalt, nachhaltige Beschaffung, nachhaltige Gebäude, Landnutzung, nachhaltige Investitionen.

2.2.16 SDG 16: Frieden, Gerechtigkeit und starke Institutionen

„Friedliche und inklusive Gesellschaften im Sinne einer nachhaltigen Entwicklung fördern, allen Menschen Zugang zur Justiz ermöglichen und effektive, rechenschaftspflichtige und inklusive Institutionen auf allen Ebenen aufbauen."

(Mit freundlicher Genehmigung von © United Nations 2015. All Rights Reserved.)

Hintergrund
Eine nachhaltige Entwicklung kann ohne Frieden und stabilen Rechtssystemen nicht stattfinden. Weltweit sind Menschen bewaffneten Konflikten, anderen Formen von Gewalt und Korruption ausgesetzt und haben keinen ausreichenden Zugang zur Justiz und zu Grundrechten. Der Handel mit Menschen, Zwangsarbeit und sexuelle Ausbeutung sind Beispiele für derartige Missstände.

In Deutschland fokussiert man sich auf die gewaltfreie Lösung von Konflikten, die Verhinderung des Missbrauchs von Machtstrukturen, die Teilhabe und Inklusion sowie den Schutz der Menschenrechte.
Die Umsetzung von SDG 16 ist eine der Grundvoraussetzungen für die Erreichung vieler weiterer SDGs, z. B. SDG 3 Gesundheit und Wohlergehen, SDG 8 Menschenwürdige Arbeit oder SDG 1 Keine Armut.

Relevante Unterziele für Unternehmen

- **16.1:** Alle Formen der Gewalt und die gewaltbedingte Sterblichkeit überall deutlich verringern.
- **16.2:** Missbrauch und Ausbeutung von Kindern, den Kinderhandel, Folter und alle Formen von Gewalt gegen Kinder beenden.
- **16.4:** Bis 2030 illegale Finanz- und Waffenströme deutlich verringern, die Wiedererlangung und Rückgabe gestohlener Vermögenswerte verstärken und alle Formen der organisierten Kriminalität bekämpfen.
- **16.5:** Korruption und Bestechung in allen ihren Formen erheblich reduzieren.
- **16.7:** Dafür sorgen, dass die Entscheidungsfindung auf allen Ebenen bedarfsorientiert, inklusiv, partizipatorisch und repräsentativ ist.
- **16.10:** Den öffentlichen Zugang zu Informationen gewährleisten und die Grundfreiheiten schützen.

Relevante Nachhaltigkeitsthemen für Unternehmen
Rechtskonformität der Geschäftsaktivitäten, keine Kinder- und Zwangsarbeit, Korruptionsbekämpfung, Transparenz der Entscheidungswege, Besetzung der Entscheidungsorgane, Richtlinien und ethische Standards.

2.2.17 SDG 17: Partnerschaften zur Erreichung der Ziele

„Umsetzungsmittel stärken und die globale Partnerschaft für nachhaltige Entwicklung wiederbeleben."

(Mit freundlicher Genehmigung von © United Nations 2015. All Rights Reserved.)

Hintergrund

Die 17 SDGs sind nur durch die gemeinschaftlichen Bemühungen der Regierungen, Unternehmen und Zivilgesellschaft zu erreichen. Starke Partnerschaften und die finanzielle Unterstützung von Entwicklungsprogrammen haben in diesem Kontext eine große Wichtigkeit.

Deutschland setzt zu diesem Zweck auf faire und partnerschaftliche internationale Zusammenarbeit und kooperative Entwicklungspartnerschaften.

Relevante Unterziele für Unternehmen

- **17.5:** Investitionsförderungssysteme für die am wenigsten entwickelten Länder beschließen und umsetzen.
- **17.6:** Die regionale und internationale Nord-Süd- und Süd-Süd-Zusammenarbeit und Dreieckskooperation im Bereich Wissenschaft, Technologie und Innovation und den Zugang dazu verbessern und den Austausch von Wissen zu einvernehmlich festgelegten Bedingungen verstärken.
- **17.7:** Die Entwicklung, den Transfer, die Verbreitung und die Diffusion von umweltverträglichen Technologien an die Entwicklungsländer.
- **17.16:** Die globale Partnerschaft für nachhaltige Entwicklung ausbauen, ergänzt durch Multi-Akteur-Partnerschaften zur Mobilisierung und zum Austausch von Wissen, Fachkenntnissen, Technologie und finanziellen Ressourcen.

- **17.17:** Die Bildung wirksamer öffentlicher, öffentlich-privater und zivilgesellschaftlicher Partnerschaften unterstützen und fördern.

Relevante Nachhaltigkeitsthemen für Unternehmen
Forschungs- und Technologiepartnerschaften, Aktivitäten in Verbänden, „Corporate Citizenship", globale Partnerschaften, Transparenz im Lobbyismus.

2.3 Was können die SDGs für mittelständische Unternehmen leisten?

Jetzt haben Sie einen ersten Einblick in die SDGs erhalten. Warum sollte ein globales Rahmenwerk für die Nachhaltigkeitsarbeit in mittelständischen Unternehmen sinnvoll sein?

Die SDGs bieten den weltweit ersten einheitlichen Rahmen für gemeinschaftliche Nachhaltigkeitsbemühungen. Sie betrachten die Herausforderungen der heutigen Zeit ganzheitlich, berücksichtigen Wechselwirkungen und schlagen Brücken zwischen Staaten, Sektoren und Gesellschaften. Sie erkennen den systemischen und komplexen Charakter von Nachhaltigkeit an. Die Ziele gehen über Bemühungen einzelner Staaten hinaus. Dadurch entsteht eine wirkliche Chance auf nachhaltige Veränderung für alle Menschen und unseren Planeten. Auf globaler Ebene bringen die SDGs große ökonomische, ökologische und soziale Potenziale mit. Die Business and Sustainable Development Commission (BSDC, 2017, S. 29) schätzt, dass die SDGs bis zum Jahr 2030 Geschäftsmöglichkeiten in einem Wert von über 12 Billionen US-Dollar generieren könnten. Außerdem geht die BSDC davon aus, dass im gleichen Zuge bis zu 380 Mio. neue Jobs weltweit geschaffen werden könnten, wobei circa 90 % dieser Jobs in Entwicklungsländern entstehen könnten. Unter der Annahme, dass die gesamte Weltwirtschaft von der Umsetzung der SDGs profitiert und die Arbeits- und Ressourcenproduktivität wesentlich erhöht wird, erwartet die BSDC sogar einen 2 bis 3fach höheren wirtschaftlichen Gesamtgewinn als oben genannt.

Die Verfolgung der SDGs hat auch auf Mikroebene diverse konkrete Vorteile, die Sie für Ihr Unternehmen nutzen können. Beispielsweise analysierten Scott und McGill in ihrer Studie diverse Unternehmensberichte (z. B. Nachhaltigkeitsberichte), die die SDGs erwähnen, und befragten außerdem Unternehmensleitungen zu ihren Erfahrungen mit den SDGs (Scott und McGill 2019, S. 8 f.). Sie kamen unter anderem zum Ergebnis, dass die Arbeit mit den SDGs

- das Risikomanagement erleichtert und verbessert,
- die Ausrichtung der Unternehmensstrategie auf die Bedürfnisse der Stakeholder erleichtert,
- Innovationsfelder aufzeigt und dazu beiträgt, neue Märkte zu erschließen,
- die Attraktivität als Arbeitgeber für jüngere Generationen steigert, für welche die SDGs einen hohen Stellenwert haben,
- das Vertrauen von Stakeholdern stärkt (Investoren, Kunden, Konsumenten, Behörden etc.) und
- dabei hilft, auf sich schnell ändernde Erwartungen und Anforderungen seitens der Verbrauchenden zu reagieren.

Weitere Vorteile, die durch das Bestreben nach einer nachhaltigen Entwicklung mit den SDGs entstehen können, sind:

- Kostensenkungspotenziale durch eine erhöhte Nachhaltigkeitseffizienz durch

  - Energieeinsparungen,
  - Reduktion des CO_2-Ausstoßes (führt zu geringeren Kosten aufgrund der CO_2-Bepreisung),
  - höhere Lieferantenzuverlässigkeit und Warenqualität,
  - verbesserte Zusammenarbeit mit Stakeholdern,
  - Loyalität der MitarbeiterInnen und verringerte MitarbeiterInnenfluktuation,

- Senkung der operationellen Risiken, z. B. durch extreme Klimaereignisse,
- Senkung der regulatorischen Risiken und Verbesserung der Rechtskonformität,
- verbesserte Reputation und Vertrauen seitens der Stakeholder.

Die genannten Aspekte zeigen, dass die SDGs nicht nur materielle Vorteile bringen, sondern auch immaterielle Werte von Unternehmen, z. B. die Marke und die Kundenloyalität, steigern können.

Mithilfe der SDGs können Sie sich die Wirkungen Ihres Unternehmens bewusst machen. Dabei hinterfragen Sie, wo Ihr Unternehmen bereits einen Beitrag zum Gemeinwohl leistet, welche negativen Wirkungen Sie reduzieren können und wo Sie zusätzlich positive Effekte erzielen können. Somit machen Sie Ihr tägliches Handeln, Ihr Engagement und Ihre damit verbundene Wirkung als Unternehmen greifbar (Giesenbauer und Müller-Christ 2018, S. 7).

Wie beschrieben, können die SDGs einen großen Beitrag für die Nachhaltigkeitsarbeit eines Unternehmens leisten. Natürlich gibt es allerdings auch Kritik und Grenzen.

Im SDG 8 ist ein Wachstum des jährlichen Bruttoinlandsprodukts (BIP) von mindestens 7 % in den am wenigsten entwickelten Ländern und ein weltweit erhöhtes Pro-Kopf-Wirtschaftswachstum „entsprechend den nationalen Gegebenheiten" formuliert. Das BIP als Maß für Wohlstand steht jedoch selbst unter großer Kritik, ob denn eine einzelne verdichtete Kennzahl das Wohlbefinden der Menschen korrekt abbilden kann. Durch die Verdichtung werden real existierende Zielkonflikte intransparent durch subjektive Werturteile Einzelner ersetzt (Fix 2019).

Das BIP bezieht in der Messung viele Produkte und Dienstleistungen ein, die nicht unbedingt zum menschlichen Wohlergehen beitragen und manchmal schädlich sind, wie z. B. Zigaretten und Alkohol. Gleichzeitig schließt es in der Messung kritische Elemente des globalen Fortschritts aus, einschließlich der Bemessung von gesunden Ökosystemen und verringerten Ungleichheiten. Laut dem UN Global Sustainable Development Report (GSDR) 2019 ist die Nützlichkeit des BIP als Gradmesser für Wohlstand eingeschränkt, da es negative Ergebnisse wie ökologische Folgekosten und irreversible Schäden von Ökosystemen nicht mit einbezieht (United Nations 2019, S. 51 f.).

Ein weiterer Kritikpunkt ist, dass die gewaltigen ökonomischen Ungleichheiten zu seicht adressiert werden.

Beispielhaft hier ein paar besorgniserregende Fakten einer Oxfam-Studie aus dem Jahr 2020 (Coffey et al. 2020, S. 10): 6,9 Mrd. Menschen besitzen zusammen weniger als die Hälfte des Vermögens der reichsten 1 % der Welt. Die reichsten 22 Männer der Welt verfügen über mehr Geld als alle Frauen in Afrika. Zählt man die Stunden unbezahlter Arbeit, die von Frauen und Mädchen geleistet wird, sind dies täglich 12,5 Mrd. Stunden. Krisen wie der Klimawandel und die COVID-19-Pandemie befeuern die Verschlimmerung der sozialen Ungleichheiten zusätzlich und lassen ihre Behebung zu einer noch größeren Herausforderung werden.

Mit SDG 10 möchte man unter anderem für die ärmsten 40 % der Bevölkerung einen deutlichen, über dem nationalen Durchschnitt liegenden Anstieg des Einkommens erreichen. Bemühungen, um Ungleichheiten zu bekämpfen, sind erkennbar und im Allgemeinen verdeutlicht die Agenda 2030, dass die SDGs ohne Verminderung der Chancen-, Reichtums- und Machtungleichheiten nicht zu erreichen sind. Dennoch wird die Thematik in den diversen Unterzielen oft nicht tiefgreifend und konsequent genug aufgegriffen.

Ein weiterer Kritikpunkt ist, dass die Ziele zu schwammig formuliert sind. Generell sind die SDGs ein Multiakteursrahmenwerk und entsprechend für viele Akteure geschrieben. Das bedeutet letztlich auch, dass für Unternehmen konkrete Maßnahmen und Handlungsanweisungen herausgearbeitet und abgeleitet werden müssen. Sie bilden keine konkrete To-do-Liste zum Abhaken und müssen immer in den entsprechenden Kontext des Landes und des Unternehmens gesetzt werden.

Trotz der Kritik kann festgehalten werden: Um als Weltgemeinschaft an einem Strang ziehen und wirkliche Veränderungen anstoßen zu können, wird zunächst genau ein solches Rahmenwerk gebraucht. Wir alle sind nun an der Reihe, die SDGs in unseren Kontext zu setzen und unsere spezifischen Handlungen und Maßnahmen daraus abzuleiten.

2.4 Weiterführende Auseinandersetzung und Materialien zu den SDGs

In vielen Beratungsprozessen frage ich den Kenntnisstand der TeilnehmerInnen zu den SDGs kurz ab. Meistens haben die TeilnehmerInnen vorher noch nie von den SDGs gehört. In Deutschland findet wenig Kommunikation zu den SDGs statt, obwohl die gesamte Nachhaltigkeitsstrategie von Deutschland auf ihnen aufgebaut ist und die Städte und Kommunen den Auftrag haben, die SDGs bekannt zu machen. Die SDGs sind in ihren Inhalten sicherlich keine leichte Kost und es wird von uns gefordert, die Ziele und Unterziele immer wieder in unseren Kontext zu setzen. Außerdem setzen sie voraus, dass jeder Einzelne bereit ist, Zielkonflikte, die ihnen innewohnen, auszuhalten und dem vernetzten, nicht linearen Charakter der SDGs zu folgen.

Wie kann es dennoch gelingen, sich mit den wichtigen Inhalten auseinanderzusetzen, ohne die Lust an Nachhaltigkeit gänzlich zu verlieren?

Es gibt viele Herangehensweisen, sich komplexen Themenfeldern zu nähern. Ich werbe für ein schrittweises Vorgehen und ein erfahrungsbasiertes Auseinandersetzen in verschiedenen Kontexten mit den SDGs.

Nachdem Sie sich nun mit den SDGs im vorangegangenen Kapitel beschäftigt haben, haben Sie vielleicht direkt Ideen, wie Sie im privaten Kontext einen Beitrag zu den SDGs leisten können.

Sie haben die Möglichkeit,

1. weniger Fleisch zu essen und somit zur direkten Zielerreichung von:

   - SDG 2 Kein Hunger, weil Sie das Human Trophic Level in Deutschland senken,
   - SDG 13 Klimaschutz, weil eine fleischarme Ernährung weniger Treibhausgase ausstößt,
   - SDG 15 Erhaltung von Landökosystemen, weil eine fleischarme Ernährung weniger Fläche konsumiert,
   - SDG 6 Trinkwasser, weil eine fleischarme Ernährung weniger Wasser verbraucht.

2. auf Strom aus 100 % erneuerbaren Quellen umzusteigen und somit zur direkten Zielerreichung von:

   - SDG 7 Saubere Energie, weil Sie Ihre Nachfrage nach fossiler Energie beenden,
   - SDG 13 Klimaschutz, weil Strom aus erneuerbaren Quellen (fast) klimaneutral ist.

3. Beim Kauf auf Gebrauchtware zurückzugreifen und damit zur direkten Zielerreichung von:

   - SDG 8 Wirtschaftswachstum, weil Sie damit zu einer erhöhten Ressourceneffizienz beitragen,
   - SDG 12 Nachhaltiger Konsum, weil Sie damit direkt die Kreislaufwirtschaft fördern und Abfälle vermeiden,
   beizutragen.

> Mehr Informationen, was Sie privat für die Erreichung der SDGs tun können, sind auf www.17ziele.de zu finden.

Ein weiterer Schritt und die Erweiterung des Kontextes ist es, die SDGs auf Ihr Unternehmen zu beziehen. Ihren TeamkollegInnen können Sie die SDGs bei der Einführung nur mit den Abbildungen und Überschriften vorstellen. Zur Strategieentwicklung können Sie im nächsten Schritt relevante

SDGs und ausgewählte Unterziele vorselektieren. Für die Entwicklung neuer Geschäftsfelder lassen sich dann die anderen SDGs miteinbeziehen. So erweitern Sie in den verschiedenen Anwendungskontexten Ihren Wissensstand und den Ihres Teams. Im Abschn. 2.2 habe ich die SDGs explizit auf den Unternehmenskontext angewendet und relevante Themenfelder und Merkmale aufgelistet. Sicherlich sind Ihnen auch während des Lesens Ideen für kleine oder große Umsetzungsmaßnahmen in den Sinn gekommen. Ein strukturiertes Vorgehen, die Nachhaltigkeitsarbeit mit den SDGs zu gestalten, beschreibe ich in den folgenden Kapiteln.

> **Hilfreiche Infos zu SDGs und Unternehmen**
> - Weiteres Material zu den SDGs im unternehmerischen Kontext finden Sie z. B. auf sdgcompass.org oder sdgessentials.org
> - Weitere Informationen zu den SDGs im deutschen Kontext und zur Deutschen Nachhaltigkeitsstrategie können Sie https://www.bmz.de/de/agenda-2030 entnehmen
> - Die Deutsche Nachhaltigkeitsstrategie finden Sie unter https://www.bundesregierung.de/breg-de/themen/nachhaltigkeitspolitik/deutsche-nachhaltigkeitsstrategie-318846
> - Die Liste der SDG-Indikatoren finden Sie unter https://sdg-indikatoren.de/
> - Wenn Sie in einem globalen Kontext mehr über die SDGs und die Erreichung der Ziele der einzelnen Länder erfahren wollen, besuchen sie www.sdgindex.org. Hier stehen die Daten aller Länder zu jedem einzelnen SDG bereit

Literatur

Business and Sustainable Development Commission (2017) Valuing the SDG prize: Unlocking business opportunities to accelerate sustainable and inclusive growth. http://businesscommission.org/our-work/valuing-the-sdg-prize-unlocking-business-opportunities-to-accelerate-sustainable-and-inclusive-growth. Zugegriffen: 2. Juli 2022

Coffey C et al. (2020) Time to Care: unpaid and underpaid care work and the global inequality crisis. Oxfam

Die Bundesregierung (2021) Deutsche Nachhaltigkeitsstrategie Weiterentwicklung 2021. www.bundesregierung.de/publikationen. Zugegriffen: 24. Jan. 2023

Fix B (2019) The aggregation problem: implications for ecological and biophysical economics. BioPhys Econ Res Qual 4(1):1

Giesenbauer and Müller-Christ G (2018) Die Sustainable Development Goals für und durch KMU: Ein Leitfaden für kleine und mittlere Unternehmen. RENN. nord, Bremen

Scott L, McGill A (2019) Creating a strategy for a better world. PwC. https://www.
    pwc.com/sdgchallenge. Zugegriffen: 2. Juli 2022

Independent Group of Scientists appointed by the Secretary-General (2019) The
    future is now – science for achieving sustainable development. United Nations,
    New York

United Nations (2015) Transforming our World: The 2030 Agenda for
    Sustainable   Development.   https://sustainabledevelopment.un.org/content/
    documents/21252030%20Agenda%20for%20Sustainable%20Develop-
    ment%20web.pdf. Zugegriffen: 3. Juli 2022

3

Standortanalyse mit den SDGs

Zusammenfassung Viele Unternehmen setzen bereits einzelne Maßnahmen zur Nachhaltigkeit im Unternehmen um. Zu Beginn der Nachhaltigkeitstransformation und Verankerung der SDGs im Unternehmen ist der erste wichtige Schritt, eine vollständige Standortanalyse durchzuführen, um für nachfolgende Prozesse die richtigen Entscheidungen treffen zu können. Dabei sind viele Analysen essenziell für die weitere strategische Arbeit. Die SDGs eignen sich besonders für die Impact- und Wesentlichkeitsanalyse und die handhabbare Umsetzung im Unternehmen.

Jede Reise beginnt mit dem ersten Schritt. Um einen guten ersten Schritt zu setzen, ist es jedoch unabdingbar, dass man zuerst weiß, wo man steht. Viele Unternehmen setzen einige Nachhaltigkeitsmaßnahmen schon bewusst um, haben diese in Planung oder leben verschiedene nachhaltige Maßnahmen unbewusst im Unternehmensalltag. Teilweise sind Ihre Produkte vielleicht schon nachhaltiger in der Anwendung als ein Konkurrenzprodukt. Vielleicht haben Sie schon etliche Energieeffizienzmaßnahmen in der Produktion umgesetzt. Eventuell haben Sie sogar ein zertifiziertes Umwelt- und Energiemanagement. Nach dem vorangegangenen Kapitel und der tieferen Beschäftigung mit den SDGs sind Ihnen sicherlich einige Maßnahmen in den Sinn gekommen. Ob bewusst oder unbewusst: Es gibt Aspekte in Ihrem Unternehmen, Ihrer Produkte, Ihrer Produktion und Dienstleistungen, die bereits nachhaltig sind. So viel zur internen Dimension.

© Der/die Autor(en), exklusiv lizenziert an Springer-Verlag GmbH, DE, ein Teil von Springer Nature 2024
P. Moock, *SDGs im Mittelstand*, SDG - Forschung, Konzepte, Lösungsansätze zur Nachhaltigkeit, https://doi.org/10.1007/978-3-662-67736-0_3

Des Weiteren gibt es die Außendimension: Wo stehen Sie mit Ihrem Produkt/Ihrer Dienstleistung in Bezug auf Nachhaltigkeit im Markt, wie stehen Sie zu Ihrem Wettbewerb und wie ist die Beziehung mit Ihren Stakeholdern und inwiefern spielt Nachhaltigkeit dabei eine Rolle? Unter anderem müssen diese Fragen hinsichtlich des externen Umfeldes ebenfalls beantwortet werden. Deshalb beginnen alle guten Initiativen mit einer Standortanalyse, die beide Dimensionen berücksichtigt, sowie die Abhängigkeiten und Wechselwirkungen der Nachhaltigkeitsaspekte mit einbezieht. Sammeln Sie alles, was schon da ist und analysieren Sie es strukturiert. Damit schaffen Sie die beste Grundlage, um im Nachgang bewusste Entscheidungen hinsichtlich Nachhaltigkeit zu treffen und eine Roadmap festzulegen. Dieser Schritt bedeutet sicherlich Arbeit und ist im Aufwand nicht zu unterschätzen. Jedoch bilden die Ergebnisse eine wichtige Grundlage für die weiteren Schritte in Ihrer Nachhaltigkeitsarbeit mit den SDGs und auch später für die Berichterstattung.

In Abschn. 3.1 möchte ich Ihnen einige generelle Methoden und Vorgehensweisen in der Analysephase vorstellen und in Abschn. 3.2 vertiefter auf wichtige Analysen in der Nachhaltigkeitsarbeit in Verknüpfung mit den SDGs eingehen. In Abschn. 3.3 liste ich generelle Fragen in Bezug auf jedes SDG auf, die für eine Standortanalyse hilfreich sein können, und in Abschn. 3.4 beschreibe ich das Vorgehen der Analysephase anhand eines Praxisbeispiels.

3.1   Analysephase, -methoden und Ablauf

Die Standortanalyse im Hinblick auf Nachhaltigkeit berücksichtigt drei Dimensionen: die Produkte und/oder Dienstleistungen, das Unternehmen und seine Produktion sowie die Beziehungen zu seinem Umfeld.

Hinsichtlich der SDGs sollten Sie sich als UnternehmerIn die folgenden grundlegenden Fragen stellen:

1. Wie tragen meine Produkte inkl. der Produktion und Dienstleistungen zum Erreichen der SDGs bei oder verhindern deren Erreichung sogar?
2. Wie ist mein gesamtes Unternehmen hinsichtlich der SDGs und deren Erreichung zu bewerten?
3. Welchen Einfluss kann ich in meinem Umfeld nehmen und meine Stakeholderbeziehungen mit den SDGs stärken?

Mit dieser Einteilung in einzelne Dimensionen, die sicherlich Überschneidungen haben, erleichtern Sie die Arbeit bei der Standortanalyse. Es geht dabei nicht um maximale Trennschärfe, sondern eine Erleichterung durch Kategorisierung in komplexen und vernetzten System der SDGs und der Nachhaltigkeit. Eine systemische Gestaltung des Prozesses unterstützt dabei, mit der Komplexität umzugehen. Aus meiner Sicht ist es für den Mittelstand zieldienlich, nicht alle Schwerpunkte auf einmal zu betrachten, sondern diese Dimensionen schrittweise zu durchleuchten und zu bearbeiten.

Wenn Sie diese drei Dimensionen für Ihr Unternehmen mit den SDGs durchleuchtet und die Ergebnisse strukturiert und systematisch erfasst haben, werden Sie ein umfassendes Bild zum Stand der Nachhaltigkeit in Ihrem Unternehmen in den Händen halten. Nochmal: Das ist sicherlich einiges an Arbeit, jedoch lohnt es sich für die nächsten Schritte, indem Sie Rückschlüsse für Ihre Strategie und Planung, Ihre Produktentwicklung, Ihre Unternehmensführung, Ihr Marketing usw. ziehen können.

Viele Methoden zur Standortanalyse in diesen Dimensionen sind Ihnen in Ihrer beruflichen Laufbahn schon begegnet, oder Sie haben diese schon angewendet. Die eine oder andere Methode wird jedoch neu für Sie sein. Im Folgenden skizziere ich Schritte in einem Analyseprozess mit den SDGs und beschreibe Vorgehensweisen und Methoden für den jeweiligen Schritt und gebe Hinweise zur systemischen Gestaltung des Prozesses.

Schritt 1: Zielsetzung, Interessen

Klären Sie zu Beginn der Analysephase, welche Zielsetzung Sie mit dieser Analyse genau verfolgen und welche Interessen von Ihnen und von anderen Stakeholdern verfolgt werden. Ich werbe dafür, keine getrennte Nachhaltigkeitsstrategie zu entwerfen, da für die meisten Unternehmen Nachhaltigkeit immanent in allen Überlegungen ist bzw. sein sollte. Für eine ganzheitliche Strategiearbeit ist es deshalb sehr wichtig, Analysen und die anschließende Bewertung (Diagnose) hinsichtlich Nachhaltigkeit in die gängige Standortanalyse während des Strategieprozesses des Unternehmens zu integrieren. So stellen Sie sicher, dass Nachhaltigkeit angemessen in der Strategie vertreten ist. Berücksichtigen Sie wichtige Gruppen, Funktionen und Abteilungen bei der Gestaltung des Analyseprozesses, um ein vollumfängliches Bild zu bekommen. Beziehen Sie MitarbeiterInnen von Beginn an in den Prozess mit ein, um die Wahrscheinlichkeit für die Akzeptanz der Ergebnisse im gesamten Unternehmen zu erhöhen. Wenn Sie nach einem bestimmten Reportingstandard berichten wollen oder eine bestimmte Zertifizierung anstreben, lohnt es sich, jetzt schon in die Erfüllungskriterien zu blicken und die Analysephase dazu zu nutzen, elementare Lücken aufzudecken.

Schritt 2: Umfang, Themenfelder

Definieren Sie genau, welchen Umfang und welche Themenfelder Sie in den jeweiligen Dimensionen schwerpunktmäßig bearbeiten möchten. Eine Analysephase sollte eine angemessene Anzahl an Themenfeldern betrachten, damit sie für die nachfolgenden Strategieprozesse erfolgreich eingesetzt werden können. Stellen Sie sicher, dass relevante Themenfelder ausreichend berücksichtigt werden.

Beispielhafte Themenfelder zu den Dimensionen:

A. Produkte und Produktion/Dienstleistungen:

- Auswirkungen auf die SDGs (und auf Nachhaltigkeit) der Produkte und Dienstleistungen,
- Analyse der Ökoauswirkung/-effizienz (unter anderem „Life Cycle Assessment" (LCA), „Product Carbon Footprint" (PCF), Analyse nach Hochrisikorohstoffen, Kreislauffähigkeit usw.),
- Analyse der Sozialauswirkung der Produkte und Dienstleistungen,
- Zugänglichkeit der Produkte/Dienstleistungen für soziale Schichten,
- Auswirkungen der Nutzung der Produkte/Dienstleistungen auf lokale Gemeinschaften,
- Nachhaltigkeit in der Produktion,
- Nachhaltigkeit in den Produktionsprozessen,
- …

B. Unternehmen:

- Bezug zu den SDGs/Nachhaltigkeit in der Vision,
- Bezug zu den SDGs/Nachhaltigkeit in der Strategie,
- Nachhaltigkeit in Kultur, Mindset und Kompetenzen,
- Nachhaltigkeit in Struktur und Funktionen,
- Nachhaltigkeit in (Hilfs-)Prozessen,
- Datenlage zu Nachhaltigkeitsaspekten,
- „Governance-Struktur" hinsichtlich nachhaltigkeitsrelevanter Entscheidungen
- Nachhaltigkeit in physischen Mitteln wie Maschinen, Ausstattung, Gebäuden und Geldmitteln,

- Ökoauswirkungen des Unternehmens („Company Carbon Footprint" [CCF], Energieeffizienzanalyse von Gebäuden, Biodiversitätsauswirkung etc.),
- Impact- und Wesentlichkeitsanalyse der Geschäftsaktivitäten,
- …

C. Umfeld, Anspruchsgruppen:

- Nachhaltigkeit in Nahtstellen,
- Nachhaltigkeit in Beziehung zu Anspruchsgruppen,
- Bezug zu den SDGs/Nachhaltigkeit in der Kommunikation,
- Nachhaltigkeit in Partnerschaften, Kooperationen,
- Nachhaltigkeit im gesamten Umfeld.

Schritt 3: Methodenauswahl, Datenerhebung, -verarbeitung, -interpretation

Es gibt zahlreiche Methoden zur Durchführung von Analysen: Strukturierte Interviews mit SchlüsselmitarbeiterInnen, Expertendiagnosen, Erhebungen in Workshops mit crossfunktionalen Teams oder Abteilungen sowie Checklisten sind gängige Methoden.

Die Wahl der Methoden und Instrumente findet am besten in der Lenkungsgruppe/in der Steuergruppe bzw. mit einem repräsentativen Querschnitt aus dem Unternehmen statt.

Die Datenerhebung kann durch externe ExpertInnen stattfinden oder als Selbstanalyse und Selbstbewertung durch geschulte MitarbeiterInnen im Unternehmen. Bei der Datenauswertung ist es wichtig, im Vorfeld ein Auswertungsschema zu definieren und passende (digitale) Tools miteinzubeziehen.

Systemaufstellungen sind eine innovative Analysemethode, die besonders nützlich ist, wenn es darum geht, komplexe Zusammenhänge in und im Umfeld eines Unternehmens darzustellen. Sie ist in den letzten Jahren im Unternehmenskontext immer beliebter geworden. Die systemische Aufstellung bildet eine tiefgreifende Analyse von Beziehungen, Dynamiken und Abhängigkeiten innerhalb eines Systems ab, indem sie die verschiedenen Komponenten symbolisch aufstellen. Systemaufstellungen nutzen dabei die Metapher, dass ein System wie ein Organismus funktioniert und dass jeder Teil des Systems einen Einfluss auf das Gesamtsystem hat. Durch das Aufstellen und Bewegen der symbolischen Elemente können bestehende Muster und Blockaden sichtbar gemacht werden, was dazu beiträgt, tiefgreifende Einsichten in das System zu gewinnen. (Nazarkiewicz, 2020) Besondere Merkmale oder Elemente Ihres Unternehmens detailliert in Bezug auf Nachhaltigkeit und den SDGs darzustellen, kann sehr aufschlussreich sein. Eine Aufstellung kann dabei Wirkmechanismen innerhalb des Systems offenlegen, die mit einer sachlichen Informationsbeschaffung nicht sichtbar werden. Dabei muss die Aufstellung keineswegs lange dauern, sondern kann in wenigen Stunden mit einer Nachbesprechung durchgeführt werden.

> Anja Grothe und Georg Müller-Christ beschreiben einen Ansatz zur systemischen Aufstellung für Unternehmen im Nachhaltigkeitskontext ausführlicher in ihrem Artikel „Systemaufstellungen als innovatives Instrument unternehmerischer Nachhaltigkeitsbewertung" in Ankele et al. (2016, S. 233–248). Bei der Aufstellungsarbeit empfehle ich Ihnen unbedingt einen externen, aufstellungserfahrenen, systemischen Coach oder BeraterIn zur Begleitung.
>
> Machen Sie transparent, warum Sie welche Methoden verwenden und wählen Sie für Ihr Unternehmen stimmige und passende Methoden aus. Dokumentieren Sie den Analyseprozess, sodass es Ihren Reportingprozess erleichtert.

Analysemethoden aus dem klassischen Management, die zur Analyse herangezogen werden, können meist um Nachhaltigkeitsaspekte und die SDGs ergänzt werden und durch Multistakeholder und kollaborative Ansätze systemischer gestaltet werden.

Gängige Analysemethoden zur internen Analyse aus dem klassischen Management sind im Folgenden dargestellt.

Bezogen auf das Unternehmen: Was kann das Unternehmen leisten?

- Wertkettenanalyse:

  - Wie werden die Leistungen der Akteure in der Wertschöpfungskette bewertet und verglichen?
  - Wie kann die Wertschöpfungskette optimiert werden, um bessere Ergebnisse zu erzielen?
  - Welche Ressourcen und Fähigkeiten sind erforderlich, um die Wertschöpfung sicherzustellen?
  - Wie kann die Wertschöpfungskette so gestaltet werden, dass sie den Zielen der SDGs zuträglich ist?
  - Welche Nachhaltigkeitskriterien werden in der Wertschöpfungskette bereits berücksichtigt?

- Kernkompetenzanalyse mit Bezug auf Nachhaltigkeit:

    - Welche speziellen Fähigkeiten und Kompetenzen sind für den Erfolg der Vergangenheit verantwortlich?
    - Welche davon sind besonders nützlich für die Transformation und um Nachhaltigkeit und die SDGs zu verankern?

- Stärken-Schwächen-Analyse:

    - Was sind die nachhaltigkeitsbezogenen Schwächen und Stärken?
    - Wo liegt das Unternehmen diesbezüglich gegenüber den Wettbewerbern?

- Unternehmenskulturanalyse:

    - Inwieweit stimmen die gelebten Werte mit den gesetzten Werten überein?
    - Wie sehr werden nachhaltige Werte gelebt?

Bezogen auf das Umfeld, den Markt, den Wettbewerb: Was wird erwartet?

- Chancenanalyse:

    - Welche Chancen eröffnen sich hinsichtlich der SDGs und Nachhaltigkeit?
    - Welche neuen Märkte/Kundengruppen können erschlossen werden?

- Risikoanalyse:

    - Welche nachhaltigkeitsbezogenen Risiken müssen in das Risikoinventar aufgenommen werden?
    - Wie werden nachhaltigkeitsbezogene Risiken bewertet?

- Branchenstrukturanalyse:

    - Was sind die nachhaltigkeitsbezogenen Entwicklungen der Branche?
    - Wie sieht die Branche in 15–20 Jahren aus?
    - Wie passen die eigenen Dienstleistungen und Produkte in den Wandel?
    - Welche Siegel/Zertifizierungen sind relevant?

- Kundenanalyse unter Berücksichtigung der SDGs und Nachhaltigkeit:

    - Welche Nachhaltigkeitsmerkmale erwarten unsere Kunden vom Produkt/Dienstleistung?

- Was erwarten Sie von uns als Unternehmen in Bezug auf Nachhaltigkeit?

• Benchmarking unter Nachhaltigkeitsgesichtspunkten:

- Was kann getan werden, um zu den besten Nachhaltigkeitsperformern unserer Branche zu werden?

• Wettbewerbsanalyse unter SDG-Gesichtspunkten:

- Welche SDGs werden von weiteren Marktteilnehmern fokussiert betrachtet?
- Wie sehen deren Zukunftspläne aus? Wie schneidet das eigene Unternehmen im Vergleich dazu ab?

• Netzwerkanalyse:

- Über welche SDGs kann das Unternehmen neue Beziehungen knüpfen?
- Welche Unternehmen im Umfeld haben ähnliche Fokus-SDGs?
- Was kann das Unternehmen von anderen in Bezug auf Nachhaltigkeit lernen?

Nachdem Sie relevante Analysen durchgeführt haben, gilt es die erhobenen Daten zu bewerten und zu interpretieren. Aggregiert können die Stärken-Schwächen- und die Chancen-Risiken-Analyse in einer klassischen SWOT-Matrix werden. Um die Zusammenhänge und Vernetzungen der Themen und Schlüsselfaktoren angemessen darzustellen, eignen sich Netzwerkdiagramme. Diese können Sie mit zahlreichen Tools einfach digital darstellen.

Hinsichtlich der Chancen in Bezug auf die SDGs ist zu erwähnen, dass ein von der Business and Sustainable Development Commission 2017 veröffentlichter Bericht zeigt, wie die Verfolgung der SDGs bis 2030 neue Marktchancen in Höhe von 12 Billionen US-Dollar pro Jahr erschließen und dabei mehr als 380 Mio. Arbeitsplätze schaffen könnte.

Schritt 4: Kommunikation der Ergebnisse
Da Ihre MitarbeiterInnen optimalerweise im Analyseprozess eingebunden sind, ist es wichtig, die Ergebnisse auch mit ihnen zu teilen. Gerade auch, weil Nachhaltigkeit das gesamte Unternehmen betrifft und auch am Erarbeiten der Ziele und Umsetzen der Maßnahmen wiederum das gesamte Unternehmen beteiligt ist. Die Präsentation sollte zeitnah zur Fertigstellung der Analyse erfolgen. Je nach Ergebnis können Analysen und Diagnosen eine Tendenz haben, beim Empfänger eine unangenehme Bedrücktheit auszulösen. Ver-

knüpfen Sie deshalb die Präsentation der Diagnose mit einem Workshop zum Auseinandersetzen oder Kennenlernen der SDGs bzw. von Nachhaltigkeit und sammeln Sie am besten direkt Anregungen für die Zukunft.

3.2 Auswahl an Analysen mit den SDGs

Im Folgenden beschreibe ich spezielle Analyseformate, die in der Nachhaltigkeitsarbeit hoch relevant sind, verschiedene Methoden, diese Formate anzuwenden und wie Sie die SDGs dazu nutzen können.

3.2.1 Analyse der Produkte und Produktion/ Dienstleistungen mit den SDGs

Wie oben schon genannt, sind im Bereich Produkte, Produktion und Dienstleistungen verschiedene Auswirkungsanalysen hinsichtlich SDGs, Kreislauffähigkeit, Produktlebenszyklus/Life-Cycle-Assessment (LCA), CO_2-Emissionen und Analysen zum Risikopotenzial von Materialien geeignet. Zwei Analysen zur Auswirkung von Produkten, der Produktion oder von Dienstleistungen in Bezug auf die SDGs möchte ich im Folgenden detaillierter vorstellen.

Im Sinne der SDGs kann man nachhaltige Produkte allgemein wie folgt skizzieren:

- unter fairen und menschenwürdigen Bedingungen, mit fairer Bezahlung und ohne Kinder- und Zwangsarbeit entlang der gesamten Lieferkette produziert,
- zugänglich und inklusiv bezogen auf Preismodelle und im Gebrauch,
- effizient in der Nutzung aller natürlichen Ressourcen,
- umweltverträglich im Umgang mit Chemikalien,
- nachteilige Auswirkungen auf die menschliche Gesundheit und die Umwelt sind auf ein Mindestmaß beschränkt,
- geringes Abfallaufkommen,
- transparent in Hinblick auf Rohmaterialien, deren Lieferkette, deren Nutzung und Nachgebrauchsphase,
- nicht schädlich für Land- und Wasserökosysteme im gesamten Produktlebenszyklus,
- Treibhausgasemissionen entlang des Produktlebenszyklus sind im Einklang mit dem Pariser 1,5-Grad-Abkommen,
- energieeffizient in der Herstellung und Nutzung.

Qualitative Auswirkungsanalyse

Aus diesen Stichpunkten können Sie einen Katalog aus Einschätzungen hinsichtlich der Auswirkung Ihrer Produkte und Dienstleistungen auf die SDGs zusammenstellen. Zu jedem Punkt ist es möglich, zusätzlich beliebig in die Tiefe zu gehen, die Aussagen granularer zu gestalten und die Einschätzungen auf Ihre Branche anzupassen. In Tab. 3.1 zeige ich beispielhaft, wie ein Auszug zu einer allgemeinen Einschätzung auf hoher Ebene für eine SDG-Auswirkungsanalyse für das Themenfeld Produkte, Produktion und Dienstleistungen aussehen kann. Die Aussagen sind nicht vollständig und sollten je Produkt, Branche und Unternehmen ergänzt werden. Mit SchlüsselmitarbeiterInnen im Unternehmen oder weiteren wichtigen Stakeholdern können Sie den Fragebogen gemeinsam entwickeln. Beantworten Sie dabei den Grad der Zustimmung für jede Aussage mit einem Wert zwischen 0 und 100 %.

Weitere Aussagen lassen sich aus den ausführlichen Checkfragen in Abschn. 3.3 ableiten.

Kommentieren Sie die Auswirkungen auf die SDGs mit genaueren Details und ob die Auswirkung Ihrer Einschätzung nach positiv oder negativ ist.

Portfolioanalyse

Eine weitere Möglichkeit, die Produkte in Bezug auf Nachhaltigkeit und den Einfluss auf die SDGs zu untersuchen, kann eine Portfolioanalyse darstellen. Diese kann folgendermaßen durchgeführt werden:

1. Identifizierung der Produkte: Alle Produkte des Unternehmens sollten identifiziert werden, um eine umfassende Übersicht zur Erstellung des Portfolios zu erhalten.
2. Bewertung der Nachhaltigkeit mit dem „SDG-Life Cycle Assessment": Jedes Produkt wird anhand seiner Auswirkungen auf die SDGs in der vorgelagerten Wertschöpfung, in der Herstellung, in der nachgelagerten Wertschöpfung und Nutzungsphase und Nachnutzungsphase bewertet.
3. Gruppierung der Produkte: Die Produkte können nach ihrer Bewertung in unterschiedliche Kategorien gruppiert werden, z. B. „hoch nachhaltig", „mittelmäßig nachhaltig", „nicht nachhaltig".
4. Überprüfung des Portfolios: Anhand der Gruppierungen überprüfen Sie nun, ob das Portfolio im Verhältnis zu den Nachhaltigkeitszielen Ihres Unternehmens ausgewogen ist.

Tab. 3.1 Bewertungskatalog für Produkte, Produktion/Dienstleistungen hinsichtlich Auswirkung auf die SDGs

Aussage	Grad der Zustimmung	Wirkt sich auf folgende SDGs aus
Die Rohstoffe unserer Produkte werden zu fairen und menschenwürdigen Bedingungen bezogen	0 %_____100 %	SDG 8
In der Wertschöpfungskette gibt es keine Verletzungen der Menschenrechte	0 %_____100 %	SDG 8
Zwangsarbeit und Kinderarbeit können ausgeschlossen werden	0 %_____100 %	SDG 8, SDG 1
Die Beschäftigten in der Wertschöpfungskette werden existenzsichernd entlohnt	0 %_____100 %	SDG 1, SDG 8
Der Rohstoffabbau hat minimale Auswirkungen auf die Umwelt	0 %_____100 %	SDG 12, SDG 13, SDG 14, SDG 15
Die Herstellung hat minimale Auswirkungen auf die Umwelt	0 %_____100 %	SDG 12, SDG 13, SDG 14, SDG 15
Die Herstellung ist in höchstem Maße energieeffizient	0 %_____100 %	SDG 7, SDG 12
Die Herstellung ist ausschussfrei	0 %_____100 %	SDG 12
Die Herstellung ist abfallfrei	0 %_____100 %	SDG 12
Der Konsument ist über eine ökoeffektive Nutzung des Produktes aufgeklärt	0 %_____100 %	SDG 12
Bei der Nutzung des Produktes können nachteilige Auswirkungen auf die menschliche Gesundheit ausgeschlossen werden	0 %_____100 %	SDG 3
Bei der Nutzung des Produktes können nachteilige Auswirkungen auf die Umwelt ausgeschlossen werden	0 %_____100 %	SDG 12, SDG 13, SDG 14, SDG 15
Die Preismodelle sind inklusiv gestaltet und berücksichtigen Menschen mit geringerem Einkommen	0 %_____100 %	SDG 1, SDG 10
...		

5. Schlussfolgerung/Umsetzung von Maßnahmen: Je nachdem, wo Sie in Ihrem Prozess gerade stehen und je nach Blick auf das Portfolio, führen die Schlussfolgerungen in den nächsten Schritten zur Anpassung der Strategie oder direkt zur Umsetzung von Maßnahmen, um das Portfolio nachhaltiger zu gestalten.

Für die Datenerhebung und Bewertung in der Produktion und der Produktionsprozesse bieten sich Interviewformate an, bei denen Sie Checklisten durchgehen, je Produktionsstandort oder je Produkt, und die Ergebnisse aggregieren.

Für die restlichen Einschätzungen eignen sich ebenso Interviews oder Kurzworkshops mit den entsprechenden Abteilungen oder Onlinefragebögen.

Diese erste Datenerhebung, auch wenn sie auf hoher Flughöhe stattfindet, kann Ihnen eine gute Grundlage schaffen, wo Sie mit Ihren Produkten, der Produktion und Ihren Dienstleistungen stehen. Sie kann Ihnen helfen, Prioritäten zu setzen und zu sondieren.

3.2.2 Analyse des Unternehmens mit den SDGs

Analog zur Analyse der Produkte kann für das Unternehmen einen Analysefragebogen mit Leitfragen oder Zustandsaussagen in Bezug auf die SDGs erstellt werden. Eine allererste Einschätzung kann Ihnen die Bewertung der in   Tab. 3.2 stehenden Zustandsaussagen liefern. Beantworten Sie dabei wieder den Grad der Zustimmung für jede Aussage mit einem Wert zwischen 0 und 100 %.

Zu den einzelnen Kategorien und besonders bei den Prozessen lassen sich die Zustandsaussagen beliebig erweitern und verfeinern. Weiterführende Aussagen zu den Kategorien können Sie aus den ausführlichen Checkfragen in Abschn. 3.3 ableiten.

3.2.3 Umfeldanalyse/PESTEL

Die Umfeldanalyse ist ein wichtiges Instrument zur Ermittlung der für das Unternehmen relevanten Bereiche und Einflussfaktoren und deren zukünftige Entwicklung. Sie identifiziert, welche Chancen und Risiken für die zukünftige Entwicklung eines Unternehmens bestehen und zu berücksichtigen sind. Das Akronym PESTEL steht für die (englischen) Anfangs-

Tab. 3.2 Bewertungskatalog für ein Unternehmen hinsichtlich der Auswirkung auf die SDGs

Zustandsaussage	Grad der Zustimmung	Wirkt sich auf folgende SDGs aus	Kategorie
Die Vision des Unternehmens zahlt auf die SDGs ein und berücksichtigt Nachhaltigkeit	0 %_____100 %	SDG 12	Vision
Die Nachhaltigkeit bestehender Geschäftsmodelle und wie diese zur Erreichung der SDGs beitragen, wird fortlaufend geprüft und bei Bedarf verbessert	0 %_____100 %	SDG 8, SDG 12	Geschäftsmodell
Aspekte der Nachhaltigkeit sind bei der Bestimmung der strategischen Ausgangslage systematisch berücksichtigt	0 %_____100 %	SDG 8, SDG 1	Strategie
In der Unternehmensführung ist Nachhaltigkeit und die Erreichung der nachhaltigkeitsbezogenen Ziele fest verankert	0 %_____100 %	SDG 1, SDG 8, SDG 16	Governance
Nachhaltigkeit ist im Mindset fest verankert	0 %_____100 %	SDG 12	Mindset
Nachhaltigkeit ist in unseren Strukturen angemessen repräsentiert	0 %_____100 %	SDG 12	Struktur
Wir handeln und verhalten uns nachhaltig	0 %_____100 %	SDG 12	Kultur
Nachhaltigkeit findet sich in allen Funktionsbeschreibungen wieder	0 %_____100 %	SDG 12	Funktionen
Alle Prozesse tragen zu einer nachhaltigen Unternehmensführung bei	0 %_____100 %	SDG 12, SDG 9, SDG 8	Prozesse
Nachhaltigkeit ist in Materialien, Gebäuden, Ausstattungen und Geldmitteln sichtbar	0 %_____100 %	SDG 12, SDG 11, SDG 8, SDG 15	Physische Mittel

buchstaben der Einflussfaktoren. Diese sind: politisch („political"), ökonomisch („economic"), soziokulturell („social"), technologisch („technological"), ökologisch („ecological") und rechtlich („legal"). Zu jedem dieser Faktoren werden die zentralen Treiber („key driver") identifiziert, welche vor allem die zukünftige Entwicklung beeinflussen und verändern können. Diese werden dann qualitativ als Chance oder Risiko bewertet. In Workshops und weiterer detaillierter Arbeit können diese Chancen und Risiken finanziell bewertet werden.

Wichtige Quellen für die Umfeldanalyse sind:

- die SDGs selbst,
- der European Green Deal und seine Aktionspapiere,
- aktuelle Gesetze und deren Entwürfe sowie Richtlinien(-entwürfe) der EU (besonders im Hinblick auf SFDR, CSRD, CSDDD, SPI und weitere),
- die Deutsche Nachhaltigkeitsstrategie,
- Analystenberichte, Berichte von Ratingagenturen,
- Branchenreports,
- statistische Ämter,
- Kammern, Verbände, Wirtschaftsforschungsinstitute,
- Landes- und Bundesministerien,
- Messen, Kongresse, Fachzeitschriften, Tageszeitungen,
- internationale Organisationen und NGOs.

Die SDGs selbst sind eine gute Quelle für die Umfeldanalyse, da sich alle 193 Staaten ihrer Umsetzung und Erreichung verschrieben haben. Die Zielerreichung in Aussicht gestellt, geben sie einen Ausblick auf unsere zukünftige Gesellschaft sowie unser politisches, ökologisches und ökonomisches Umfeld. Aus der Umfeldanalyse lassen sich bereits erste Risiken und Chancen ableiten, die Sie in einem weiteren Schritt für die Wesentlichkeitsanalyse verwenden können.

3.2.4 Anspruchsgruppen/Stakeholderanalyse mit den SDGs

Eine Stakeholderanalyse und Stakeholderbefragung sind zwei wichtige Prozesse in der Nachhaltigkeitsarbeit eines jeden Unternehmens. Die SDGs eignen sich hervorragend dazu, da sie das vielfältige Thema Nachhaltigkeit in eine einheitliche globale Sprache überführen. Eine Stakeholderbefragung oder ein Stakeholderdialog zu den SDGs und zu Nachhaltigkeit sollte nicht einmal alle paar Jahre isoliert durchgeführt werden, sondern sollte fester Bestandteil des Austauschs mit allen oder den wichtigsten Stakeholdern sein. Mit den SDGs kann eine Stakeholderanalyse wie folgt durchgeführt werden:

Übergeordnete Fragen, die durch die Stakeholderanalyse beantwortet werden sollen:

- Wer sind die wichtigsten Stakeholder?
- Welche Nachhaltigkeitsaspekte sind für weitere Stakeholder abseits von Kunden relevant?
- Was erwarten die wichtigsten Stakeholder vom Unternehmen in Bezug auf Nachhaltigkeit?

Vorgehen
Identifizieren Sie die wichtigsten Stakeholder, indem Sie eine Portfolioanalyse beginnen. Dazu zeichnen sie eine 2 × 2-Matrix und betiteln die y-Achse mit „Interesse am Unternehmen" und die x-Achse mit „Einfluss auf das Unternehmen". Sortieren Sie alle möglichen Stakeholder in die Matrix ein nach Interesse am Unternehmen von gering bis hoch und Einfluss auf das Unternehmen ebenso gering bis hoch. Eine beispielhafte Darstellung finden Sie in Abb. 3.1.

Mögliche Stakeholder:

- Vorstand
- Aufsichtsrat
- Arbeitnehmervertretungen
- MitarbeiterInnen
- Management
- Lieferanten (hier bieten sich Unterkategorien an)
- Kunden (hier bieten sich Unterkategorien an)
- Verbände
- Gewerkschaften
- BürgerInnen
- Kommunen
- Behörden oder Ämter
- Umwelt
- zukünftige Generationen usw.

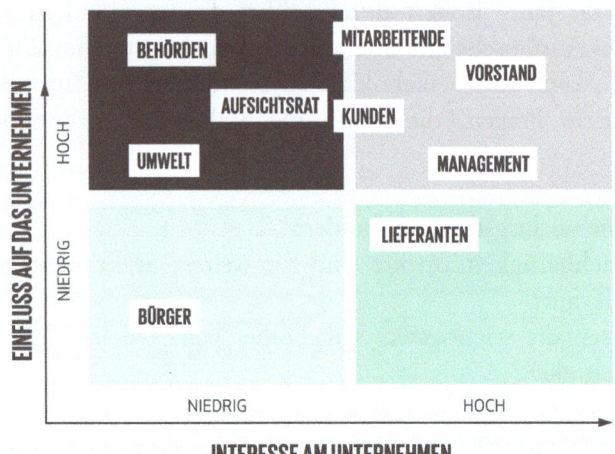

Abb. 3.1 Beispiel einer Stakeholdermatrix. (© Moock 2023. All Rights Reserved)

Ich lade Sie hier auf ein Experiment ein: Nehmen Sie die Umwelt und/ oder die zukünftigen Generationen als wichtige Stakeholder mit auf, auch wenn diese nicht durch Menschen vertreten und nicht direkt befragt werden können. Lassen Sie die Umwelt und/oder die zukünftigen Generationen bei der anschließenden Stakeholderbefragung durch einen angemessenen Vertreter sprechen und zu Wort kommen.

Sammeln Sie Erwartungen und Nutzen der Umsetzung von Nachhaltigkeitsaspekten Ihrer wichtigsten Stakeholder und stellen Sie diese tabellarisch dar.

Erwartungen und Nutzen können Sie in einer direkten Befragung abklopfen. Als Rahmen und Quelle für die direkte Stakeholderbefragung können sehr gut Workshops, Labore, Kundengespräche, Jahresgespräche mit Lieferanten, direkte Befragungen usw. genutzt werden.

Mögliche Fragen an die Stakeholder:

- Welche SDGs sehen Sie als besonders relevant für Ihr Unternehmen/für sein oder ihr Unternehmen/für das gemeinsame Wirtschaftsumfeld?
- Aus Stakeholderperspektive: Auf welche SDGs und Nachhaltigkeitsaspekte hat Ihr Unternehmen die größten Auswirkungen?
- Welche Nachhaltigkeitsaspekte spielen für Ihren Stakeholder eine große Rolle?

- Von welcher Berücksichtigung von Nachhaltigkeitsaspekten würden Sie besonderen Nutzen ziehen?
- Welche Erwartungen haben Sie an die Umsetzung von Nachhaltigkeitsaspekten an Ihr Unternehmen/an die Beziehung/an das gemeinsame Wirtschaftsumfeld?

In manchen Fällen ist eine direkte Befragung aus Zeit- oder Ressourcengründen nicht durchführbar. Dann kann eine Befragung von Stellvertretern eine mögliche Alternative sein: VertriebsmitarbeiterInnen könnten Kunden repräsentieren, MitarbeiterInnen aus dem Einkauf die Lieferanten.

Die direkte Befragung ist jedoch immer vorzuziehen. Perspektivisch sollten Sie direkte Befragungen in Ihre Prozesse mit einplanen, da der Austausch rund um Nachhaltigkeit besonders beziehungsfördernd sein kann.

Nachteile der Stakeholderanalyse und -befragung:

- größte und mächtigste Interessengruppen (z. B. Kapitalgeber und Kunde) setzen sich meistens durch,
- die Stakeholder Umwelt und/oder die zukünftigen Generationen müssen durch einen sprechfähigen Vertreter ersetzt werden,
- Gefahr, dass man sich in der Zielableitung auf den kleinsten gemeinsamen Nenner einigt.

Eine weitere Methode, eine Stakeholderanalyse durchzuführen, ist das Erstellen einer SDG-Stakeholdermap, wie sie in Abb. 3.2 beispielhaft dargestellt ist.

Legen Sie Bodenanker, die Ihre Stakeholder repräsentieren (z. B. mit beschrifteten Moderationskarten) im Raum aus. Mit zwei weiteren Bodenankern, Ihrem Unternehmen und Nachhaltigkeit, können Sie die Positionen der Stakeholder im Raum im Verhältnis zu diesen verändern. Die räumliche Nähe zum Unternehmen repräsentiert dabei die Bedeutung dieses Stakeholders für das Unternehmen. Als weitere Dimension legen Sie einzelne SDGs ebenfalls als Bodenanker zu den Stakeholdern, Ihrem Unternehmen und der Nachhaltigkeit dazu oder als zusätzliche Bodenanker aus. Die SDGs repräsentieren dabei verbindende Themen, Spannungen oder Herausforderungen in Bezug auf diesen Stakeholder. Treten Sie ein paar Schritte zurück und betrachten Sie das Ergebnis. Reflektieren Sie die Abstände, die SDGs und die Positionen in Relation.

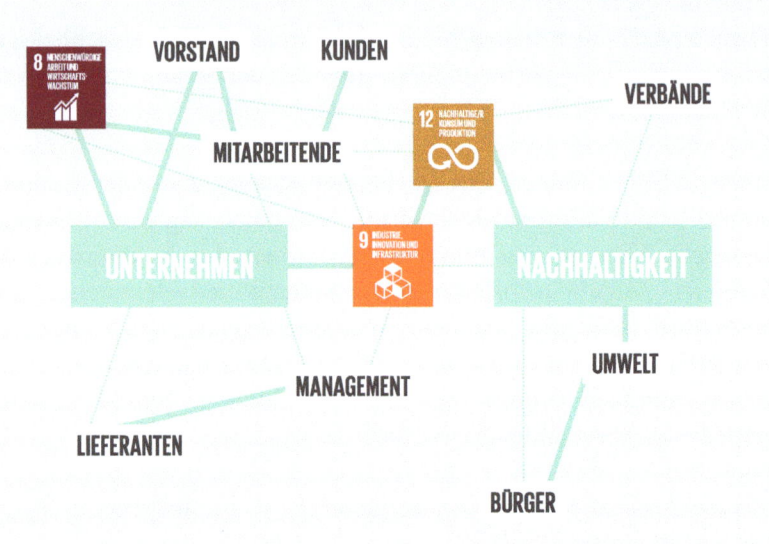

Abb. 3.2 Beispiel einer Stakeholdermap mit den SDGs. (© Moock 2023. All Rights Reserved. SDG-Abbildungen mit freundlicher Genehmigung von © United Nations, 2015. All Rights Reserved)

3.2.5 Wesentlichkeitsanalyse mit den SDGs

Auf eine sehr wichtige Analyse für die Nachhaltigkeitsarbeit möchte ich in diesem Abschnitt näher eingehen: die Wesentlichkeitsanalyse.

Die Erstellung der Wesentlichkeitsanalyse ist ein zentraler Teil der Nachhaltigkeitsarbeit eines jeden Unternehmens und wichtig in der Analysephase. Sie ist im Nachhaltigkeitsreporting ein zentraler Bestandteil und nach den gängigen Reportingstandards sogar verpflichtend. Die Wesentlichkeitsanalyse soll Ihnen aufzeigen, welche Themenfelder mit dem größten Einfluss einhergehen, und zwar in zwei Richtungen:

1. Was ist der Einfluss, den Sie mit Ihrer Unternehmenstätigkeit auf Nachhaltigkeitsaspekte und die SDGs haben (negativ sowie positiv)? (Impact-Wesentlichkeit)
2. Welche Risiken und Chancen in Bezug auf Nachhaltigkeitsaspekte und Aspekte der SDGs haben einen wesentlichen Einfluss auf Ihre Unternehmenstätigkeit? (finanzielle Wesentlichkeit)

Die Wesentlichkeitsanalyse hilft Ihnen also die zwei Perspektiven aus dem Analyseprozess einzunehmen: von innen nach außen, also „inside out" und von außen nach innen, „outside in". Dass hier zwei Perspektiven gefordert werden, wird auch unter dem Begriff der doppelten Wesentlichkeit oder doppelten Materialität (engl. „double materiality") zusammengefasst. Nimmt man die Nachhaltigkeitsmerkmale aus den SDGs und setzt sie in den unternehmerischen Kontext, können sie hervorragend für diese Analyse verwendet werden.

In der Praxis hat sich ein Turnus von ca. 2–3 Jahren bewährt, die Impact-Wesentlichkeitsanalyse zu wiederholen. Jedoch ist ein fortlaufender Prozess, um wesentliche Chancen und Risiken zu identifizieren und sie in Entscheidungen bezüglich der Geschäftstätigkeit einzubeziehen sowie das Erkennen und Managen von den wichtigsten negativen Auswirkungen (engl. „principle adverse impacts") des Unternehmens, erforderlich.

Wie im vorigen Abschnitt beschrieben, bezieht sich die Impact-Wesentlichkeit auf den Einfluss eines Unternehmens auf Nachhaltigkeitsaspekte von innen nach außen. Sie wird mithilfe einer Impact-Analyse ermittelt. Die finanzielle Wesentlichkeit meint finanzielle Wirkungen von außen nach innen, die durch einen Nachhaltigkeitsaspekt entstehen. Sie wird mithilfe einer Chancen- und Risikoanalyse identifiziert.

Die Ergebnisse aus der Impact-Analyse, der Chancen- und der Risikoanalyse müssen dann zusammengeführt werden, um dem Prinzip der doppelten Materialität zu entsprechen: Dies kann in einer Liste erfolgen oder in einer Matrix dargestellt werden. Definieren Sie dazu Schwellenwerte, deren Überschreiten einen Impact, eine Chance oder ein Risiko als wesentlich klassifiziert und stellen Sie diese Schwellenwerte ebenso wie die wesentlichen Themen transparent dar. Die Vorgehensweisen beider Analysen werden in den nächsten Abschnitten genauer beschrieben. Sie folgen den Entwürfen der European Financial Reporting Advisory Group (EFRAG) über die European Sustainability Reporting Standards (ESRS) vom November 2022.

> Die Impact-Analyse und die Chancen- und Risikoanalyse sind elementar im Analyseprozess und sollten in Vorbereitung auf eine Strategieentwicklung unbedingt erstellt werden. Sie sind für die wichtigsten Reportingstandards Pflichtprogramm. Das beschriebene Vorgehen ist ebenso konform mit dem

Vorgehen aus dem Deutschen Nachhaltigkeitskodex (DNK) oder den Global Reporting Initiative (GRI) Standards und wird Sie unterstützen, den Fokus für Ihre Strategiearbeit zu legen.

3.2.5.1 Ermittlung der Impact-Wesentlichkeit – Impact-Analyse

In der Impact-Analyse erfassen Sie für Ihr Unternehmen jene kurz-, mittel- oder langfristigen Auswirkungen (engl. „impacts"), die sich im Hinblick auf Nachhaltigkeit tatsächlich und potenziell auf die Umwelt und Gesellschaft ergeben. Die Analyse umfasst Einflüsse, die aus Ihren Tätigkeiten, Produkten, Dienstleistungen sowie Ihrer vor- und nachgelagerten Wertschöpfungskette entstehen.

Die EFRAG empfiehlt für die Identifizierung der Einflüsse folgende Vorgehensweise (2022):

- **Schritt 1:** Verschaffen Sie sich ein Verständnis Ihrer Impacts. Berücksichtigen Sie dabei Ihre Aktivitäten, Geschäftsbeziehungen, den Nachhaltigkeitskontext und Ihre Interessengruppen.
- **Schritt 2:** Identifizieren Sie ihre tatsächlichen sowie potenziellen negativen und positiven Auswirkungen. Stimmen Sie diese mit relevanten ExpertInnen und Interessengruppen ab. Als Stütze können Sie in diesem Schritt wissenschaftliche Untersuchungen der entsprechenden Auswirkungen hinzuziehen.
- **Schritt 3:** Beurteilen Sie die tatsächlichen und potenziellen Impacts nach ihrer Wesentlichkeit.
- **Schritt 4 (nur bei der Abgabe von Nachhaltigkeitserklärungen):** Bestimmen Sie die wesentlichen Aspekte, indem Sie Schwellenwerte für Ihre Einflüsse festlegen. Die Schwellenwerte helfen Ihnen dabei zu entscheiden, welche Einflüsse Sie in Ihrer Erklärung offenlegen müssen.

In den ESRS sind wesentliche Nachhaltigkeitsthemen definiert, die für die Impact-Analyse relevant sind. In der Tab. 3.3 setze ich die SDGs in einen allgemeinen Bezug zu den Nachhaltigkeitsthemen, die die ESRS vorschlagen und erweitere die Liste der Nachhaltigkeitsthemen. Es gibt keine richtige Zuordnung und die Tabelle stellt keinen Anspruch auf die vollständige Darstellung aller möglichen Beziehungen und auf eine vollständige Liste wesentlicher Themen. Sicher gibt es in Ihrem Unternehmen weitere relevante Themen und Verbindungen, die über die hier dargestellten hinaus-

Tab. 3.3 Nachhaltigkeitsthemen für die Wesentlichkeitsanalyse und der Bezug zu den SDGs

SDGs	Nachhaltigkeitsthemen
Umweltthemen	
SDG 13: Maßnahmen zum Klimaschutz	Anpassung an den Klimawandel, Bekämpfung des Klimawandels,
SDG 7: Bezahlbare und saubere Energie	Aufklärung bezüglich des Klimawandels, Energiebeschaffung, Energieeffizienz
SDG 6: Sauberes Wasser und Sanitäreinrichtungen	Luftverschmutzung, bedenkliche Stoffe/Substanzen, besonders bedenkliche Stoffe/Substanzen,
SDG 14: Leben unter Wasser	Wasserverschmutzung, Wasserentnahme,
SDG 15: Leben an Land	Wasserverbrauch, Wassernutzung, Wassereinleitungen in Gewässer und in die Meere, Verschlechterung der Lebensräume und Intensität der Belastung der Meeresressourcen, Bodenverschmutzung, Verschmutzung von Lebewesen und Nahrungsressourcen, direkte Auswirkungen auf den Verlust der biologischen Vielfalt, Auswirkungen auf den Zustand der Arten, Auswirkungen auf den Zustand und die Größe von Ökosystemen, Auswirkungen auf und Abhängigkeiten von Ökosystemleistungen
SDG 12: Nachhaltige/r Konsum und Produktion	Ressourcenzuflüsse, einschließlich Ressourcennutzung, Ressourcenabflüsse im Zusammenhang mit Produkten und Dienstleistungen,
SDG 9: Industrie, Innovation und Infrastruktur	Abfall, Innovation, nachhaltige Digitalisierung
Soziale Themen	
SDG 1: Keine Armut	Arbeitsbedingungen,
SDG 3: Gesundheit und Wohlergehen	MitarbeiterInnenzufriedenheit, Arbeitssicherheit,
SDG 4: Hochwertige Bildung	gleiche Behandlung und Chancen für alle, Diversität,
SDG 5: Geschlechtergleichheit	Aus- und Weiterbildung, Kinderarbeit,
SDG 8: Menschenwürdige Arbeit und Wirtschaftswachstum	Zwangsarbeit, Menschenrechte
SDG 10: Weniger Ungleichheiten	

(Fortsetzung)

Tab. 3.3 (Fortsetzung)

SDGs	Nachhaltigkeitsthemen
SDG 11: Nachhaltige Städte und Gemeinden	Angemessener Wohnraum (für MitarbeiterInnen, Subunternehmer, Dienstleister, Beschäftigte in der Lieferkette),
SDG 16: Frieden, Gerechtigkeit und starke Institutionen	wirtschaftliche, soziale und kulturelle Rechte der Gemeinschaften, besondere Rechte indigener Gemeinschaften
SDG 1 Keine Armut und SDG 12: Nachhaltige/r Konsum und Produktion	Soziale Inklusion von Verbrauchern und/oder Endnutzern, informationsbezogene Auswirkungen für Verbraucher und/oder Endnutzer, persönliche Sicherheit von Verbrauchern und/oder Endnutzern
„Governance-Themen"	
SDG 16: Frieden, Gerechtigkeit und starke Institutionen	Compliance, Schutz von Informanten und anonyme Hinweisgeberverfahren,
SDG 17: Partnerschaften zur Erreichen der Ziele	politisches Engagement und Lobbying-Aktivitäten, Management von Lieferantenbeziehungen einschließlich Zahlungspraktiken, Korruption und Bestechung

gehen. Schaffen Sie sich einen Orientierungsrahmen für Ihre Impact-Analyse, indem Sie diese Zuordnung kontextspezifisch für Ihr Unternehmen vornehmen.

Erstellen Sie eine Vorauswahl („Longlist") der Nachhaltigkeitsthemen oder SDGs, bei denen Sie vermuten, dass große Einflüsse Ihrer unternehmerischen Tätigkeit wahrscheinlich sind. Dadurch ersparen Sie sich immer wieder, die gesamte Liste durchzugehen.

Um nicht das ganze Unternehmen auf einmal als Gesamtes bezüglich seines Einflusses auf die Nachhaltigkeitsthemen zu betrachten, bietet sich eine abgewandelte Form der Wertkettenanalyse an. Dabei zerlegen Sie das Unternehmen in seine Wertketten und analysieren diese in Bezug auf ihren positiven und negativen Beitrag zu den ausgewählten Nachhaltigkeitsthemen. Die systematische Betrachtungsweise nach den wichtigsten unternehmerischen Aktivitäten und ihren Einfluss gibt dann Aufschluss über die wichtigsten und größten Einflüsse – positive wie negative – auf die Nachhaltigkeitsaspekte. Wie in der klassischen Wertkettenanalyse nach Porter (1985) werden die unternehmerischen Aktivitäten in primäre und unterstützende Tätigkeiten unterteilt (siehe Abb. 3.3). Im produzierenden Unternehmen sind die primären Aktivitäten idealtypischerweise: Eingangslogistik, Produktion, Ausgangslogistik, Marketing/Vertrieb und Service. Die unterstützenden Tätigkeiten sind diejenigen, die zur Erfüllung der primären

Tätigkeiten notwendig sind: Unternehmenssteuerung, -infrastruktur, Personalwesen, (Technologie-)Entwicklung und die Beschaffung. (Wäre das Unternehmen schon auf Kreislauffähigkeit ausgerichtet, wären die primären Aktivitäten des Unternehmens um Rücknahme und Aufbereitung des Produktes erweitert.) Passen Sie diese Aktivitätsfelder und die Zuordnung in primäre und unterstützende Tätigkeiten auf Ihr Unternehmen und Ihre Branche an.

Untersuchen Sie diese Unternehmensaktivitäten nun auf ihren Einfluss auf Nachhaltigkeitsthemen. Ein Vorgehen, das sich in der Praxis bewährt hat, ist es, mit den Verantwortlichen in einem Workshopformat diese Einflüsse zu bewerten. Dort, wo es möglich ist, die Einflüsse quantitativ zu bewerten – auch z. B. mit Äquivalentdaten, wie Treibhausgasäquivalente – tun Sie dies unbedingt. Bei den anderen Aktivitäten, für die es keine Daten oder Äquivalentdaten gibt, bewerten Sie den Einfluss dieser Aktivität auf einer dreistufigen Skala von gering bis hoch; genauso auch für die positiven Einflüsse.

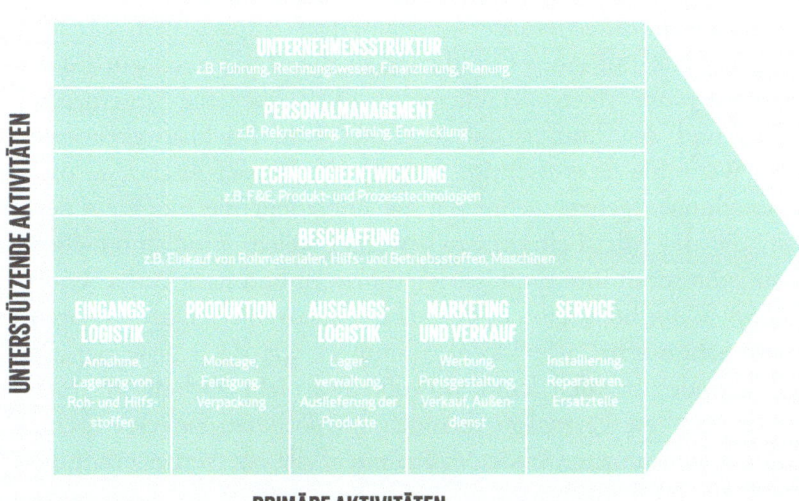

Abb. 3.3 Wertkette eines Beispielunternehmens. (Eigene Darstellung; angelehnt an Porter, 1985; © Moock 2023. All Rights Reserved)

> Streben Sie für die Impact-Analyse eine möglichst hohe Abdeckung mit quanti-fizierbaren Daten an und bauen Sie langfristig die entsprechenden Daten-quellen auf.

Beschreiben Sie dabei präzise:

– was die Tätigkeit genau umfasst,
– auf welchen Nachhaltigkeitsaspekt und welches SDG sich die Tätigkeit bezieht,
– den positiven oder negativen Einfluss,
– den potenziellen oder realen Charakter,
– die Merkmale der Signifikanz (Schweregrad, Tragweite und Unumkehr-barkeit) und
– eine kurze Begründung für die Bewertung auf der Skala.

Je präziser die Unterteilung in Tätigkeiten erfolgt, desto umfangreicher wird diese Analyse. Konzentrieren Sie sich auf die Bereiche, in denen aufgrund der Art der Tätigkeiten, der Geschäftsbeziehungen, der geografischen Lage oder anderer Risikofaktoren Impacts als wahrscheinlich angesehen werden.

Auf einer hohen Flughöhe ist diese Art der Impact-Analyse sehr zugäng-lich für alle MitarbeiterInnen im Unternehmen und kann in einem Work-shopformat gut durchgeführt werden. Diese Impact-Analyse eignet sich in Kombination mit einer Einführung in die SDGs auch gut für einzelne Abteilungen, um einen detaillierteren Blick über die unternehmerische Tätigkeit und den Einfluss auf die SDGs und Nachhaltigkeitsaspekte zu werfen. Wenn Sie diese wichtige Aufgabe der Impact-Analyse in die einzel-nen Abteilungen geben, definieren Sie unbedingt die Flughöhe der Tätig-keiten, die die MitarbeiterInnen bewerten sollen. Eine unternehmerische Einheit kann somit ihre Einflüsse identifizieren und nach Bedarf entwickeln. In diesen Workshops gibt es reichlich Diskussionsbedarf und es werden meistens schon sehr viele Ideen gesammelt, wie der eigene negative Ein-fluss vermindert werden kann, obwohl dies nicht Ziel dieser Analyse ist. Sammeln Sie diese Vorschläge dennoch und sortieren Sie diese nach „Quick Wins" (einfach umzusetzende Maßnahmen, die ein Verbesserungspotenzial bieten) und langfristigen Maßnahmen. Die „Quick Wins" können das Team oder die Abteilung motivieren, indem schnelle Erfolge sichtbar werden. Alle Ergebnisse der Impact-Analyse aus den einzelnen Abteilungen werden dann in einer Gesamtübersicht zusammengeführt.

Stellen Sie besonders starke negative und starke positive Impacts heraus, die einen gewissen Schwellenwert überschreiten. Die abgeleiteten Entwicklungsfelder aus der Impact-Analyse sind, die stark negativen Einflüsse zu verringern und die schwach positiven Einflüsse zu verstärken, ohne in den schwach negativen und stark positiven Einflüssen schlechter zu werden.

Diese Analyse ist extrem wertvoll, um das eigene Unternehmen hinsichtlich der positiven und negativen Einflüsse auf Nachhaltigkeitsaspekte einzuschätzen, für die Strategiearbeit, die Weiterentwicklung der „Governance", dem Nachkommen der Sorgfaltspflichten und für den Bericht.

Die Herausforderungen bei dieser Analyse, wenn sie feingliedrig erstellt wird, sind der hohe Zeitaufwand und das schwierige Übersetzen in quantifizierbare Einflüsse.

Die Impact-Analyse als Teil der Wesentlichkeitsanalyse gibt einen guten Überblick darüber, wie Ihre Unternehmenstätigkeit die SDGs beeinflusst; positiv wie negativ. Die Methode ist eine Selbstdiagnose und kann in verschiedenen Varianten durchgeführt werden, die mehr einen qualitativen Charakter oder mehr einen quantitativen Charakter haben. Damit die Impact-Analyse auch einen Nutzen für Sie hat, ist es außerordentlich wichtig, dass Sie, egal welche Variante Sie wählen, selbstkritisch vorgehen und ehrlich mit den Überlegungen umgehen. Jedes Unternehmen hat schlussendlich Auswirkungen – positive und negative – auf soziale Aspekte und/oder die Umwelt. Diskutieren Sie diese ehrlich und machen Sie sie transparent. Sonst laufen Sie Gefahr, wenn Sie die Ergebnisse intern kommunizieren oder veröffentlichen, des Greenwashings bezichtigt zu werden.

3.2.5.2 Ermittlung der finanziellen Wesentlichkeit – Chancen- und Risikoanalyse

Die Ermittlung der finanziellen Wesentlichkeit betrachtet das Umfeld des Unternehmens, geht ins Detail und übersetzt identifizierte Risiken und Chancen in finanzielle Größen. Mit ihr ermitteln Sie Nachhaltigkeitsaspekte, die kurz-, mittel- oder langfristig potenzielle Risiken und Chancen finanzieller Natur für Ihr Unternehmen hervorbringen. Dies ist bereits im HGB in § 289 verankert und schon Teil des Lageberichts. Eine generelle Chancen- und Risikoanalyse führen Sie in Ihrem Unternehmen sicherlich bereits durch. Einflüsse durch Nachhaltigkeitsaspekte auf Risiken und Chancen sollten hier jedoch noch einmal explizit betrachtet, herausgestellt und ergänzt werden. Gemeint sind hier insbesondere Einflüsse auf z. B. den

Cashflow, die Entwicklung, die Leistung, die Lage, die Kapitalkosten oder den Zugang zu Finanzmitteln des Unternehmens.

Die Wesentlichkeit von Risiken und Chancen wird auf der Grundlage einer Kombination aus Eintrittswahrscheinlichkeit und Umfang der potenziellen finanziellen Auswirkungen bewertet.

Die Begrifflichkeiten Risiko und Chance werden verschieden definiert. Das Risiko im engeren Sinne bezeichnet eine ungünstige Entwicklung (z. B. Verluste, Gefahr der Nichterreichung von Zielen). Das Risiko im weiteren Sinne gibt die mögliche Abweichung eines Ereignisses vom Erwartungswert an und schließt somit auch Chancen ein (Romeike und Hager 2020). Im Folgenden verwende ich den Begriff des Risikos im weiteren Sinne und schließe Chancen mit ein.

Hinsichtlich der Vorgehensweise für Ihre Risikoanalyse empfehle ich eine Orientierung am Risikomanagementprozess nach ISO 31000, die dann an den jeweiligen Unternehmenskontext angepasst werden kann (siehe Abb. 3.4).

Im 1. Schritt legen Sie Umfang und Risikokriterien für Ihre Risikoanalyse nach Nachhaltigkeitsaspekten und ihrer finanziellen Wesentlichkeit fest. Identifizieren Sie im 2. Schritt mögliche Quellen der Risiken, potenzielle

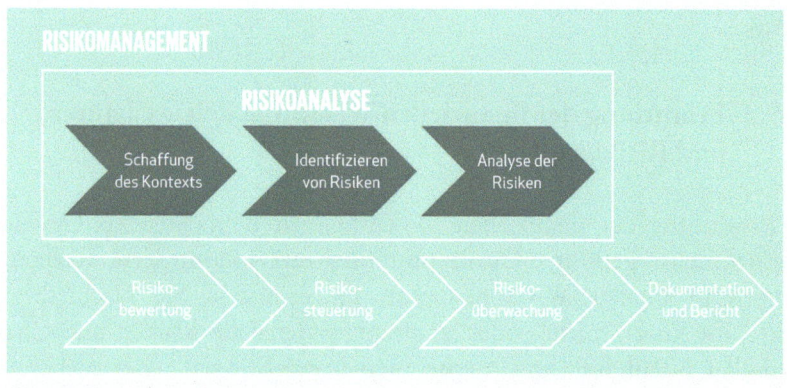

Abb. 3.4 Prozess der Risikoanalyse nach ISO 31000. (Eigene Darstellung in Anlehnung an ISO 31000:2018–02 Risikomanagement – Leitlinien (2018) © Moock 2023. All Rights Reserved)

Risikoereignisse, ihre Ursachen und mögliche Folgen. Bei externen Risiko-faktoren können Sie die Umfeld-/PESTEL-Analyse, weitere Markt-, Trend-und Wettbewerbsanalysen hinzuziehen. Ebenso eignen sich Befragungen der MitarbeiterInnen in Workshops oder mit Checklisten. Wie auch bei der Impact-Analyse können Sie die SDGs zur Erweiterung Ihrer Liste an Risikofaktoren hinzuziehen. Auch die in der Impact-Analyse identifizierten Einflüsse können Ihnen Anhaltspunkte geben, wo sich möglicherweise finanzielle Risiken verbergen. Die Identifikation von Risiken beeinflusst maßgeblich die Qualität der nächsten Schritte in der Risikoanalyse (Henschel und Heinze 2016, S. 97). Sie können nun alle identifizierten Risiken in einem Risikokatalog zusammenführen und dort clustern. Beim 3. Schritt – der Risikobewertung – gilt es, ein Verständnis für das Ausmaß, die Quellen und die Ursachen der Risiken zu verstehen. Für eine erste Betrachtung können qualitative Bewertungen mit Skalen oder eine quantitative (zeitauf-wendigere) Bewertung herangezogen werden. Hierbei bewerten Sie auch die Folgen jedes möglichen Risikos bzw. die Schadenshöhe und analysieren deren jeweilige Eintrittswahrscheinlichkeiten. Die Bewertungen können im Anschluss zu einem Gesamtrisiko aggregiert werden.

Im weiteren Schritt werden durch die Risikosteuerung Maßnahmen ergriffen, um die potenzielle Schadenshöhe und/oder die Eintrittswahr-scheinlichkeit der gravierendsten Risiken zu reduzieren. Dazu kann ein Risikoportfolio eine hilfreiche Übersicht liefern, wie in Abb. 3.5 dargestellt.

Nach Oehler und Unser (2002) bestehen Optionen zur Risiko-behandlung aus Vermeidung, Transfer, Verminderung und Risikotragung bzw. -übernahme.

Durch eine regelmäßige Überwachung der Steuerungsmaßnahmen in allen Phasen des Prozesses wird die Wirksamkeit des Risikomanagement-systems sichergestellt. Mit dem Etablieren risikospezifischer Frühwarn-indikatoren können Risiken rechtzeitig Maßnahmen gegenübergestellt werden, um sie effektiv zu managen.

Die Risikoberichterstattung stellt im letzten Schritt sicher, dass relevante Risikoinformationen rechtzeitig an den entsprechenden internen oder externen Adressaten geleitet werden.

In Tab. 3.4 sind beispielhaft Risikofaktoren für den Risikokatalog, die sich aus den SDGs ableiten, dargestellt.

Nach dem Durchführen der Impact-Analyse und Risikoanalyse können Sie die Ergebnisse der bedeutendsten Impacts und Risiken (sowie Chancen) zur Wesentlichkeitsanalyse zusammentragen. Diskutieren Sie nach Dar-stellung der wesentlichen Themen in einer Liste oder Matrix Ihre Ergeb-nisse mit Ihren wichtigsten Anspruchsgruppen/Stakeholdern oder auch

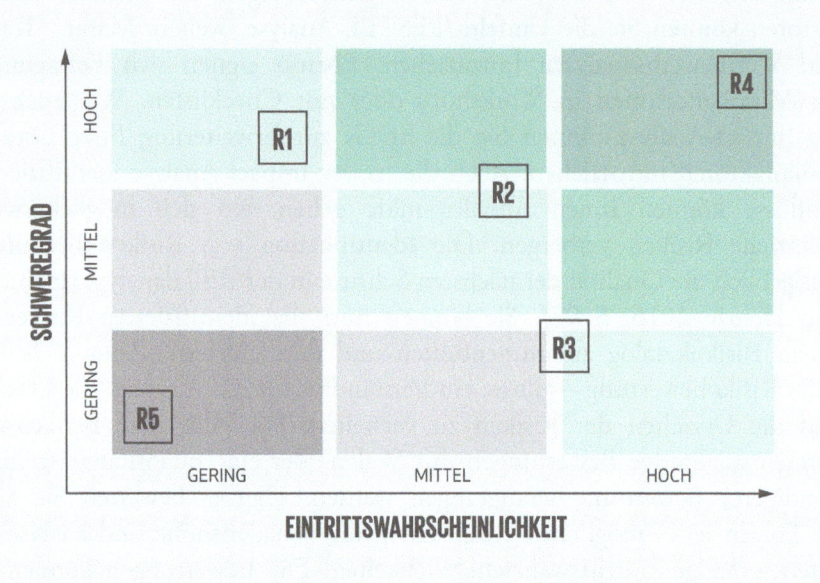

Abb. 3.5   Risikoportfolio. (© Moock 2023. All Rights Reserved)

mit VertreterInnen aus den Abteilungen und lassen Sie das Feedback in Ihre Bewertung mit einfließen. Im Dialog können Sie die Bedeutung der Nachhaltigkeitsthemen für ihre Stakeholder in Erfahrung bringen und gemeinsame Handlungsfelder finden und Allianzen bilden.

Wie ist nun die Wesentlichkeitsanalyse als Analyseformat einzuordnen? In den vergangenen Jahren war sie Teil der Anforderungen der Transparenzstandards und hatte im Ergebnis in den Nachhaltigkeitsberichten der Unternehmen einen hohen qualitativen Charakter.

Die Novellierung der Gesetzgebung mit der CSRD lässt der Wesentlichkeitsanalyse aus meiner Sicht eine neue Bedeutung zukommen. Sie ist nun Teil eines konkreten und ausführlichen (und gesetzlich geforderten) Nachhaltigkeitssorgfaltsprozesses („Sustainability Due Diligence") und kann neben der Erfüllung der gesetzlichen Anforderungen – richtig angewendet – den Strategieprozess erheblich bereichern.

3.2.5.3 Fokus SDGs ableiten aus der Wesentlichkeitsanalyse

Sich auf alle SDGs in der Strategiearbeit, in den Handlungsfeldern und in der Kommunikation zu stürzen, klingt verlockend, ist aber wenig

Tab. 3.4 Abgeleitete Risikofelder aus den SDGs

SDG	Risiko
SDG 1: Keine Armut	Geringes Einkommen und mangelnde Kaufkraft der Kunden
SDG 2: Kein Hunger	Unsicherheiten in der Nahrungsmittelversorgung und steigende Rohstoffpreise
SDG 3: Gesundheit und Wohlergehen	Ausfälle von MitarbeiterInnen aufgrund von Gesundheitsproblemen und Reputationsrisiken im Zusammenhang mit Produkten oder Dienstleistungen, die die Gesundheit beeinträchtigen
SDG 4: Hochwertige Bildung	Fachkräftemangel und mangelnde Qualifikation der Arbeitskräfte
SDG 5: Geschlechtergleichheit	Diskriminierung und mangelnde Diversität in Bezug auf Geschlecht
SDG 6: Sauberes Wasser und Sanitäreinrichtungen	Wasserknappheit und regulatorische Strafen im Zusammenhang mit Wasserverschmutzung
SDG 7: Bezahlbare und saubere Energie	Steigende Energiekosten und regulatorische Strafen im Zusammenhang mit CO_2-Emissionen
SDG 8: Menschenwürdige Arbeit und Wirtschaftswachstum	Arbeitslosigkeit, wirtschaftliche Schwankungen, Strafen und Reputationsschäden durch Missachtung der Menschen- und Arbeitsrechte
SDG 9: Industrie, Innovation und Infrastruktur	Technologische Veränderungen, Disruption und mangelnde Anpassungsfähigkeit sowie Infrastrukturausfälle
SDG 10: Weniger Ungleichheiten	Soziale Unruhen und politische Instabilitäten aufgrund von wachsender sozialer Ungerechtigkeit
SDG 11: Nachhaltige Städte und Gemeinden	Physische Schäden durch Naturkatastrophen und Umweltverschmutzung in urbanen Gebieten sowie Zusammenbrechen der städtischen Infrastruktur
SDG 12: Nachhaltige/r Konsum und Produktion	Regulatorische Strafen und Reputationsschäden aufgrund von unverantwortlichen Produktions- oder Konsumpraktiken
SDG 13: Maßnahmen zum Klimaschutz	Regulatorische Strafen und Reputationsschäden aufgrund von Nichteinhaltung des Pariser 1,5-Grad-Abkommens, Klimaveränderungen und CO_2-Emissionen, erhöhtes Risiko durch Kostensteigerung aufgrund der CO_2-Steuer
SDG 14: Leben unter Wasser	Umweltverschmutzung und Schäden an Ökosystemen im Zusammenhang mit der Nutzung von Meeren und Ozeanen
SDG 15: Leben an Land	Umweltverschmutzung, Verlust von biologischer Vielfalt und Schäden an Ökosystemen aufgrund von Landnutzungsveränderungen sowie Verknappung von natürlichen Ressourcen
SDG 16: Frieden, Gerechtigkeit und starke Institutionen	Politische Unruhen, Korruption und mangelnde Rechtsstaatlichkeit
SDG 17: Partnerschaften	Mangelnde Zusammenarbeit und koordinierte Anstrengungen, sowohl innerhalb als auch außerhalb des Unternehmens, um die SDGs zu erreichen

zielführend. Für Unternehmen ist es wichtig, den Fokus zu finden und damit auf die wesentlichen Themen aus der Wesentlichkeitsanalyse.

Wenn Sie sich Ihre wichtigsten wesentlichen Nachhaltigkeitsthemen und deren zugeordneten SDGs anschauen, kristallisieren sich sehr wahrscheinlich 3–5 SDGs heraus, die Ihre Top 10 dominieren. Diese können Sie als Ihre Fokus-SDGs auswählen, um einen Fokus innerhalb der 17 SDGs zu setzen. Dies wird Ihnen helfen, Ihre Nachhaltigkeitsarbeit zielgerichtet umzusetzen und auch MitarbeiterInnen oder Stakeholder, die nicht tief im Thema Nachhaltigkeit und SDGs stecken, Ihr Engagement glaubhaft zu vermitteln.

Eine weitere Möglichkeit, eine Auswahl an wichtigen SDGs für Ihr Unternehmen darzustellen, ist eine sogenannte SDG-Pyramide. Diese ist in Abb. 3.6 dargestellt. Auf oberster Ebene ist es das eine oder sind es 2–3 SDGs, um die sich Ihre unternehmerische Aktivität maßgeblich dreht oder worauf die Nutzung Ihres Produktes maßgeblich positiv zur Erreichung eines oder zwei SDGs einzahlt. Auf der 2. Ebene versammeln sich die SDGs, auf die Sie maßgeblich indirekt einzahlen oder die an 2. Stelle maßgeblich für Ihre unternehmerische Tätigkeit sind. Auf 3. Ebene können dann SDGs stehen, die für Ihr Unternehmen in der täglichen Arbeit

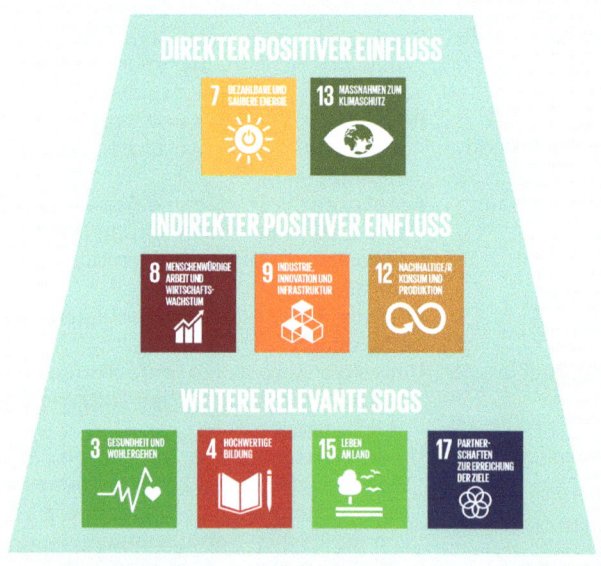

Abb. 3.6 Fokus SDG als Pyramide dargestellt. (Eigene Darstellung © Moock 2023. All Rights Reserved. SDG-Abbildungen mit freundlicher Genehmigung von © United Nations, 2015. All Rights Reserved)

besonders wichtig sind oder indirekte positive Effekte bei der Nutzung Ihres Produktes.

Diese Darstellungsweise können Sie so anpassen, dass sie am meisten Sinn für Ihr Unternehmen und Ihre Branche ergibt.

3.3 Checkfragen zur Analyse mit den SDGs

Zu jedem SDG biete ich Ihnen eine Auswahl an Checkfragen an, die sich aus den relevanten Themen im Unternehmenskontext ableiten (siehe Abschn. 2.2). Passen Sie diese Fragen gegebenenfalls an Ihren Unternehmenskontext an und lassen Sie diese Fragen in Ihre Analysephase einfließen.

SDG 1 Keine Armut

- Wie ist die Bezahlung für MitarbeiterInnen im Unternehmen gestaltet?
- Wie ist das Verhältnis der Bezahlung in Bezug auf den Mindestlohn?
- Wie groß ist die Differenz zwischen dem höchsten und dem geringsten Gehalt im Unternehmen?
- Wie werden vulnerable Gruppen in der „Vergütungspolicy" und generell im Unternehmen berücksichtigt?
- Gibt es einen Mechanismus/eine „Policy"/einen Kodex, der sicherstellen soll, dass Kleinlieferanten, Kleinbauern oder Händler einen fairen Preis für die an das Unternehmen gelieferten Waren, Dienstleistungen oder Ernten erhalten?
- Wie können Gruppen mit hohem Armutsrisiko im Unternehmen besonders Berücksichtigung finden?
- Wie wird die Zugänglichkeit für ärmere Bevölkerungsschichten bei Preisentscheidungen der Produkte miteinbezogen?
- Wie werden Dienstleister, freie MitarbeiterInnen, HilfsarbeiterInnen, SaisonarbeiterInnen, Subunternehmen o. Ä. bezahlt?
- Wie wird entlang der gesamten Lieferkette bezahlt?
- Inwiefern gibt es Initiativen oder Maßnahmen, die die finanzielle Allgemeinbildung der MitarbeiterInnen erhöhen?
- Welche Maßnahmen und Unterstützung gibt es bei betriebsbedingten Kündigungen?
- Werden Menschen durch die Geschäftsaktivität des Unternehmens vertrieben und/oder verlieren sie ihre Möglichkeit, sich zu versorgen?

SDG 2 Kein Hunger

- (sektorspezifisch) Wie hoch sind die Investitionen in nachhaltige Agrartechnologie?
- (sektorspezifisch) Welche Möglichkeiten zur Unterstützung der genetischen Vielfalt von Saatgut, Pflanzen und Tieren sind möglich?
- (sektorspezifisch) Welche Möglichkeiten zum Aufbau langfristiger Geschäftsbeziehungen zur Unterstützung von Kleinerzeugern und Kleinbauern gibt es?
- (sektorspezifisch) Welche Maßnahmen gibt es zur Einhaltung höchster Standards für nachhaltige Beschaffung in der landwirtschaftlichen Lieferkette?
- (sektorspezifisch) Wie wird Lebensmittelsicherheit in der Produktion, Lieferkette und Logistik sichergestellt?
- (Sektorspezifisch) Wie tragen die Lebensmittelprodukte zu einer nährstoffreichen Ernährung bei?
- Welche Initiativen oder Maßnahmen können die Lebensmittelverschwendung in der Kantine verringern?
- Welche Initiativen oder Maßnahmen können die Kenntnisse der MitarbeiterInnen zu gesunder Ernährung und bewusstem Umgang mit Lebensmitteln erhöhen?
- Wie groß sind der Fußabdruck bzw. die Ressourcenintensität der unternehmensinternen Verpflegungsangebote?

SDG 3 Gesundheit und Wohlergehen

- (sektorspezifisch) Wie werden medizinische Produkte bepreist, um Zugänglichkeit für ärmere Bevölkerungsschichten zu gewährleisten?
- Wie tragen die Produktion und die unternehmerische Tätigkeit zur Luft- und Wasserverschmutzung bei und wie kann diese minimiert werden?
- Mit welchen Maßnahmen und Vorschriften wird die Arbeitssicherheit gewährleistet? Welche Initiativen tragen zu ihrer Verbesserung bei?
- Welche Maßnahmen und Initiativen bietet das Unternehmen zu Gesundheit und Sicherheit am Arbeitsplatz über den gesetzlichen Anforderungen hinaus an?
- Welche Möglichkeiten zum Zugang allgemeiner und weiterführenden Gesundheitsdienstleistungen bietet das Unternehmen als Arbeitgeber für die Beschäftigten an? Können diese Dienstleistungen auf Familienmitglieder an relevanten Standorten ausgeweitet werden?
- Wie hoch ist der Krankenstand und wie kann dieser verringert werden?

- Wie ist es um das Wohlergehen von MitarbeiterInnen (auch in der Lieferkette) bestellt?

SDG 4 Hochwertige Bildung

- Welche Möglichkeiten zur Weiterbildung bietet das Unternehmen an? Welche sind davon speziell auf Nachhaltigkeit und nachhaltige Entwicklung ausgerichtet?
- Welche Maßnahmen und Initiativen gibt es, um Wissen und Erfahrungen im Unternehmen den MitarbeiterInnen zugänglich zu machen?
- Welche Maßnahmen und Initiativen gibt es, um angestellten Eltern den Zugang zu hochwertiger Kinderbetreuung zu ermöglichen und zu erleichtern?
- Welche Möglichkeiten gibt es für Bildungsurlaube?
- Wie viele Ausbildungsplätze und duale Hochschulgänge bietet das Unternehmen an? Wie viele von den Auszubildenden werden übernommen?
- Welche Maßnahmen und Initiativen gibt es, sich an Bildungsinitiativen zu beteiligen?
- Welche Möglichkeiten gibt es, die eigene Erfahrung mit Nachhaltigkeit im unternehmerischen Kontext zu teilen?
- Welche Stipendien bietet das Unternehmen an?

SDG 5 Geschlechtergleichheit

- Wie wird Chancengleichheit sichergestellt?
- Wie wird Diversität abseits von gesetzlichen Anforderungen sichergestellt?
- Wie viele Frauen in Führungspositionen gibt es im Unternehmen? Wie viele Männer in Führungspositionen gibt es?
- Wie viele Frauen sind in der Führungsspitze vertreten? Wie viele Männer sind in der Führungsspitze vertreten?
- Wie wird übergriffiges Verhalten, sexuelle Belästigung und Gewalt am Arbeitsplatz verhindert?
- Wie groß ist der Gender-Pay-Gap?
- Wie sieht die „Unternehmenspolicy" in Bezug auf die Dauer und den Anspruch auf Mutterschafts-, Vaterschafts- und Familienurlaub aus und inwieweit geht sie über die gesetzlichen Bestimmungen hinaus?
- Wie viele der Kooperationspartner, Dienstleister, Lieferanten, Subunternehmer usw. sind von Frauen gegründete Unternehmen?
- Wie wird die Pflegearbeit für Angehörige unterstützt?

SDG 6 Sauberes Wasser und Sanitäreinrichtung

- Wie nachhaltig ist die Wasserentnahme für den Betrieb oder die Produktion?
- Wie hoch ist die Wassereffektivität und -intensität in Gebieten mit Wasserknappheit oder Wassermangel?
- Wie wird durch die Produktion die Trinkwasserqualität beeinflusst?
- Inwiefern werden bedenkliche Chemikalien in der Produktion verwendet, die die Trinkwasserqualität erheblich beeinflussen können?
- Wie ist der Zugang zu sauberem Trinkwasser für die MitarbeiterInnen (und deren Familien) sichergestellt?

SDG 7 Bezahlbare und saubere Energie

- Aus welchen Quellen stammen die Hauptenergieträger?
- Wie hoch ist die Energieintensität? Wie hoch ist die Energieeffizienz?
- Wie hoch ist der Anteil von Ökostrom im Unternehmen und in der Produktion? Wie hoch sind die „Scope-2-Treibhausgasemissionen"?
- (sektorspezifisch) Wie hoch ist der Anteil an erneuerbarer Energietechnologie und Energieinfrastruktur?
- Welche „Policies" zur Förderung von energieextensiven Transportmöglichkeiten bei Geschäftsreisen gibt es?
- Wie hoch sind die Energieintensität und die Energieeffizienz in der Lieferkette?
- Welche Energiemanagementsysteme bestehen?

SDG 8 Menschenwürdige Arbeit und Wirtschaftswachstum

- Welche Mechanismen/„Policies"/Kodizes gibt es, die die Früherkennung und Verhinderung von Kinder- und Zwangsarbeit sicherstellen?
- Welche Mechanismen oder „Policies" gegen unfaire Einstellungspraktiken gibt es?
- Welche Ausbildungsprogramme gibt es? Wie viele von den Auszubildenden werden übernommen?
- Wie wirken sich die Einkaufstätigkeiten des Unternehmens (z. B. Einkaufsvolumen, ausgehandelte und gezahlte Preise) auf die Preisvolatilität bei wichtigen Rohstoffen, Materialien und/oder Betriebsmitteln aus, auf die die Lieferanten auf den lokalen oder nationalen Märkten angewiesen sind?

- Wie ist die Bewertung der unternehmerischen Tätigkeit im Hinblick auf die ökologischen Grenzen mit Blick auf eine nachhaltige Produktion und einen nachhaltigen Konsum?
- Welche Praktiken gibt es zur legalen Steuervermeidung?
- Wie hoch ist der Anteil der lokalen Wertschöpfung?
- Wie finanziell stabil ist das Unternehmen?
- Wie hoch sind die durchschnittlichen Arbeitsstunden inkl. Überstunden pro Woche?
- Wie wird lebenslanges Lernen unterstützt? Welche Entwicklungsmöglichkeiten gibt es für MitarbeiterInnen?
- Wie hoch ist die MitarbeiterInnenfluktuation?
- In welche Anlageprodukte sind die Geldmittel investiert?
- Welche „Policies" zur Wahrung der Arbeitsrechte im Unternehmen und in der Lieferkette gibt es?

SDG 9 Industrie, Innovation und Infrastruktur

- Wie viele Patente hält das Unternehmen oder wie viele Innovationen oder signifikante technologische Fortschritte werden durch das Unternehmen vorangetrieben?
- Wie hoch ist der Anteil an Infrastrukturinvestments?
- Wie groß ist der Anteil, der in Innovation und Forschung & Entwicklung investiert wird?
- Wie hoch sind die Gesamtausgaben für Investitionen in ein nachhaltiges Unternehmen?
- Wie hoch sind die Gesamtausgaben und -investitionen für Umweltschutz?
- Welche Programme oder Projekte für Zusammenarbeit zwischen Universität und Industrie in der Forschung gibt es im Unternehmen?
- Wie hoch ist der Digitalisierungsgrad im Unternehmen?

SDG 10 Verringerung der Ungleichheiten

- Welche „Policies" zur Verringerung von Ungleichheiten gibt es im Unternehmen?
- Welche „Policies" dazu bestehen entlang der Lieferkette?
- Wie wird Inklusion und Diversität beim Einstellungsprozess, Beförderungsprozess etc. berücksichtigt?
- Welche „Corporate-Citizenship-Initiativen" gibt es und wie wirksam sind diese?

SDG 11 Nachhaltige Städte und Gemeinden

- (sektorspezifisch) Wie tragen die Produkte zu einer nachhaltigen städtischen Infrastruktur bei?
- (sektorspezifisch) Wie werden MitarbeiterInnen auf Auswärtseinsätzen untergebracht? Wie werden Subunternehmer, Dienstleister, Beschäftigte in der Lieferkette untergebracht?
- Welche nachhaltigen Verkehrsmittel werden von den MitarbeiterInnen zum täglichen Pendeln genutzt?
- Wie ist das Unternehmen in den lokalen Wirtschaftsdialog eingebunden?

SDG 12 Nachhaltige Produktion und nachhaltiger Konsum

- Wie sehen konkrete nachhaltige Beschaffungsmaßnahmen aus?
- Welches Nachhaltigkeitsmanagementsystem wird verwendet?
- Wie sehr sind Nachhaltigkeitsaspekte in den Funktionen, Rollenbeschreibungen und Zielerreichungssystemen integriert?
- Wie stehen nachhaltigkeitsbezogene Kennzahlen zu ökonomischen Kennzahlen?
- Bildet die Wertschöpfung eine Kette oder ein Kreislaufsystem?
- Wie material- und ressourceneffizient arbeitet die Produktion?
- Auf welchem Managementlevel sitzt die Nachhaltigkeitsabteilung (und in welche Abteilung ist sie integriert)?
- Bestehen bereits Beschwerdekanäle in Ihrem Unternehmen selbst oder auf Verbandsebene, die Betroffene von Menschenrechtsverletzungen nutzen können?
- Welchen Fußabdruck (CO_2, Wasser, Ressourcen, sozial, Biodiversität) haben die Produkte im gesamten Lebenszyklus?
- Wie wird Verpackungsabfall reduziert?
- Wie wird der Verbraucher über eine nachhaltige Nutzung meines Produktes aufgeklärt?
- Gibt es eine Möglichkeit, das Produkt nach Ende der Nutzung an das Unternehmen zurückzuschicken?
- (sektorspezifisch) Wie ist das Management von bedenklichen Stoffen?

SDG 13 Maßnahmen zum Klimaschutz

- Wie hoch sind die „Scope-1-bis-3-Emissionen"?
- Welche Maßnahmen wurden bereits zur Reduzierung der Treibhausgasemissionen getroffen und welche sind geplant?

- Besteht bei der Tätigkeit des Unternehmens die Gefahr von Umweltkatastrophen (z. B. Dürre, Verschmutzung usw.)?
- Beteiligt sich das Unternehmen an Initiativen, die widerstandsfähige Praktiken fördern und/oder die Verfahren in der Wertschöpfungskette verbessern, um dem Klimawandel zu begegnen?
- Wie ist das Verständnis über die Auswirkungen des Klimawandels in der Lieferkette?
- Wie hoch ist die Treibhausgasintensität der Produkte oder Dienstleistungen?
- Wie wurden inhärente Risiken des Klimawandels identifiziert, die das Potenzial haben, eine wesentliche Veränderung in Ihren Geschäftsabläufen, Einnahmen oder Ausgaben hervorzurufen?
- Sind die Treibhausgasreduktionsziele konform mit dem Pariser 1,5-Grad-Abkommen?

SDG 14 Leben unter Wasser

- Wie wird das Produkt entsorgt? Wie groß ist der Anteil, der (versehentlich) ins Meer gelangt?
- Welche Materialien, Additive oder andere Chemikalien werden im Produkt verwendet, die das Wasserökosystem gefährden?
- Werden Meeresressourcen ausgebeutet?
- Wie effektiv ist die Abwasserbehandlung?
- Welche Gefahrenstoffe für Wasserökosysteme werden in der Produktion verwendet?
- Wie wird mit wasserbasierten Ökosystemen in der direkten Umgebung umgegangen?

SDG 15 Leben an Land

- Welchen Einfluss auf die Biodiversität, Landökosysteme und natürliche Ressourcen hat das Unternehmen und die Geschäftsaktivität?
- Welche Maßnahmen zur Steigerung der Biodiversität gibt es im Unternehmen?
- Werden Landressourcen ausgebeutet?

SDG 16 Frieden und starke Institutionen

- Welche Gesetzesverstöße gab es durch das Unternehmen? Wie viele Gerichtsverfahren und Bußgelder gab es?

- Wie transparent und effektiv sind das „Governance-System" und die Entscheidungswege des Unternehmens?
- Welche Richtlinien zu Werten, Prinzipien und ethischen Standards gibt es im Unternehmen?
- Welche „Policies" zu Antikorruption und Antibestechung gibt es?
- Welche „Policies" sollen die Wahrung der Menschenrechte sicherstellen?
- Wie hoch ist die Anzahl der begründeten Beschwerden über die Verletzung der Privatsphäre von Kunden und den Verlust von Kundendaten?
- Verfügt das Unternehmen über eine Richtlinie zu den verbotenen Arten der Kundenunterhaltung (z. B. Sexindustrie) und wie wird diese Richtlinie intern kommuniziert?
- Wie sieht der Beschwerdemechanismus aus für Verstöße bei unethischem oder rechtswidrigem Verhalten?

SDG 17 Partnerschaften

- Wie viele Forschungs- und/oder Technologiepartnerschaften unterhält das Unternehmen?
- In welchen Verbänden ist das Unternehmen aktiv?
- Inwieweit ist das Unternehmen in Lobbyismus involviert?
- Welche Allianzen unterhält das Unternehmen zur nachhaltigen Entwicklung?

Weiterhin können Transparenzstandards eine weitere gute Quelle für die Zusammenstellung von Fragen innerhalb einer Analysephase sein.

3.4   Praxisbeispiel zur Standortanalyse

Anhand eines Beispiels aus der Beratungspraxis möchte ich Ihnen das Vorgehen eines Analyseprozesses und Standortanalyse für ein Maschinenbauunternehmen genauer beschreiben.

- Größe: 270 MitarbeiterInnen
- Branche: Maschinenbau
- Umsatz: 290 Mio. Euro

Das Unternehmen befand sich am Beginn einer geplanten Wachstumsphase, für die die Nachhaltigkeit als größte Chance identifiziert wurde und eine hohe Nachhaltigkeitsperformance notwendig war. Das Führungsteam war sich einig, dass eine ausführliche Analyse für sie den ersten Schritt in der strategischen Nachhaltigkeitsarbeit bedeutete. In den Analyseprozess waren von Beginn an Schlüsselpersonen und -funktionen des Unternehmens mit eingebunden. Ganz zu Beginn stand ein erstes Auseinandersetzen mit den SDGs und Kennenlernen auf dem Programm. Die TeilnehmerInnen gingen also mit einem Basiswissen der SDGs in den Prozess. Die konkreten Schritte der Analysephase waren:

1. Weiterbildung zu den SDGs und Nachhaltigkeit;
2. Interview mit Schlüsselfunktionen zu Nachhaltigkeit in Vision, Strategie, „Governance", Produktion, Gebäuden, Geldmitteln und Stakeholderbeziehung; systemisches Mapping der Ergebnisse;
3. MitarbeiterInnenworkshops zu Kultur, Kompetenzen und Mindset auf Basis der SDGs;
4. softwaregestützte Abfrage der Datenlage nach GRI zu ausgewählten Themen;
5. vollständige Umfeldanalyse sowie Trendanalyse, Marktanalyse, Wettbewerbsanalyse;
6. Impact- und Wesentlichkeitsanalyse auf Basis der SDGs;
7. Resilienzanalyse zu den Geschäftsmodellen unter besonderer Berücksichtigung von nachhaltigkeitsrelevanten Themen.

Die Risikoanalyse wurde im Jahr zuvor upgedatet und erste Merkmale zur Nachhaltigkeit mit aufgenommen. Das Unternehmen führte eine verkleinerte Form zur Bewertung von spezifischen Risiken mit Bezug auf Nachhaltigkeit durch.

Der gesamte Prozess der Standortanalyse stellte für das Unternehmen einen großen Gewinn dar, da die einzelnen Schritte überaus wichtig für die anschließende Strategiearbeit des Unternehmens waren und stieß noch vor der Strategieentwicklung eine positive Veränderung im Unternehmen an. Die Reaktionen der MitarbeiterInnen waren in der großen Breite „Endlich gehen wir das Thema an!" Das Unternehmen konnte so Nachhaltigkeit in die nächsten Schritte der Unternehmensstrategieentwicklung direkt integrieren. Mit diesem Vorgehen benötigt das Unternehmen keine gesonderte Nachhaltigkeitsstrategie, die neben- oder untergeordnet zur Unternehmensstrategie existiert.

Literatur

Ankele K et al (2016) Bewertung unternehmerischer Nachhaltigkeit: Modelle und Methoden zur Selbstbewertung. Edited by A. Grothe. Schmidt, Berlin

Business and Sustainable Development Commission (2017) Valuing the SDG prize: Unlocking business opportunities to accelerate sustainable and inclusive growth. Zugegriffen: 2. Juli 2022

EFRAG (2022) Draft European sustainability reporting standards. https://efrag. org/lab6. Zugegriffen: 6. Jan. 2023

Henschel T, Heinze I (2016) Governance, Risk und Compliance im Mittelstand: Praxisleitfaden für gute Unternehmensführung. Schmidt, Berlin

ISO 31000:2018–02 Risikomanagement – Leitlinien (2018) International Organization for Standardization, Genf

Nazarkiewicz K, Kuschik K, Dolscius D (Hrsg.) (2020) Aufstellungen im Arbeitskontext: Praxis der Systemaufstellung. Vandenhoeck & Ruprecht (Jahrbuch der Deutschen Gesellschaft für Systemaufstellungen), Göttingen

Oehler A, Unser M (2002) Finanzwirtschaftliches Risikomanagement. Zweite, verbesserte Aufl. Springer, Berlin

Porter ME (2004) Competitive advantage: creating and sustaining superior performance. 1. Free Press, export. Free Press, New York

Romeike F, Hager P (2020) Erfolgsfaktor Risiko-Management 4.0: Methoden, Beispiele, Checklisten ; Praxishandbuch für Industrie und Handel. 4., vollständig überarbeitete Auflage. Springer Gabler, Wiesbaden

4

Nachhaltige Geschäftsmodelle, Visions- und Strategieentwicklung mit den SDGs

Zusammenfassung Die Zukunft der Wirtschaft ist nachhaltig und hier liegt für die Privatwirtschaft eine große Chance. Für die Entwicklung von nachhaltigen Geschäftsmodellen können die SDGs eine brauchbare Inspirationsquelle sein und mit Innovationsmethoden lassen sie sich in tragfähige Geschäftsmodelle überführen. Abseits davon müssen UnternehmerInnen hinsichtlich ihrer Strategieentwicklung Nachhaltigkeit angemessen berücksichtigen. In den passenden Kontext übersetzt, unterstützen die SDGs hervorragend den Visions- und Strategieentwicklungsprozess.

Nun komme ich zu einem weiteren wesentlichen Teil für die Nachhaltigkeitsarbeit mit den SDGs: zum Gestalten der nachhaltigen Zukunft des Unternehmens. Dafür müssen die Geschäftsmodelle, die Vision und die Strategie unter Nachhaltigkeitsgesichtspunkten betrachtet und entsprechende Zielsetzungen definiert und/oder angepasst werden. Um Nachhaltigkeit in Ihrem Geschäftsmodell zu integrieren und Ihr Unternehmen nachhaltig zu transformieren, sollten Sie unbedingt klären, wofür Nachhaltigkeit im Unternehmen gebraucht wird, und Sie sollten klären, wohin Sie wollen. Dafür benötigen Sie eine Vision – diese klärt das Wofür – und eine Strategie – diese definiert, wohin das Unternehmen sich entwickelt und wie es dorthin gelangt. In kurzen Worten beschreibt die Vision einen langfristig angelegten (utopischen) Zukunftsentwurf und die Strategie beschreibt, wie Sie dorthin kommen. Was das langfristig für das Unternehmen bedeutet, ist unterschiedlich. Je nach Branche gibt es Zukunftspläne, die auf 15–20 Jahre angelegt sind. In familiengeführten Unternehmen sind das teilweise noch größere Zeitspannen von 2–3 Generationen; in sehr kurzlebigen Branchen sind das teilweise nur 5 Jahre. Die Vision hat eine Sinnvermittlungsfunktion und ist deshalb essenziell für jedes Unternehmen und dessen MitarbeiterInnen. Denn Sinnerfüllung ist ein wichtiges Bedürfnis des Menschen: Gemeinsam wird auf ein Zielbild hingearbeitet, das größer ist als jeder selbst, und nur gemeinsam kann dieses Zielbild erreicht werden. Die Vision erzeugt Begeisterung, motiviert und kann als Nordstern in schlechten Phasen dienen. Visionäre Unternehmensführung gestaltet den Wandel aktiv mit, statt ihn bloß zu managen.

Nach einer Untersuchung von William Schiemann gaben nur 14 % der von ihm befragten Unternehmen an, dass ihre MitarbeiterInnen ein klares Verständnis der Unternehmensausrichtung und -strategie haben, und nur 24 % hatten das Gefühl, dass die Strategie mit ihren individuellen Verantwortlichkeiten und Zuständigkeiten verknüpft war. Diese Statistiken deuten auf eine gravierende Diskrepanz zwischen der Vision und den Kernzielen der Unternehmen und dem, was in der täglichen Arbeit tatsächlich getan wird, hin (Smither und London 2009).

Dass Strategien erfolgreich umgesetzt und gesteuert werden können, setzt voraus, dass es eine niedergeschriebene und fixierte Strategie gibt. Unternehmen, die keine Strategie fixieren, sind weniger erfolgreich und häufiger von Unternehmensschließungen betroffen. (Frese et al. 2000 und van Gelderen et al. 2000) In vielen mittelständischen Unternehmen übergeben die Eigentümer und/oder Geschäftsführer die Verantwortung für strategische Instrumente, wie etwa die strategische Planung, nicht an andere Personen (Hiebl 2017). Die Strategieentwicklung bleibt demzufolge in oberster Hand. Mittelständische Unternehmen weisen einen geringen Durchdringungsgrad von strategischen Instrumenten auf und die Strategieentwicklung läuft häufig informell und unsystematisch ab.

Mit diesem Kapitel möchte ich Herangehensweisen und Methoden schildern, die die Visions- und Strategieentwicklung erleichtern und sich pragmatisch umsetzen lassen. Zunächst gehe ich auf die übergeordnete Thematik des nachhaltigen Geschäftsmodells ein.

> Nachhaltigkeitsarbeit ist Unternehmensentwicklung und Innovationsarbeit und geht ohne diese Elemente nicht. Mit der Transformation hin zu einem nachhaltigen Unternehmen haben Sie die Möglichkeit, Ihr gesamtes Unternehmen zu beleuchten und zielführend zu verändern.

4.1 Nachhaltige Geschäftsmodelle: Geschäftsmodellentwicklung mit den SDGs

Wie im vorangegangenen Kapitel beschrieben (Kap. 3) gilt für ein nachhaltiges Unternehmen, alle Angebote, Produkte und Dienstleistungen auf ihre positiven und negativen Auswirkungen hin zu prüfen – und letztendlich auch Geschäftsmodelle grundsätzlich infrage zu stellen. Damit bietet Nachhaltigkeit auch die große Chance, ganz neue Wertschöpfungen und Lösungsansätze für Bedürfnisse und Funktionsanforderungen von Kunden zu finden und gesellschaftliche oder ökologische Probleme zu lösen.

Damit die ökonomischen Chancen, die in der Erreichung der SDGs liegen, realisiert werden können, müssen entsprechende Geschäftsmodelle entwickelt werden. Die größten Chancen aus der BSDC-Studie wurden in 4 Feldern identifiziert (BSDC 2017, S. 6): Ernährung und Landwirtschaft, Städte, Energie und Materialien sowie Gesundheit und Wohlbefinden. Eine vorsichtige Analyse zeigt, dass in Bereichen wie Informations- und Kommunikationstechnologien, Bildung und Konsumgütern ein Potenzial für eine zusätzliche Wertschöpfung von 8 Billionen US-Dollar in der gesamten Wirtschaft besteht, wenn Unternehmen die SDGs in ihre Strategien einbeziehen. Die Berücksichtigung der Kosten für externe Effekte wie Treibhausgasemissionen könnte den Gesamtwert der Chancen um fast weitere 40 % erhöhen.

Das Themenfeld „nachhaltige Geschäftsmodelle" ist per se nicht eindeutig einem SDG zugeordnet; es könnte zu mehreren „Sustainable Development Goals" (SDGs) zugeordnet werden. Das SDG 12 zielt darauf ab, dass Konsum- und Produktionsmuster verantwortungsvoll, nachhaltig und ökologisch tragbar sind. Ein nachhaltiges Geschäftsmodell fördert genau dies, indem es die Umweltauswirkungen von Produktion und Konsum minimiert und gleichzeitig soziale und wirtschaftliche Nachhaltigkeit fördert. Es geht darum, Produkte und Dienstleistungen auf eine Weise zu produzieren und zu konsumieren, die die Bedürfnisse der Gegenwart befriedigt, ohne die Fähigkeit künftiger Generationen zu beeinträchtigen, ihre eigenen Bedürfnisse zu befriedigen (Generationengerechtigkeit).

Die Zuordnung des Begriffs „nachhaltige Geschäftsmodelle" könnten auch zu den folgenden SDGs erfolgen:

- SDG 8: Arbeit und wirtschaftliches Wachstum – Ziel ist es, eine inklusive und nachhaltige Wirtschaft zu fördern, die Wachstum und Beschäftigung generiert. Ein nachhaltiges Geschäftsmodell kann dazu beitragen, Arbeitsplätze zu schaffen und wirtschaftliches Wachstum anzuregen, das sozial und ökologisch verantwortungsvoll ist.

- SDG 9: Industrielle Innovation und Infrastruktur – Ziel ist es, eine robuste und nachhaltige Infrastruktur zu schaffen und den Übergang zu einer nachhaltigen, ressourceneffizienten und inklusiveren Wirtschaft zu beschleunigen. Nachhaltige Geschäftsmodelle können dazu beitragen, diese Ziele zu erreichen, indem sie innovative und nachhaltige Produkte und Dienstleistungen bereitstellen.
- SDG 11: Nachhaltige Städte und Gemeinden – Ziel ist es, urbane Zentren nachhaltiger und inklusiver zu gestalten. Nachhaltige Geschäftsmodelle können dazu beitragen, die urbanen Räume zu verbessern und die Lebensqualität für alle Bürger zu erhöhen.

Bei der Formulierung eines nachhaltigen Geschäftsmodells kommt es insbesondere darauf an, den gesellschaftlichen oder ökologischen Benefit – neben dem ökonomischen Benefit – zu entwickeln und klar zu formulieren. Schon in der Entwicklungsphase des Geschäftsmodells sollte auf positive und negative Einflüsse auf Nachhaltigkeitsaspekte geachtet werden, um die negativen Auswirkungen so klein wie möglich zu halten. Nachhaltige Geschäftsmodelle müssen nicht gleich die größten Probleme unserer Zeit lösen. Ein nachhaltiges Geschäftsmodell kann auch einen besonders innovativen und nachhaltigen Vertriebsweg beinhalten, eine bisher in der Branche nicht übliche Serviceleistung sein und/oder das Kreislaufmodell eines Produktes unterstützen. Ein besonders nachhaltiges Geschäftsmodell zahlt auf mehrere SDGs positiv ein, ohne dabei einen überproportionalen negativen Einfluss auf die Erreichung anderer SDGs zu haben.

Die SDGs können in der Ideenphase der Geschäftsmodellentwicklung eine gute Quelle sein. Verbindet man sie mit einer guten Trendanalyse und bezieht die lokalen Nachhaltigkeitsstrategien mit in Betracht, lassen sich sehr leicht Geschäftspotenziale identifizieren. Es lassen sich aus einzelnen SDGs oder auch aus mehreren SDGs kombiniert innovative Geschäftsmodelle entwickeln. Ebenso lassen sich Chancen erkennen, das eigene Geschäftsmodell nachhaltig weiterzuentwickeln. Die Tab. 4.1 soll Anregungen zu nachhaltigen Geschäftsmodellen geben, stellt aber keine vollumfängliche Liste dar.

Die BDSC-Studie weist in den oben genannten 4 Handlungsfeldern die 5 größten Marktchancen in folgenden Bereichen aus:

Tab. 4.1 Nachhaltige Geschäftsmodelle je SDG

SDG	Nachhaltiges Geschäftsmodell
SDG 1 Keine Armut	„Buy-one-give-one-Modelle", Zugang zu Produkten und Dienstleistungen (Freemium, Crossfinanzierung etc.), Mikrofinanzierung, Sozialunternehmertum
SDG 2 Kein Hunger	„Vertical Farming", gesunde Ernährung und Lebensmittel, solidarische Landwirtschaft
SDG 3 Gesundheit und Wohlergehen	Telemedizin, individualisierte Gesundheit, Zugang zu Gesundheitsdienstleistungen und medizinischer Versorgung,
SDG 4 Hochwertige Bildung	EdTech, Schulungsprogramme (insbesondere für nachhaltige Entwicklung)
SDG 5 Geschlechtergleichheit	„Gender-Diversity-Beratung", frauengeführte Unternehmen
SDG 6 Sauberes Wasser und Sanitäreinrichtungen	Wassereffiziente Produktion, Wasseraufbereitungstechnologien, Zugang zu Trinkwasser und Sanitäreinrichtungen
SDG 7 Bezahlbare und saubere Energie	Erneuerbare Energien, energieeffiziente Produktion, Dienstleistungen für Energieeffizienz
SDG 8 Menschenwürdige Arbeit und Wirtschaftswachstum	Professioneller Kompetenzerwerb, nachhaltige Finanzdienstleistung, nachhaltiges „Asset Management", Schulungsprogramme für digitale Kompetenzen
SDG 9 Industrie, Innovation und Infrastruktur	Zugang zu Infrastruktur, Crowdinnovation, „Open Innovation", Digitalisierung, nachhaltiger Transport
SDG 10 Weniger Ungleichheiten	Programme zur finanziellen Eingliederung, „Social Impact Bonds"
SDG 11 Nachhaltige Städte und Gemeinden	Sozialer städtischer Zusammenhalt, Lösungen für umweltfreundliches Bauen, Stadtplanungsdienste, „Smart City"
SDG 12 Nachhaltige/r Konsum und Produktion	Minderung von Ressourcenbedarf und Umweltbelastung pro Produkt, Ökoeffektivität, Kreislaufwirtschaft, „Sharing Economy", Materialeffizienz, erneuerbare Ressourcen, Rücknahme, Reparatur, Modularität, Produkt als Service
SDG 13 Maßnahmen zum Klimaschutz	„Carbon Capture and Storage", „Climate Tech"
SDG 14 Leben unter Wasser	Umwelt- und Naturschutz
SDG 15 Leben an Land	Biodiversitätserhaltung, Umwelt- und Naturschutz
SDG 16 Frieden, Gerechtigkeit und starke Institutionen	Inklusive Rechtshilfeleistungen, Transparenzdienstleistungen
SDG 17 Partnerschaften zur Erreichung der Ziele	Coopetition, Crowdfunding, „Impact Investing", Kooperationsnetzwerke für Nachhaltigkeit

Ernährung und Landwirtschaft:

- Verringerung der Lebensmittelverschwendung in der Wertschöpfungskette,
- Ökosystemleistungen des Waldes,
- Lebensmittelmärkte für Einkommensschwache,
- Reduzierung der Lebensmittelverschwendung bei Konsumenten,
- Produktumgestaltung.

Städte:

- bezahlbarer Wohnraum,
- energieeffiziente Gebäude,
- Elektro- und Hybridfahrzeuge,
- öffentlicher Verkehr in Stadtgebieten,
- Carsharing.

Energie und Materialien:

- Kreislaufmodelle – Automobilindustrie,
- Ausbau erneuerbarer Energien,
- Kreislaufmodelle – Geräte,
- Kreislaufmodelle – Elektronik,
- Energieeffizienz – nicht energieintensive Industrien.

Gesundheit und Wohlbefinden:

- Risikobündelung,
- Fernüberwachung von Patienten,
- Telemedizin,
- fortgeschrittene Genomik,
- Aktivitätsdienstleistungen.

Die vollständige Liste können Sie dem Report entnehmen.

Die Entwicklung eines nachhaltigen Geschäftsmodells kann mit Innovationsmethoden, die im Framework Nachhaltigkeit mit einbeziehen können, problemlos gestaltet werden. So kann der „Business Model Canvas" von Alex Osterwalder und Yves Pigneur um Nachhaltigkeitsaspekte oder das „Design Thinking" um Reflexionsintervalle zur Nachhaltigkeit erweitert werden. In Abb. 4.1 ist der „Flourishing Business Canvas" zu sehen. Dieser

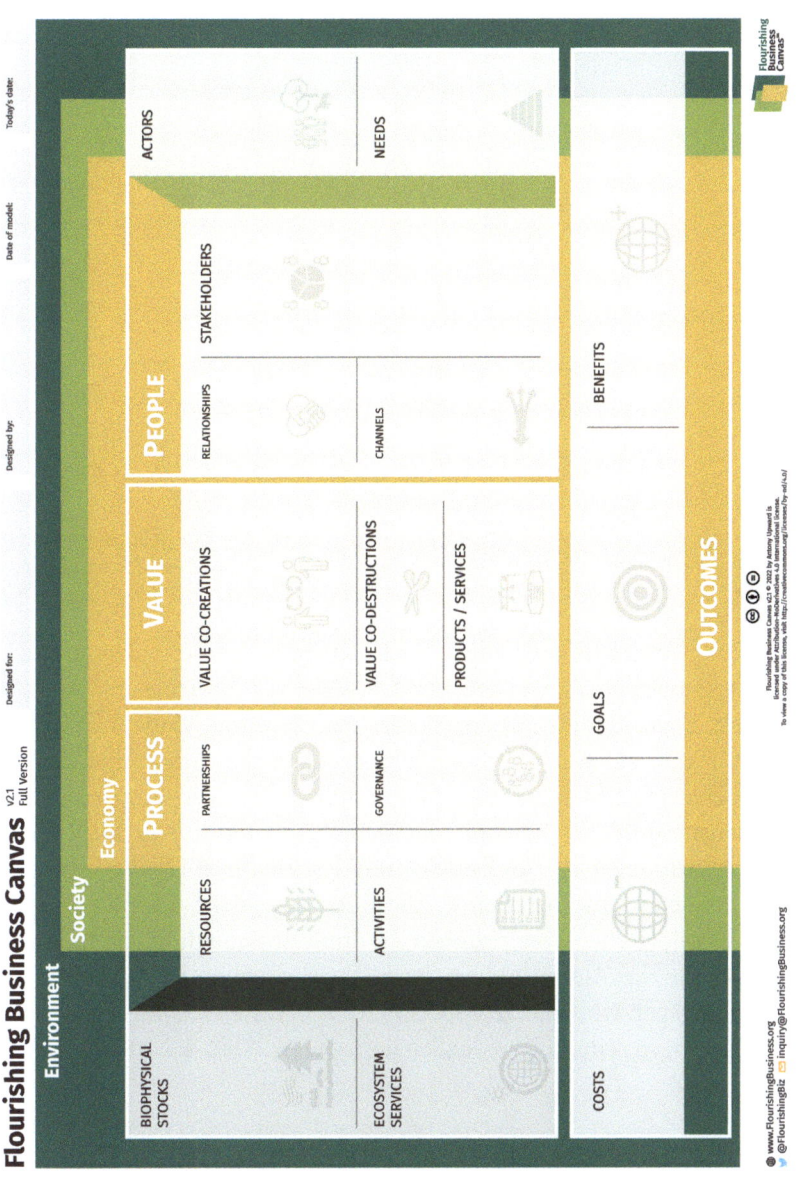

Abb. 4.1 Flourishing Business Canvas v2.1. (© Anthony Upward, https://flourishingbusiness.org/download-flourishing-business-canvas/ (CC BY-ND 4.0))

Abb. 4.2 Referenzmodell für die Entwicklung nachhaltiger Dienstleistungen nach DIN spec 35201. (Eigene Darstellung nach DIN spec 35201) © Moock 2023. All Rights Reserved

verbindet das Vorrangmodell der Nachhaltigkeit (siehe Abschn. 5.1), das den ökonomischen Aspekt mit dem sozialen und wiederum mit dem Umweltaspekt umschließt, mit dem klassischen „Business Model Canvas".

Speziell für die Entwicklung nachhaltiger Dienstleistungen hat BAUM e. V. ein Referenzmodell entworfen. Damit soll die Entwicklung von nachhaltigen Dienstleistungen erleichtert werden. Die entstandene DIN SPEC 35201 „Referenzmodell für die Entwicklung nachhaltiger Dienstleistungen" richtet sich an jene Unternehmende, die über gesetzliche Vorgaben hinaus soziale und ökologische Überlegungen in ihre Entscheidungsfindung einbeziehen und für die Auswirkungen ihrer Tätigkeiten und Entscheidungen Rechenschaft ablegen wollen (DIN spec 35201). Das Referenzmodell verweist auf 6 Kernthemen in seinem Maximalkatalog, wie in Abb. 4.2 zu sehen ist.

4.2 Nachhaltige Unternehmensidentität und Visionsentwicklung

Vision, Mission, „Purpose", Corporate Identity, Leitbild, Sinn usw. sind alles Begriffe, die mal mehr und mal weniger in Mode sind, teilweise synonym und die in jeder Abhandlung unterschiedlich verwendet werden.

Deshalb hier eine kurze Definition der Begriffe im Kontext Unternehmens-entwicklung, die in diesem Buch verwendet werden:

- **Vision:** Die Vision ist ein identitätsgebendes Merkmal des Unter-nehmens. Sie beschreibt den (höheren) Sinn und Zweck des Unter-nehmens und seiner Tätigkeiten, wofür es dieses Unternehmen gibt. In der Ausformulierung der Vision wird das Kerngeschäft des Unternehmens nicht erkenntlich. Mehrere Unternehmen können deshalb die gleiche Vision haben. Die Vision verbindet MitarbeiterInnen und Stakeholder auf emotionaler Ebene mit dem Unternehmen oder der Organisation.
- **Mission:** Die Mission ist ebenso ein identitätsgebendes Merkmal wie die Vision und beschreibt, wie das Unternehmen auf die Erfüllung der Vision einzahlt bzw. darauf hinarbeitet. Die Mission beschreibt das Kerngeschäft und die Verbindung zur Vision. Dass die Vision und Mission für zwei Unternehmen identisch sind, ist unwahrscheinlich.
- **Leitbild:** Das Leitbild formuliert universelle Grundprinzipien im Unter-nehmen und ist ein weiteres identitätsgebendes Merkmal. Es besteht oft aus Verhaltensprinzipien, Unternehmensphilosophien usw. Das Leitbild berücksichtigt die Phase, in der sich die Organisation befindet, mit – ein Leitbild für ein Start-up sieht anders aus als für ein Unternehmen mit 3000 MitarbeiterInnen.
- **Werte:** Viele Unternehmen haben Werte definiert, nach denen sie handeln, die Zusammenarbeit gestalten und die sie für eine erfolgreiche Geschäftätigkeit auf täglicher Basis benötigen. Überzeugende Unter-nehmenswerte gehen auf die besonderen Eigenschaften des Unter-nehmens ein.
- **Historisches Selbstverständnis:** Das historische Selbstverständnis ist das letzte identitätsgebende Merkmal, das in diesem Buch verwendet wird. Es beschreibt, mit welcher Idee das Unternehmen historisch begründet ist und aus welcher Tradition es entstand. Bei jüngeren Unternehmen und Start-ups ist es identisch mit der Gründungsidee und teilweise identisch mit der Vision.

Die Elemente Vision, Mission, Leitbild, Werte und historisches Selbst-verständnis bilden die Identität eines Unternehmens und können in einer Identitätspyramide, wie in   Abb. 4.3 zu sehen ist, anschaulich dargestellt werden.

In einem nachhaltigen Unternehmen findet sich in der Identität ein direkter Bezug zur Nachhaltigkeit oder zu den SDGs. Die Vision als Fern-ziel beschreibt dann einen Zustand, in dem das Unternehmen im Einklang

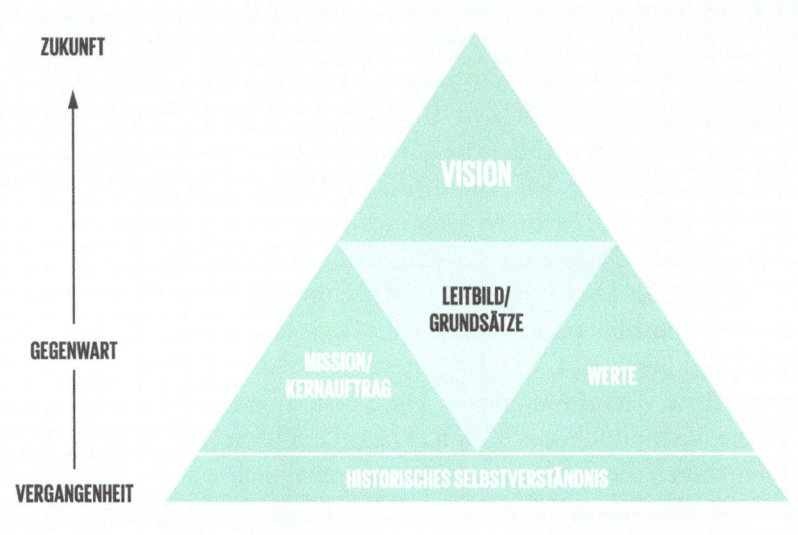

Abb. 4.3 Unternehmerische Identität im zeitlichen Zusammenhang. (© Moock 2023. All Rights Reserved)

mit den planetaren Grenzen wirtschaftet und soziale Aspekte mit in die wirtschaftlichen Überlegungen einbezieht. Die Mission und die weiteren identitätsgebenden Merkmale leiten sich aus der Vision ab und weisen ebenso einen Bezug zur Nachhaltigkeit auf.

Vorgehen zur Entwicklung einer nachhaltigen Vision
Die Entwicklung der Unternehmensvision ist ein hoch individueller Prozess und es gibt keine Blaupause, die für jedes Unternehmen passt. Falls Sie schon eine Unternehmensvision haben und diese keinen Nachhaltigkeitsbezug hat, sollten Sie sie unbedingt überarbeiten. Falls Ihr Unternehmen Produkte oder Dienstleistungen mit einem starken Nachhaltigkeitsbezug anbietet, ist Ihre Unternehmensvision wahrscheinlich nicht allzu weit von einer nachhaltigen Unternehmensvision entfernt. Auch wenn der Nachhaltigkeitsbezug schnell ersichtlich ist, nehmen Sie sich unbedingt Zeit diese auszuformulieren. Die Vision ist der Ausgangspunkt für alle weiteren zukunftsgerichteten, identitätsgebenden Merkmale und sollte unbedingt allen MitarbeiterInnen – auch potenziellen MitarbeiterInnen – bekannt sein.

Ich beschreibe im Folgenden, wie eine Visionsentwicklung mit den SDGs gelingen kann.

- Definieren Sie den TeilnehmerInnenkreis für die Visionsentwicklung: Wichtigste Entscheidungsträger (z. B. Geschäftsführung und Führungsteam), Gründer, Eigner; Nachhaltigkeitsverantwortliche und weitere Schlüsselrollen bis hin zur gesamten Belegschaft können beteiligt sein.
- Tragen Sie zunächst zusammen, welche identitätsgebenden Merkmale es in Ihrem Unternehmen gibt. Es gibt sicherlich ein Leitbild, ob aufgeschrieben oder nicht, Werte nach denen gearbeitet wird (gelebte und proklamierte Werte) und sicherlich eine Aussage zu dem, was das Unternehmen konkret tut. Machen Sie das, was Sie gesammelt haben, dem TeilnehmerInnenkreis zugänglich.
- Organisieren Sie einen 2-Tages-Workshop zur Visions- und Identitätsentwicklung mit dem TeilnehmerInnenkreis abseits vom Tagesgeschäft und sorgen Sie für eine unterbrechungsfreie Umgebung. Stellen Sie dem TeilnehmerInnenkreis erste Basisinformationen zu den SDGs zur Verfügung. Dazu bietet sich z. B. auch das Infokapitel zu den SDGs aus diesem Buch an.
- Eine externe Begleitung ist bei der Visionsentwicklung von großem Vorteil, sodass Sie sich auf den Prozess konzentrieren können und nicht zwischen inhaltsgebender und moderierender Rolle hin- und herspringen müssen. Die Qualität des Prozesses der Identitäts(weiter-)entwicklung ist maßgeblich für die Qualität des Ergebnisses. Die offene und emotionale Diskussion über Zielkonflikte und Spannungsfelder und das Ringen um eine präzise Formulierung erhöhen die Glaubwürdigkeit nach innen und nach außen.

Fragen zur Visionsentwicklung, die Sie dabei unterstützen, Ihre nachhaltige Vision zu finden:

- Welchem Sinn dient Ihr Unternehmertum? (Mehr als nur Profit, Bedürfnisbefriedigung der Kunden.)
- Ist die Vision in Ihrem Unternehmen ausformuliert und ist sie Ihren MitarbeiterInnen bekannt?
- Welchem höheren (gesellschaftlichen, ökologischen) Zweck dient Ihr Unternehmen? Inwieweit trägt Ihr Unternehmen zur Erreichung eines der SDGs bei?
- Wie klar ist die Mission im Unternehmen für Geschäftsführung, Gesellschafter, MitarbeiterInnen?
- Wie klar ist die Mission im Unternehmen für Kunden, Lieferanten?
- Wer sind wir eigentlich, wie verstehen wir uns, welchen Platz in der Gesellschaft wollen wir einnehmen, und wie wollen wir unser Geschäft betreiben?

Eine mögliche Agenda für diesen 2-Tages-Workshop könnte wie in Tab. 4.2 beschrieben aussehen.

Die Formulierung und die Überarbeitung des Visionssatzes und des Missionssatzes dauern mal länger und mal weniger lang. Auch bei der Zusammenführung der Identitätspyramide gibt es häufiger längere Diskussionen. Planen Sie für Ihren Workshop in diesen Phasen genügend Puffer ein.

Nach diesen 2 Tagen Workshop haben Sie mindestens einen zu 80 % fertigen Visionssatz und Missionssatz und eine Sammlung an Werten für Ihr Unternehmen sowie einen ersten Entwurf des Leitbildes und des historischen Selbstverständnisses. Geben Sie diesen – wenn nötig und gewünscht – an eine/n TexterIn, die/der Ihr Unternehmen gut kennt, an Ihre Kommunikationsabteilung oder an weitere passende Stellen, um diese Sätze zu bearbeiten. Nach ca. 14 Tagen bietet sich eine finale Session an, in der die überarbeitete Vision, Mission, Werte und das historische Selbstverständnis final diskutiert und verabschiedet werden. Das Leitbild bleibt in Bearbeitung, bis die Strategieentwicklung abgeschlossen ist.

Die Wirkung einer ausformulierten Identität und deren Nachhaltigkeitsbezug ist nicht zu unterschätzen. Laut einer Umfrage der Königsteiner Agentur aus dem Jahr 2020 ist eine klare Haltung zur Nachhaltigkeit für über 61 % der Arbeitnehmenden wichtig bis sehr wichtig. Dabei sollte die Identität mit ihrem Nachhaltigkeitsbezug herausfordernd, einmalig, stimmig und authentisch sein.

> Die Visionsentwicklung ist ein hoch individueller Prozess, der hauptsächlich auf emotionaler Ebene stattfindet. Wenn sie sich mit der Vision emotional nicht verbinden können, ist diese noch nicht ausgereift und sollte überarbeitet werden.

4.3 Strategieentwicklung und Grundsätze nachhaltiger Unternehmensstrategien

Nach Kenneth Andrews (1987) ist eine Unternehmensstrategie „das Muster von Zielen, Zwecken oder Zielen und wichtigen Richtlinien und Plänen zur Erreichung dieser Ziele, die so formuliert sind, dass definiert wird, in welchem Geschäft das Unternehmen tätig ist oder sein soll und welche Art von Unternehmen es ist oder sein soll." Die Unternehmensstrategie ist ein Ergebnis des strategischen Zyklus, in dem die Vision und Mission in ein

Tab. 4.2 Agenda für einen 2-Tages-Workshop zur Entwicklung der nachhaltigen Identität mit Vision, Mission und Werten

Tag 1	
Uhrzeit	Inhalt
08:30	Begrüßung, Willkommen, Agenda für die 2 Tage, Vorstellung Identitätspyramide
09:00	Infosession zu Nachhaltigkeit im Unternehmen, globaler Kontext und politischer Rahmen
10:00	*Kurze Pause am Vormittag*
10:15	Vorstellung der SDGs in einem Impuls
11:00	Diskussion zu den SDGs, persönlichen Bezug herstellen (Bodenanker und offene Diskussion zu speziellen SDGs)
11:30	Einfluss auf die SDGs mit der heutigen Geschäftstätigkeit (siehe Impact-Analyse in Abschn. 3.2.5.1)
12:30	**Mittagspause**
13:30	Methode Pressekonferenz Agenda 2030: Machen Sie mit Ihren TeilnehmerInnen eine Zeitreise in das Jahr 2030 zur abschließenden Pressekonferenz zu den SDGs. Ihr Unternehmen wurde dazu eingeladen, weil es maßgeblich zum Erreichen der SDGs beigetragen hat. Bereiten Sie die Pressekonferenz vor, indem Sie auf das Jahr Ihrer Visionsentwicklung zurückblicken und sich die folgenden Fragen stellen: 1. Wofür war es damals gut, die SDGs und Nachhaltigkeit mit in unsere Ausrichtung aufzunehmen? 2. Welche Werte und Überzeugungen waren damals maßgeblich und haben uns im Handeln geprägt? 3. Welche Handlungsfelder/Geschäftsfelder waren in der Zwischenzeit die maßgeblichen? Erste Sammlung Stichworte zur Beantwortung der Fragen zur Visionsentwicklung auf Kärtchen an 3 Pinnwänden als „Braindump"
14:30	Gemeinsame Diskussion und Reflexion zum Geschriebenen. Verbindung zu den SDGs. Konsolidierung. (Hier kristallisieren sich bereits erste Fokus-SDGs für das Unternehmen heraus, die im Raum mit Bodenanker ausgelegt werden können)
15:15	*Kurze Pause am Nachmittag*
15:45	Erste Formulierung eines Visionssatzes
16:45	Erste Formulierung eines Missionssatzes
17:30	Tages „Wrap-up" und Abschluss
17:45	**Ende**
	gemeinsamer Abschluss und Abendessen
Tag 2	
09:00	**Gemeinsames Frühstück**
	Begrüßung, Agenda für den Tag, Zusammenfassung gestriger Tag
09:30	Reflexion gestriger Tag. Welche neuen Erkenntnisse gibt es?
10:15	Überarbeitung des Visionssatzes und des Missionssatzes
11:00	Kurze Pause am Vormittag
11:15	Konsolidierung der Werte
12:30	**Mittagspause**
13:30	Leitbildentwicklung. Welche Prinzipien braucht es, um zur Vision zu gelangen? Welche Prinzipien braucht es, um die Werte nicht nur zu proklamieren, sondern zu leben? Welche Grundsätze leiten das Handeln?
15:00	Kurze Pause am Nachmittag

(Fortsetzung)

Tab. 4.2   (Fortsetzung)

Tag 1	
Uhrzeit	Inhalt
15:30	Historisches Selbstverständnis, historischer Gründungskontext. Diskussion, Reflexion und Formulierung. (Woher kommt das Unternehmen? Was war die ursprüngliche Idee der Gründung? Was war der Gründungskontext? Welches Selbstverständnis leitet sich daraus ab?)
16:30	Zusammenführung der Identitätspyramide
17:00	Workshop „Wrap-up" und Abschluss
17:30	**Ende**

strategisches Aktionsprogramm innerhalb der Grenzen der organisatorischen Werte übersetzt wird. Die Strategie dient dazu, zu definieren, wie die Vision erreicht werden soll. Sie leitet sich also direkt von der Vision und der Mission ab. Deshalb ist es so wichtig, dass die Vision und die Mission einen starken Bezug zur Nachhaltigkeit und wenn möglich direkt zu den SDGs hat.

> "The SDGs have fundamentally changed the game. They are the closest thing the world has to a strategy (Dr. Jake Reynolds, Cambridge Institute for Sustainability Leadership. Douma et al. 2017)."

Die SDGs selbst sind als ein Set von Richtungsaussagen mit Unterzielen formuliert und deshalb die globale Strategie zu einer nachhaltigen Welt. Mit den dazugehörigen Indikatoren und Metriken geben sie ein vollständiges Zielbild. Oft geübte Kritik an den SGDs ist, dass sie in einigen Formulierungen zu schwammig sind und deshalb zu viel Spielraum in der Umsetzung lassen.

Die Strategieentwicklung ist ein essenzieller Teil in der Nachhaltigkeitsarbeit und nach dem Assessment und der Visionsentwicklung der nächste wichtige Schritt hin zu einem nachhaltigen Unternehmen.

Nach Meinung von Porter und Kramer können sich Unternehmen nicht mehr leisten, Nachhaltigkeit keine oder nur wenig Bedeutung beizumessen. Sie plädieren dafür, Nachhaltigkeit strategisch einzusetzen, da auf diese Weise wirtschaftliche und gesellschaftliche Vorteile gleichzeitig zum Tragen kommen (Porter und Kramer 2011).

Dabei ist es wichtig, dass eine nachhaltige Unternehmensstrategie – im Gegensatz zu einer von der Unternehmensstrategie entkoppelten Nachhaltigkeitsstrategie – entwickelt wird. Der bedeutende Unterschied liegt darin, dass das Unternehmen keine zwei parallel laufenden Strategien verfolgt und Nachhaltigkeit integraler Teil der Geschäftsaktivitäten und der zukünftigen Geschäftsausrichtung wird. Eine nachhaltige Unternehmensstrategie zeichnet sich darin aus, dass Nachhaltigkeit angemessen und vollumfänglich integriert und angemessener Bestandteil in den verschiedenen Ebenen und in den formulierten Zielen ist. Deshalb ist es sinnvoll, Nachhaltigkeit in den bestehenden Strategieentwicklungsprozess zu integrieren und ich rate von einem zweiten, parallel laufenden Nachhaltigkeitsstrategieentwicklungsprozess ab.

> Die CSRD-Regulatorik fordert explizit eine Beschreibung des Geschäftsmodells und der Strategie einschließlich einer Beschreibung zur Widerstandsfähigkeit des Geschäftsmodells und Strategie gegenüber Nachhaltigkeitsrisiken, Chancen in Zusammenhang mit Nachhaltigkeitsaspekten, zu der Art und Weise, wie das Unternehmen den Belangen seiner Interessenträger und den Auswirkungen seiner Tätigkeiten auf Nachhaltigkeitsaspekte in seinem Geschäftsmodell und seiner Strategie Rechnung trägt, sowie eine Beschreibung der zeitgebundenen Nachhaltigkeitsziele inkl. Treibhausgasreduktionsziele und einem Finanz- und Investitionsplan, wie diese Ziele erreicht werden sollen (vgl. CSRD Artikel 19a Absatz 2a)-i-ii-iv und 2b)).

Bevor ich in den Strategieentwicklungsprozess einsteige, möchte ich kurz darauf eingehen, welche Bedeutung der Strategie im Unternehmen zukommt. Zusammen mit Identität und Vision bildet die Strategie den Kern des Unternehmens (vgl. Glasl et al. 2020). Wesentliche Entscheidungen zu Struktur, Funktionen, Prozessen und Mitteln leiten sich aus der Definition der Identität und Strategie des Unternehmens ab.

Darüber hinaus ist die Strategie mit besonderen Herausforderungen verbunden, die das Schicksal des Unternehmens maßgeblich betreffen. Schlussfolgerungen, die getroffen werden, um Strategien zu entwickeln, bergen immer ein gewisses Maß an Unsicherheit, weisen immer höhere Komplexitäten und chaotische Merkmale auf, sind mehrdeutig und immer subjektiv. Jetzt liegt die provokante Frage nahe, ob sich Unternehmen in diesen veränderten Rahmenbedingungen überhaupt bewusst gestalten und lenken lassen. Dazu gibt es 3 Sichtweisen. Erstens kann man argumentieren, dass eine vollumfängliche Steuerung möglich ist, durch einmalige Zieldefinition für einen längeren Zeitraum, z. B. 5–10 Jahre, der Festlegung, wie diese erreicht werden können und kontrollraumartiges Definieren der Stellhebel (Totalplanung) und blindes Verfolgen und Umsetzen. Zweitens kann man die Gegenposition annehmen und die Totalplanung ablehnen, wenig bis nichts entscheiden und planen und folglich auf ein „Durchwursteln" („muddling through") vertrauen. Die 3. Sichtweise schlägt die geplante Evolution vor. Die Weiterentwicklung dieser Idee ist detailliert beschrieben von Werner Kirsch (1997). Die Grundidee liegt darin, dass eine konzeptionelle Gesamtsicht z. B. in Form von strategischen Stoßrichtungen entworfen wird, die als Grundlage der Steuerung der Einzelschritte auf tieferen Ebenen dient. Die gegangenen Einzelschritte und Ergebnisse innerhalb eines kürzeren Zeitraums haben Auswirkungen auf die konzeptionelle Gesamtsicht und führen zu deren regelmäßiger Anpassung (vgl. Müller-Stewens und Lechner 2016, S. 19–21). So entsteht ein regelmäßiger Zyklus mit Feedbackschleifen und löst den linear kausalen Prozess der „starren" Strategieentwicklung ab. Das Konzept der „Effectuation" geht noch einen Schritt weiter und schlägt Entscheiden ohne detaillierte Zielbeschreibung vor (Faschingbauer 2021). „Effectuation" ist eine Denk- und Herangehensweise an die Strategie, die sich von traditionellen Methoden wie der Kausalität unterscheidet. Im Gegensatz zur Kausalanalyse, die davon ausgeht, dass Ziele und Ressourcen feststehen und bekannt sind, geht „Effectuation" davon aus, dass Ziele und Ressourcen entstehen und gemeinsam geschaffen werden.

> **Fragen zum eigenen Strategievorgehen**
>
> - Wie läuft der aktuelle Strategieprozess zurzeit ab?
> - Welcher dieser beschriebenen Sichtweisen liegt Ihnen besonders nahe?
> - Welche dieser Konzepte haben Sie in Ihrem Unternehmen angewandt?

Da Nachhaltigkeit ein komplexes System ist, in dem vernetztes, systemisches Denken angewandt werden muss und Ambiguitäten an der Tagesordnung sind, ist es sinnvoll, dass auch ein Prozess für die Strategieentwicklung gewählt wird, der diesen Merkmalen Rechnung trägt.

Die Strategieentwicklung in komplexen Systemen erfordert eine multidisziplinäre Herangehensweise, die sowohl technische als auch soziale Aspekte berücksichtigt. Das systemische Denken ermöglicht es Unternehmen, Probleme auf einer tieferen Ebene zu verstehen und Lösungen zu finden, die die Beziehungen und Wechselwirkungen zwischen den verschiedenen Elementen des Systems berücksichtigen. Eine systemische Strategieentwicklung gibt es dabei nicht, das Vorgehen kann nur systemischer gestaltet werden. Dies können Sie umsetzen, indem Sie Folgendes im Prozess berücksichtigen:

- **Systeme:** Identifizieren Sie die wichtigsten Systeme, die das Unternehmen beeinflussen, wie z. B. das Unternehmen selbst, die Branche, die Lieferkette und die Kundenbeziehungen.
- **Vernetzungen und Beziehungen:** Untersuchen Sie die Beziehungen und Wechselwirkungen zwischen den verschiedenen Elementen des Systems und verstehen Sie, wie sie die Dynamik des Systems beeinflussen.

- **Handlungsoptionen:** Entwickeln Sie Handlungsoptionen, die die Dynamik des Systems beeinflussen, um das Unternehmen zu verbessern.
- **Feedbackschleifen:** Überwachen Sie die Ergebnisse Ihrer Handlungsoptionen und passen Sie sie gegebenenfalls an, um sicherzustellen, dass sie die gewünschten Ergebnisse erzielen. Rechnen Sie damit, dass die Feedbackschleifen in unserer schnellen Welt aus kleinen Intervallen bestehen.
- **Anpassung und Lernen:** Passen Sie bei einschneidenden Veränderungen des Kontexts das Bestehende an und lernen Sie aus Erfahrungen und Ergebnissen, um die Zukunft zu verbessern.

Weitere Informationen zum systemischen Denken finden Sie im Abschn. 5.1.

> Eine Einführung in die Grundlagen des systemischen Denkens ist das Buch „Thinking in Systems: A Primer" von Donella H. Meadows. Das Buch erklärt die grundlegenden Konzepte des systemischen Denkens, wie z. B. die Unterscheidung zwischen Elementen und Prozessen, die Rolle von Rückkopplungen und die Auswirkungen von Unvorhersehbarkeit und Nichtlinearität. Es zeigt auch, wie die Anwendung von systemischem Denken Probleme in Bereichen wie Umwelt, Wirtschaft und Gesellschaft erklären und lösen kann.

Das Konzept der „Open Strategy" ist ein Multistakeholder- und kollaborativer Ansatz für eine systemischere Strategieentwicklung. Sie beinhaltet die Einbeziehung eines breiten Spektrums von Interessengruppen, darunter Kunden, MitarbeiterInnen, Partner und Konkurrenten, um eine gemeinsame Vision und Strategie für die Zukunft zu entwickeln. Dieser Ansatz nutzt die Kraft der offenen Innovation und der Open-Source-Prinzipien, um die kollektive Intelligenz eines Netzwerks von Menschen und Organisationen zu erschließen. Durch Offenheit können Unternehmen neue Quellen für Wachstum, Innovation und Wertschöpfung erschließen. Das Ziel der „Open Strategy" ist es, eine Win-win-Situation für alle Beteiligten zu schaffen, in der alle von den gemeinsamen Entwicklungen profitieren (vgl. Stadler et al. 2021).

Das Vorgehen bei der Strategieentwicklung ist wie bei der Visions-/Identitätsentwicklung ein hoch individueller Prozess und auch hier kann ich Ihnen keine Blaupause anbieten.

Eine mögliche Vorgehensweise ist der integrierte Strategieprozess, der mit verschiedenen Strategieentwicklungsmethoden und mehreren Phasen arbeitet. In der 1. Phase werden Informationen zur Ausgangslage des Unternehmens eingeholt. In der 2. Phase werden relevante Informationen zum Umfeld eingeholt. Die 3. Phase überführt diese Informationen in Schlussfolgerungen (engl. "insights") für das Unternehmen oder das Geschäftsfeld. Daraus ergeben sich oft schon erste Anpassungen für das Leitbild des Unternehmens. Anschließend werden strategische Stoßrichtungen definiert, diese in Unterziele weiter heruntergebrochen und definiert. Danach schließt sich der Planungsprozess an, der diese Ziele in Projekte, Maßnahmen und Zwischenziele feingliedrig übersetzt und mit Metriken und Indikatorensystemen zur Sicherstellung der Zielerreichung anreichert.

Die Schritte der einzelnen Phasen sollten auf Ihr Unternehmen individuell zugeschnitten und angepasst werden.

Phase 1: Informationsbeschaffung

Besonders im Nachhaltigkeitsumfeld sind Sie regelmäßig mit komplexen Situationen, Problemen und schwierigen Entscheidungen konfrontiert. Ihre Aufgabe ist es, diese Situationen so gut wie möglich zu bewältigen, indem Sie die Ihnen zur Verfügung stehenden Informationen nutzen. In einer idealen Welt stünden Ihnen alle Informationen, die Sie für die Strategieentwicklung benötigen, zur Verfügung, um diese Entscheidungen zu meistern. Aber in der Realität haben Sie wahrscheinlich nur eine begrenzte Menge an Informationen, mit denen Sie arbeiten können, sowie eine begrenzte Menge an Zeit zur Verfügung, diese Informationen einzuholen.

In Kap. 3 habe ich bereits einige Methoden zur Informationsbeschaffung und Analyse interner und externer Faktoren beschrieben und weitere vertieft dargestellt. Im Minimum sollte auf jeden Fall im 1. Strategiezyklus mit Nachhaltigkeit eine ausführliche Wesentlichkeitsanalyse durchgeführt werden und die dafür notwendigen Informationen beschafft werden.

Durch einen Multistakeholderansatz verringern Sie weiterhin die Wahrscheinlichkeit, wichtige Informationen und Perspektiven zu versäumen. Binden Sie deshalb frühzeitig die verschiedenen Stakeholder mit ein.

Für die Zukunft machen Sie es sich am besten zur Gewohnheit, die Informationsbeschaffung kontinuierlich im Arbeitsalltag mitlaufen zu lassen. Dabei können Nachrichten, Pressemitteilungen des Wettbewerbs, Newsletter, Social Media, Ihr professionelles Netzwerk, Makrotrends und weitere Quellen außerhalb Ihrer Industrie sehr nützlich sein. Um den Arbeitsaufwand klein zu halten, können Sie spezielle Webcrawler oder auch KI-Applikationen wie ChatGPT verwenden. Beziehen Sie auch möglichst viele MitarbeiterInnen dabei mit ein und ermutigen Sie sie, frühzeitige

Beobachtungen mit dem Team zu teilen. In kleinen Gruppendiskussionen zu Marktsignalen können Sie erste frühe Signale identifizieren.

Phase 2: Zusammenführung, Bewertung ("insights") und Definition von strategischen Stoßrichtungen

Die verschiedenen Analysen aus Phase 1 und 2 müssen nun zu einem Gesamtüberblick zusammengeführt werden und mit einer Prognose der Zukunft verbundenen Schlussfolgerungen liefern.

Erkennen Sie Muster, indem Sie Informationen und Daten im zeitlichen Verlauf betrachten. Muster sind kurzfristig und wenn Sie einzelne Datenpunkte betrachten, nicht offensichtlich, werden aber oft deutlicher, wenn Sie die Daten über einen längeren Zeitraum betrachten, z. B. 6 Monate, 1 Jahr, 3 Jahre oder länger. Aber warten Sie nicht zu lange, um zu reagieren.

Das Sammeln von Informationen kann schnell überwältigend werden. Wenn Sie Ihre Erkenntnisse in gemeinsame Themen einordnen, kann das Gehirn die Anzahl der zu verarbeitenden Elemente verringern, sodass Sie Zusammenhänge leichter erkennen können. Kategorisieren Sie deshalb die Informationen nach gemeinsamen Themen und finden Sie übergeordnete Überschriften.

Diskutieren Sie die Auswirkungen von Trends offen und kritisch. Nicht jeder Trend wird in Ihrer Branche von Bedeutung sein. Erforschen Sie dazu auch die sekundären Auswirkungen. Es kann leicht sein, Trends zu ignorieren, die sich nicht direkt auf Ihr Umfeld oder Ihre Branche auswirken, aber es ist wichtig, die längerfristigen Folgen oder Nebeneffekte zu untersuchen, bevor man einen Trend für „unwichtig" erklärt.

Kombinieren Sie Trends, wichtige Triebkräfte und Einflussfaktoren und erstellen Sie daraus mehrere Szenarien für die Zukunft. Diese Technik nennt sich Szenarioanalyse und ist für die Strategieentwicklung in komplexen Situationen hervorragend geeignet. Entwickeln Sie auf der Grundlage der Triebkräfte und Einflussfaktoren eine kleine Anzahl plausibler und kohärenter Szenarien, die beschreiben, wie sich die Zukunft entwickeln könnte. Diese Szenarien sollten eindeutig sein und aktuelle Annahmen infrage stellen.

Beschreiben Sie jedes Szenario einschließlich der wichtigsten Annahmen, Trends und Ergebnisse. Aussagekräftige Erkenntnisse ergeben sich, wenn Sie verschiedene Triebkräfte und Einflussfaktoren kombinieren und dann die Frage stellen: „Was würde passieren, wenn … ?" Bewerten Sie die Szenarien, um ihre Auswirkungen auf die Organisation zu verstehen und Bereiche mit Unsicherheiten und Risiken zu identifizieren. Nutzen Sie die Szenarien als

Grundlage für die Entscheidungsfindung und leiten Sie die strategischen Stoßrichtungen und gegebenenfalls strategische Optionen aus den Erkenntnissen ab.

Überwachen Sie regelmäßig die Einflussfaktoren und aktualisieren Sie die Szenarien nach Bedarf. Definieren Sie dazu auch Triggerpunkte, die eine strategische Option auslösen, sodass Sie frühzeitig reagieren können.

Bei der Erkennung von Trends und Mustern ist es wichtig zu erwähnen, dass das größte Hindernis möglicherweise nicht die Informationen selbst sind, sondern der Umgang mit der eigenen Analyse. Unsere persönlichen Annahmen und unbewussten Voreingenommenheiten (engl. „unconscious biases") können die Objektivität nachteilig beeinflussen, was dazu führen kann, dass man nur den Trend sieht, den man sehen will oder erwartet, und andere vernachlässigt. Ergreifen Sie deshalb bewusste Maßnahmen, um diese Tendenzen zu verhindern. Dies ist keine leichte Übung, denn Sie gehen damit aktiv gegen die natürlichen Tendenzen Ihres Gehirns vor. Stellen Sie Ihre Annahmen offen infrage, suchen Sie nach Daten, die Ihren Überzeugungen widersprechen, und gestalten Sie Diskussionen mit Ihrem Team so, dass jeder Einzelne die Möglichkeit hat, sich von Beschränkungen zu lösen, um die Auswirkungen von Voreingenommenheit zu verringern und die Voraussetzungen für effektive strategische Diskussionen zu schaffen. Mit größerem Bewusstsein können Sie Trends genauer beobachten und sich auf eine Weise erheben, die das Unternehmen objektiv unterstützt.

Phase 3: Zusammenführen zum strategischen Aktionsprogramm
In der letzten Phase werden weitere Ziele und/oder Substrategien entwickelt, z. B. die speziellen Wettbewerbsstrategien, Marktstrategien, Produktstrategien usw. und das strategische Aktionsprogramm komplettiert. Das strategische Aktionsprogramm (siehe Abb. 4.4) in seiner Gesamtheit besteht aus mehreren Zielinstrumenten oder Ebenen, die auch verschiedene Zeithorizonte abbilden. Ein strategisches Aktionsprogramm ist die Gesamtheit aller Richtungsaussagen, beginnend bei den strategischen Stoßrichtungen, gegebenenfalls Substrategien, konkreten Zielen, Projekten und Maßnahmen bis hin zu den Metriken, die zur Messung des Erfüllungsgrades dienen. Meist werden die strategischen Stoßrichtungen synonym mit den strategischen Zielen oder auch der Strategie verwendet. Sie finden in Ihrer Strategie nun Richtungsaussagen und Ziele, die einen konkreten Nachhaltigkeitsbezug haben und weitere Ziele (z. B. Marktziele oder Positionierungsziele), die keinen konkreten Nachhaltigkeitsbezug besitzen. Zur Orientierung für die Berichterstattung können sie diese Ziele markieren und gesondert herausstellen.

Abb. 4.4 Schematische Darstellung eines strategischen Aktionsprogrammes für eine strategische Stoßrichtung. (© Moock 2023. All Rights Reserved)

Die Strategie ist immer ein Differenzierungsinstrument. Sie soll klar machen, welche Ziele das Unternehmen im Gegensatz zur Vergangenheit nun verfolgt. Deshalb achten Sie bei der Formulierung auf eine eindeutige Sprache und klare Unterscheidung. Oft kommt es in Strategieentwicklungsprozessen vor, dass sich TeilnehmerInnen nicht auf eine neue Zukunft (eine bestimmte Technologie, bestimmte Märkte oder bestimmte Segmente) festlegen und deshalb mit schwammigen Formulierungen versuchen wollen, sich doch alle Türen offenzulassen. Verhindern Sie dies unbedingt. Strategieentwicklung bedeutet immer auch die Definition von dem, was das Unternehmen **nicht** weiterverfolgt. Der Trennungsprozess von alten Geschäftsfeldern, -modellen oder Technologien muss dennoch stattfinden.

Für kleinere Unternehmen bietet es sich an, einen mehrtägigen Workshop zu veranstalten, der die Ergebnisse aus einem Assessment und aus den Analysen mit der Visionsentwicklung und der Strategieentwicklung verbindet. Das ist ein anspruchsvolles und kompaktes Vorgehen, aber durchaus möglich. Der Vorteil hiervon ist, dass aus der Standortbestimmung direkt die Zukunftsentwicklung (= Visions- und Strategieentwicklung) angegangen wird.

Als weitere Möglichkeit bietet es sich an, in Etappen vorzugehen und einen Tag für die Vorstellung der Analysephase und die Skizzierung und Priorisierung der durchzuführenden Analysen zu verwenden. Die Analysen werden in der Zwischenzeit erstellt und in einem 2. Termin werden die Ergebnisse vorgestellt sowie die Bewertung und die Formulierung einer Vision und Szenarioanalyse und Ableitung der strategischen Stoßrichtungen vorgenommen. Im Anschluss erstellen Teams dezentral weitere Sub-strategien. In einem 3. Termin werden dann das Leitbild angepasst und das gesamte strategische Aktionsprogramm zusammengeführt.

Vergessen Sie nicht, nach der Fertigstellung der nachhaltigen Vision und Strategie einen kurzen Moment innezuhalten. Sie haben einen sehr wichtigen Schritt für die Zukunftsfähigkeit und Nachhaltigkeit Ihres Unternehmens hinter sich. Feiern Sie diesen Schritt unbedingt.

4.4   Zielsysteme und Key Performance Indicators (KPIs)

Ein wichtiger Teil im Strategieprozess ist es, die passenden Metriken anhand derer die Zielerreichung der strategischen Richtungsaussagen gemessen werden soll, zu definieren. Ebenso sollten nachhaltigkeitsbezogene – neben ökonomischen – Leistungsindikatoren mit in das Steuerungssystem des Unternehmens aufgenommen werden. Sie bilden eine wichtige Brücke zwischen Zielsetzung auf dem Papier und der Geschäftsintegration. Die regelmäßige Fortschrittsmessung ist erforderlich für die Überprüfung der Zielerreichung und ebenso wichtig für das nicht finanzielle Reporting. Das Wichtigste dabei ist jedoch, dass sie die Entscheidungsfindung und den Fokus innerhalb der Nachhaltigkeitsarbeit ermöglichen sollen.

Für das Aufsetzen eines Systems aus nachhaltigkeitsbezogenen Kennzahlen ist es wichtig zu beachten, dass die Kennzahlen wichtigen Prinzipien der Zielsetzung folgen. Die SDG Ambition Initiative von 2020 des UN Global Compacts stellt deshalb spezielle Erwartungen an die nachhaltigkeitsbezogenen Zielsetzungen im Unternehmen, die Sie Tab. 4.3 entnehmen können.

Welche Indikatoren Sie für Ihr Unternehmen definieren, hängt natürlich von den gesetzten Zielen ab und sie sollten aussagekräftige Erkenntnisse über die Nachhaltigkeitsleistung des Unternehmens liefern.

Vorschläge zu auswirkungsorientierten KPIs in Verbindung mit den SDGs liefert das IRIS+-System. Über https://iris.thegiin.org/metrics/ können Sie sich zu jedem SDG Vorschläge zu auswirkungsbasierten KPIs ausgeben lassen. Weitere Indikatorensets der Global Reporting Initiative, der ESRS-Entwürfe oder des deutschen Nachhaltigkeitskodexes geben weitere Anregungen zur Entwicklung eines Indikatorensystems. Jedoch ist zu beachten, dass diese Standards der generellen Nachhaltigkeitsbericht-erstattung dienen und erst mal keine strategische Verbindung mit Ihrem Kerngeschäft oder mit den Kerngeschäftsfeldern Ihres Unternehmens ziehen. Sie sollten sich also immer daran orientieren, welche Informationen

Tab. 4.3 Weiterentwicklung der nachhaltigkeitsbezogenen Zielsetzungsprinzipien. (Quelle: SDG Ambition Guide – Setting Goals for the decade of action. UN Global Compact 2020. S. 8)

Von …	Hin zu …
Inkrementelle Ziele im Lichte dessen, was derzeit möglich erscheint; Beispiel: prozentuale Reduktion der THG-Emissionen pro Euro Gewinn	Absolute wissenschaftsbasierte Ziele und was jedes Unternehmen benötigt, um die SDGs zu erreichen; Beispiel: THG-Reduktion im Einklang mit einem 1,5-Grad-Pfad
Outputorientiert; Beispiel: Abfallvolumen als Nebenprodukt der Produktion	Wirkungsorientierte Ziele, um positive Ergebnisse für Wirtschaft, Gesellschaft und Umwelt zu erzielen; Beispiel: Eliminierung von Verschwendung im gesamten Unternehmen
Positive Einflussnahme durch philanthropische Projekte; Beispiel: Prozentualer Anteil des Gewinns gespendet an wohltätige Organisationen	Erweiterte Wirkung durch Produkte des Kerngeschäftes, Dienstleistungen und globale Wertschöpfungsketten; Beispiel: prozentualer Umsatz durch nachhaltige Produkte und Dienstleistungen
Unabhängige KPIs; Beispiel: Nachhaltigkeitsziele sind eigenständig, getrennt von Geschäftszielen	Vernetzte KPI-Systeme; Beispiel: Nachhaltigkeitsziele sind im gesamten Unternehmen verankert und werden auf Unternehmensebene verfolgt

Sie für die Erreichung Ihrer spezifischen Ziele in Ihrer Strategie benötigen und welche Indikatoren Ihnen darüber letztlich Aufschluss geben können. Die meisten Leistungsindikatoren auf strategischer Ebene sind wie auch die Strategie individuell und werden von Ihnen definiert.

Hier sind einige Beispiele für SDG-bezogene Nachhaltigkeitskennzahlen:

- SDG 12: Anteil des Umsatzes der nachhaltigen Produktlinie.
- SDG 8: Anteil des Investitionsvermögen für Nachhaltigkeitsinitiativen.
- SDG 12: Recyclingrate des Verpackungsmaterials, Verringerung des Verpackungsmülls.
- SDG 9: Anteil der Innovationen, die Nachhaltigkeit fördern.
- SDG 4: Anteil Durchdringung des Nachhaltigkeitsfachwissens durch Schulungen.
- SDG 6: Wasserverbrauch, Anteil Abwasser, Wassereinsparungen.
- SDG 7: Prozentualer Anteil Eigenstromproduktion durch erneuerbare Energien, Reduktion des Stromverbrauchs.
- SDG 13: Direkte und indirekte Treibhausgasemissionen, Reduktion der Treibhausgasemissionen.
- SDG 12: Abfall nach Art und Entsorgungsmethode, Verringerung des Abfalls.

Weitere Indikatoren finden Sie in den gängigen Transparenzstandards wie GRI oder den neuen europäischen Standards ESRS.

Sollten Sie Ihre nachhaltigkeitsbezogene Leistung schon in einer nicht finanziellen Erklärung oder in einem Nachhaltigkeitsbericht veröffentlicht haben, wissen Sie, wie viele verschiedenen Daten diese Erhebung fordert und ebenso, wie viel Zeit eine regelmäßige Erhebung für die Berichterstattung fordert. Mit Standardsoftwarelösungen können Sie die Datenerhebung vereinfachen. Langfristig ergibt es Sinn, eine automatisierte Lösung zu entwickeln.

Literatur

Andrews KR (1987) The concept of corporate strategy, 3. Aufl. Irwin, Homewood

Business and Sustainable Development Commission (2017) Valuing the SDG prize: Unlocking business opportunities to accelerate sustainable and inclusive growth. http://businesscommission.org/our-work/valuing-the-sdg-prize-unlocking-business-opportunities-to-accelerate-sustainable-and-inclusive-growth. Zugegriffen: 24. Jan. 2023

DIN SPEC 35201:2015-04, Referenzmodell für die Entwicklung nachhaltiger Dienstleistungen (kein Datum). Beuth Verlag GmbH. https://doi.org/10.31030/2304562

Douma K, Scott L, Bulzomi A (2017) Macro opportunities: driving growth, 12. Oktober 2017. https://www.unpri.org/sustainable-development-goals/the-sdgs-will-drive-global-economic-growth/307.article. Zugegriffen: 5. Jan. 2023

Faschingbauer M (2021) Effectuation: wie erfolgreiche Unternehmer denken, entscheiden und handeln. 4., überarbeitete und aktualisierte Aufl. Schäffer-Poeschel (Systemisches Management), Stuttgart

Flourishing Business Canvas. https://flourishingbusiness.org/flourishing-business-canvas/. Zugegriffen: 11. Juli 2022

Frese M, van Gelderen M, Ombach M (no date) How to plan as a small scale business owner: Psychological process characteristics of action strategies and success. J Small Bus Manage (38):1–18

van Gelderen M, Frese M, Thurik R (2000) Strategies, uncertainty and performance of small business startups. Small Bus Econ 15(3):165–181. https://www.jstor.org/stable/40229105. Zugegriffen: 29. Mai 2023

Glasl F, Kalcher T, Piber H (Hrsg.) (2020) Professionelle Prozessberatung: das Trigon-Modell der sieben OE-Basisprozesse, 4. Aufl. Haupt Verlag, Bern

Hiebl MRW (2017) Strategisches Controlling in Klein- und Mittelunternehmen. In D. Müller (Hrsg.) Controlling für kleine und mittlere Unternehmen. De Gruyter, S 149–172. https://doi.org/10.1515/9783110517163-007

Kirsch W (1997) Strategisches Management: die geplante Evolution von Unternehmen; völlig überarbeitete Neuauflage wesentlicher Teile der Veröffentlichungen 'Beiträge zum Management strategischer Programme' und Unternehmenspolitik und strategische Unternehmensführung. Herrsching: Kirsch (Münchener Schriften zur angewandten Führungslehre, 88)

Gruppe K (2020) Jobfaktor Klima. Umweltbewusstsein bei deutschen Arbeitgebern, Stuttgart

Meadows DH, Wright D (2008) Thinking in systems: a primer. White River Junction, Vt: Chelsea Green Pub

Müller-Stewens G, Lechner C (2016) Strategisches Management: wie strategische Initiativen zum Wandel führen: der Strategic Management Navigator. 5, überarbeitete Aufl. Schäffer-Poeschel, Stuttgart

Porter ME, Kramer MR (2011) Creating shared value. Harvard Business Review

Smither JW, London M (Hrsg.) (2009) Performance management: putting research into action. Jossey-Bass (The professional practice series), San Francisco

Stadler C et al (2021) Open strategy: mastering disruption from outside the C-suite. The MIT Press (Management on the cutting edge series), Cambridge

UN Global Compact, AMBITION GUIDE Setting Goals for the Decade of Action (2020) https://unglobalcompact.org/library/5791. Zugegriffen: 5. Jan. 2023

5

SDGs und nachhaltige Haltung, Kultur & Fähigkeiten

Zusammenfassung Die alten Denkmodelle der Wirtschaft, z. B. vom „homo oeconomicus" haben ausgedient. Um die Nachhaltigkeitstransformation zu schaffen, braucht es ganz neue Denkmodelle und vor allem eine nachhaltige Haltung. Verschiedene Denkmodelle, gepaart mit den SDGs, können dabei unterstützen, diese neue Haltung zu entwickeln. Des Weiteren benötigen UnternehmerInnen und MitarbeiterInnen zahlreiche neue Fähigkeiten und Kompetenzen, um weiterhin erfolgreich wirtschaften zu können. Die SDGs können ebenso dabei unterstützen, eine nachhaltige Kultur zu entwickeln und dabei alle MitarbeiterInnen mitzunehmen.

Die Haltung zur Nachhaltigkeit auf der obersten Führungsetage ist maßgeblich für eine gelingende Transformation hin zu einem nachhaltigen Unternehmen. Sie prägt entsprechend stark die Kultur und kann mit dem entsprechenden Fachwissen und Fähigkeiten geformt und beeinflusst werden. Um die drängenden Themen der Nachhaltigkeit und der SDGs wie soziale Ungleichheit, Klimawandel, Arbeitslosigkeit und Umweltzerstörung wirksam angehen zu können, profitieren GeschäftsführerInnen und Führungskräfte von einem besseren Verständnis der dynamischen Wechselwirkungen innerhalb und zwischen miteinander verbundenen Systemen (Whiteman et al. 2013).

In diesem Kapitel möchte ich einen Überblick über wichtige Konzepte zu einem nachhaltigen Mindset in Bezug auf die SDGs geben, wie eine nach-

© Der/die Autor(en), exklusiv lizenziert an Springer-Verlag GmbH, DE, ein Teil von Springer Nature 2024

P. Moock, *SDGs im Mittelstand*, SDG - Forschung, Konzepte, Lösungsansätze zur Nachhaltigkeit, https://doi.org/10.1007/978-3-662-67736-0_5

haltige Kultur mit ihnen entwickelt werden kann und welche sonstigen Skills und Fähigkeiten für die Umsetzung der SDGs relevant sind.

5.1 „Sustainable Mindset" – eine neue Denkweise für Nachhaltigkeit

Die Vereinten Nationen weisen 2019 – 4 Jahre nach Veröffentlichung der SDGs – in ihrem „Global Sustainable Development Report" (S. xix) darauf hin, dass dringend eine Transformation der sozioökologischen und vor allem auch wirtschaftlichen Systeme notwendig ist, um eine nachhaltige Entwicklung gemäß der Agenda 2030 voranzubringen. Obwohl die Zugänglichkeit zu Fachwissen, Fakten und Daten zur Nachhaltigkeit zugenommen hat, hat die Entwicklung hin zu einer nachhaltigen Zukunft nicht im selben Maße zugenommen. Verschiedene Forscher weisen darauf hin, dass weitere Aspekte neben Fachwissen und Zugänglichkeit von Daten wesentliche Bausteine für die Transformation unserer Systeme sind: nämlich unsere Überzeugungen, Werte und Weltansichten – zusammengefasst in unserer Haltung (engl. „mindset") (vgl. Maiteny 2002; Wamsler und Brink 2018).

Die Umweltsystemwissenschaftlerin Donella Meadows beschreibt sogar, dass der höchste Hebelpunkt, an dem man in ein System eingreifen kann, in der Denkweise oder dem Paradigma liegt, aus dem das System entstanden ist (Meadows und Wright 2008). Maja Göpel (2016, S. 55) argumentiert in ihrem Buch „The Great Mindshift", dass klassische Sichtweisen auf die Wirtschaft nicht für die Suche nach Lösungen für eine nachhaltige Entwicklung geeignet sind und ein Sinneswandel nötig ist. Es braucht ein neues Transformationsverständnis, losgelöst von einem Tunnelblick auf Technologien und ökonomische Anreize, das den Menschen als richtunggebende Instanz in den Fokus nimmt. Eine ganzheitliche Transformation für eine nachhaltige Entwicklung erfordert deshalb die Annahme von neuen Denk- und Sichtweisen auf die Wirtschaft – einer nachhaltigen Haltung.

Im Wandel zu einer nachhaltigeren Wirtschaft sind in den letzten Jahren neue Denkmodelle entstanden, die sich von der konventionellen Sicht auf das Wirtschaften stark unterscheiden. Eine Auswahl davon möchte ich Ihnen in den nächsten Abschnitten auf theoretischer Ebene näherbringen. An dieser Stelle möchte ich darauf hinweisen, dass ich in diesem Kapitel nicht beabsichtige, einen vollumfänglichen Überblick über neue Denkansätze und Denkmodelle zu geben. Ich möchte lediglich wesentliche Aspekte eines Umdenkens aufgreifen, diese in Bezug auf die SDGs setzen, um Sie zu ermutigen, Ihre eigenen Weltansichten und Denkmuster im Hinblick auf Nachhaltigkeit zu hinterfragen.

Systemisches Denken

Systemisches Denken ist eine Denkweise zur Analyse von komplexen und dynamischen Problemen, die sich auf die Beziehungen zwischen den verschiedenen Elementen eines Systems konzentriert. Die Grundprinzipien des systemischen Denkens umfassen:

1. Das Konzept von „Systemen": Systemisches Denken betrachtet Probleme und Phänomene als Teil eines größeren Zusammenhangs, anstatt sie isoliert zu sehen.
2. Interdependenzen: Systemisches Denken betont die Beziehungen und Wechselwirkungen zwischen den verschiedenen Elementen eines Systems und wie sie die Dynamik des Systems beeinflussen.
3. Feedbackschleifen: Rückkopplungsmechanismen spielen in der Systemik eine wichtige Rolle, da sie die Dynamik eines Systems beeinflussen und es in einen stabilen oder instabilen Zustand versetzen können.
4. Nicht lineare Dynamik: Die Dynamik von Systemen ist oft nicht linear und kleine Veränderungen können große Auswirkungen haben.
5. Holismus: Systemisches Denken betont die Bedeutung des Gesamtzusammenhangs und wie die Teile eines Systems miteinander verbunden sind.
6. Adaptivität: Systeme passen sich an ihre Umgebung an und die Fähigkeit eines Systems, sich anzupassen, ist entscheidend für seine langfristige Stabilität und Resilienz.

Diese Prinzipien unterstützen dabei, komplexe Probleme und Phänomene besser zu verstehen und zu lösen, indem sie dazu ermutigen, die Beziehungen und Wechselwirkungen zwischen den verschiedenen Elementen des Systems zu betrachten und zu verstehen, anstatt sie isoliert zu betrachten. Diese Herangehensweise finden Sie in allen nachfolgend vorgestellten Modellen wieder.

Donut-Ökonomie (engl. „Doughnut Economics")

Eines der Denkmodelle, welches die wesentlichen Aspekte des nötigen Sinneswandels meiner Meinung nach treffend zusammenfasst, ist die sogenannte Donut-Ökonomie. Eingeführt von der britischen Wirtschaftswissenschaftlerin Kate Raworth (2018, S. 44–45), berücksichtigt sie die Existenz planetarer und sozialer Grenzen als zentrales Element. Das Modell hat das Ziel, die Bedürfnisse aller Menschen zu erfüllen, während die Grenzen unseres Planeten eingehalten werden. Der Donut besteht aus einem inneren und einem äußeren Ring. Der innere Ring stellt die soziale Grundlage dar und deckt die Grundbedürfnisse eines menschenwürdigen Lebens ab. Der äußere Ring bildet die ökologische Obergrenze, d. h. die planetaren Grenzen, deren Überschreitung die lebenserhaltenden Systeme der Erde beeinträchtigen würde. Der Raum zwischen den beiden Ringen ist der Handlungsraum, in dem die soziale Gerechtigkeit und ökologische Sicherheit gegeben sind und in dem die Menschheit sich nachhaltig entfalten kann. Konkrete Themen und Beispiele, die das Modell im sozialen und ökologischen Rahmen berücksichtigt, können Sie der Abb. 5.1 entnehmen.

Unternehmen, die sich nachhaltig transformieren wollen, sollten also unbedingt bestrebt sein, sich mit ihrem Handeln innerhalb der 2 Ringe des Donuts zu bewegen und sich als Teil des Systems zu verstehen. Wenn Sie genau auf die Randbedingungen des Donuts schauen, fällt Ihnen sicher auf, dass Sie alle Unterthemen der SDGs wiederfinden (die ökologischen Randbedingungen sind teilweise expliziter).

Für den dafür erforderlichen Sinneswandel definiert Raworth folgende Elemente als wesentlich (2018, S. 31–35):

- **Das Ziel ändern:** Über lange Zeit wurde wirtschaftlicher Fortschritt hauptsächlich über das Bruttoinlandsprodukt gemessen. Ungleichheiten von Einkommen und Wohlstand wurden dabei jedoch vernachlässigt. Daher sollte das Ziel lauten, die Bedürfnisse aller Menschen gleichermaßen zu erfüllen und dabei die Grenzen unseres Planeten zu wahren.
- **Das große Ganze sehen:** Die Wirtschaft ist mehr als ein isoliertes Kreislaufdiagramm, das eigenständige Märkte voraussetzt, wie häufig in herkömmlichen Betrachtungen der Fall. Sie ist vielmehr als Teil der Gesellschaft und der Natur zu sehen.
- **Stärkung der menschlichen Natur:** Vom Modell des rationalen Wirtschaftsmenschen („homo oeconomicus"), der eigennützig, isoliert und berechnend handelt und die Natur dominiert, müssen wir uns verabschieden. Der Mensch ist sozial anpassungsfähig, der von Annäherungen und Abhängigkeiten zu anderen Menschen lebt. Diese Eigenschaften sollten uns in unseren Entscheidungen leiten.
- **Systeme klüger denken:** Der Schnittpunkt von Angebots- und Nachfragekurven als mechanisches Gleichgewicht, wie es im Wirtschaftsstudium gelehrt wird, ist nicht in der Lage, unsere Wirtschaft zu erklären.

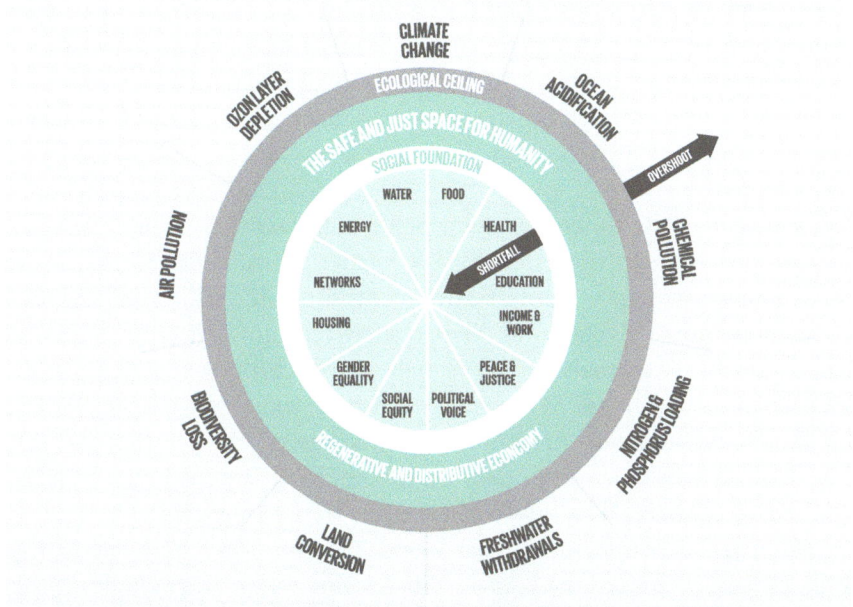

Abb. 5.1 Der Donut aus der Donut-Ökonomie mit den äußeren planetaren Grenzen und den inneren sozialen Grenzen von Kate Raworth. (Eigene Darstellung nach The Doughnut of social and planetary boundaries. Credit: Kate Raworth and Christian Guthier, https://doughnuteconomics.org/tools/65 (CC BY-SA 4.0); Raworth, K. (2017), Doughnut Economics: seven ways to think like a 21st century economist. London: Penguin Random House.) © Moock 2023. All Rights Reserved

Diese ist dynamischer, komplexer und berücksichtigt Rückkopplungs-schleifen.

- **Gestalten, um zu verteilen:** Während man im 20. Jahrhundert davon ausging, dass Ungleichheiten zunächst in Kauf genommen werden müssen, um zu einem späteren (ungewissen) Zeitpunkt durch Wachstum ausgeglichen zu werden, ist heute klar, dass Ungleichheit keine wirtschaftliche Notwendigkeit ist. Es gibt viele Möglichkeiten, den durch die Wirtschaft erzeugten Wert besser zu verteilen.
- **Kreieren, um zu regenerieren:** Analog wie bei Ungleichheiten geht die konventionelle Wirtschaftstheorie davon aus, dass die Umweltverschmutzung erst ansteigen muss, bevor sie durch Wachstum unterbunden werden kann. Die Verschmutzung ist jedoch nicht wachstumsabhängig, sie ist Ergebnis eines degenerativen industriellen Designs. Das wirtschaftliche Denken braucht regenerative Ansätze, die auf eine zirkuläre anstelle einer linearen Wirtschaft abzielen.

- **Sich von Wachstumserwartungen lösen:** Ein endloses Wirtschaftswachstum, wie es sich Vertreter der Mainstream-Ökonomie wünschen, widerspricht unserer Natur, in der nichts ewig wächst. Daher müssen wir uns von dieser Vorstellung trennen und unsere Sucht nach Wachstum überwinden.

Möglicherweise fällt Ihnen an dieser Stelle auf, dass sich in den genannten Elementen einige Inhalte der SDGs wiederfinden. Die Trennung von Wachstumserwartungen und Ressourcenverbrauch zahlt auf SDG 8 (Menschenwürdige Arbeit und Wirtschaftswachstum) ein und leistet tatsächlich noch etwas mehr. SDG 8 hält an Wachstumsvorstellungen fest, nennt aber das Ziel, das Wirtschaftswachstum von der Umweltzerstörung und der Ausbeutung von Ressourcen zu entkoppeln. Hinsichtlich der SDGs kann hier kritisiert werden, dass sie keine Suffizienzziele für Industrienationen enthalten. Das Bestreben nach Ressourceneffizienz und das Respektieren der planetaren Grenzen sind Teil von SDG 12 (Nachhaltige/r Konsum und Produktion). Auch die Verringerung von Ungleichheiten wird – wenn auch zaghaft – in den SDGs adressiert. Das ganzheitliche systemische Denken, das Raworth fordert, macht die Wichtigkeit deutlich, sich die Quervernetzung und die gegenseitige Beeinflussung der SDGs genau anzuschauen.

Impulse für ein nachhaltiges Mindset aus der Donut-Ökonomie:

- Wirtschaft als Teil der Gesellschaft und Natur begreifen.
- Der Mensch ist sozial anpassungsfähig und nicht nur auf Profitsteigerung aus.
- Das Wirtschaftssystem ist nicht linear und komplex. Simplifikationen wie die Angebots- und Nachfragekurve beschreiben es nicht treffend.
- Inklusives Gestalten von Angeboten.
- Regenerative Ansätze im Wirtschaften und Zirkularität.
- Postwachstumsökonomie.

Das „Shared-Value-Konzept"

Das „Shared-Value-Konzept" von Porter und Kramer beschreibt, dass langfristiger Unternehmenserfolg explizit nur durch ein Ansprechen der Bedürfnisse und Herausforderungen der Gesellschaft zu gewährleisten ist. Sie stellen fest, dass die Wettbewerbsfähigkeit eines Unternehmens und der Wohlstand der Gesellschaft, in dem das Unternehmen tätig ist, miteinander in Wechselwirkung stehen. Wer ihn erkenne und nutzbar mache, entfessle eine Kraft, die für eine „höhere Form des Kapitalismus" stehe (Porter and Kramer, 2011).

„Shared Value" kann auf 3 Arten entstehen: Erstens durch neue (verbesserte) Produkte oder die Einführung dieser in bislang nicht beachteten Märkten. Zweitens durch eine Neubewertung der Wertschöpfungsproduktivität. Dies betrifft z. B. den schonenden Einsatz von Energie und Ressourcen sowie die Unterstützung lokaler Zulieferer mit Technologie, Kapital und Wissen. Die 3. Möglichkeit besteht in der Unterstützung lokaler Clusterentwicklungen: regionale Lieferketten, Zugang zu lokalen Talenten und eine funktionierende Verkehrs-, Telekommunikations- und weiterer Infrastruktur.

Das „Shared-Value-Konzept" ist im deutschsprachigen Raum sicherlich kein bahnbrechendes Konzept, da unsere soziale Marktwirtschaft auf der Erkenntnis dieser Wechselwirkung zwischen Wirtschaft und Gesellschaft aufbaut (Schneider 2015, S. 146).

Impulse für eine Haltungsänderung im Sinne des „Shared Value":

- Langfristige Ausrichtung des Unternehmertums unter Berücksichtigung des gesellschaftlichen Nutzens.
- Bewusstsein über die Abhängigkeiten und Wechselwirkungen zwischen Gesellschaft und Wirtschaft.
- Die Haltung, dass Unternehmen sich aktiv auf die Schaffung von gesellschaftlichem Wert ausrichten sollen.

Vorrangmodell der Nachhaltigkeit
Im Vorrangmodell der Nachhaltigkeit sind die 3 Bereiche Ökologie, Soziales und Wirtschaft voneinander abhängig und verschachtelt (Abb. 5.2): Während das Modell der 3 Säulen impliziert, dass die Wirtschaft ohne die Umwelt existieren kann, erkennt das Vorrangmodell an, dass die Wirtschaft eine untergeordnete Ebene zur Gesellschaft ist, die wiederum der Umwelt untergeordnet ist. Sie koexistieren nicht nur wie im bekannten Drei-Säulen-Modell zur Nachhaltigkeit, sondern interagieren miteinander und sind ineinander eingebettet. Das Vorrangmodell unterstreicht, dass diese 3 Aspekte der Nachhaltigkeit voneinander abhängig sind und sich gegenseitig verstärken.

Impulse aus dem Vorrangmodell:

- Nur in einer funktionierenden Umwelt und in einer funktionierenden Gesellschaft können Wirtschaft und Unternehmertum stattfinden.
- Ohne die Umwelt können Gesellschaft und Wirtschaft nicht existieren.

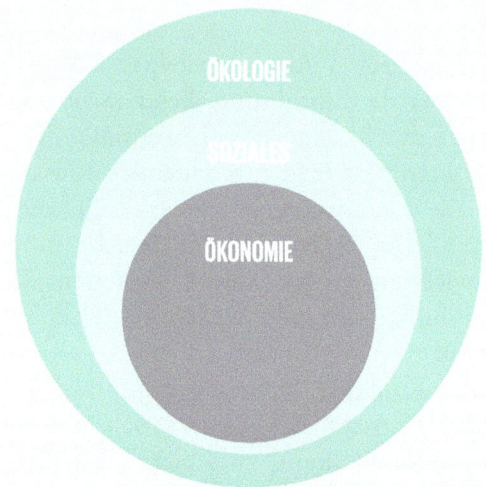

Abb. 5.2 Vorrangmodell der Nachhaltigkeit. (© Moock 2023. All Rights Reserved)

Das Stockholm Resilience Center hat das Vorrangmodell in Verbindung mit den SDGs gebracht und diese im „Wedding-Cake-Diagramm" in Abb. 5.3 verbunden. Diese Anordnung der SDGs zeigt im unteren Ring, der alle weiteren kleineren Ringe umschließt, die ökologische Dimension mit den SDGs 6 Sauberes Trinkwasser (und Sanitäreinrichtungen), 13 Maßnahmen zum Klimaschutz, 14 Leben unter Wasser und 15 Leben an Land. Diese bilden die Basis für eine funktionierende Umwelt. Im mittleren Ring, der für Soziales steht, finden sich die SDGs 1 Keine Armut, 2 Kein Hunger, 3 Gesundheit und Wohlergehen, 4 Hochwertige Bildung, 5 Geschlechtergleichheit, 7 Bezahlbare und saubere Energie, 11 Nachhaltige Städte und Gemeinden, 16 Frieden und starke Institutionen. Im obersten Ring finden sich die SDGs, die sich auf das ökonomische System beziehen, mit 8 Menschenwürdige Arbeit und Wirtschaftswachstum, 9 Industrie, Innovation und Infrastruktur, 10 Weniger Ungleichheiten und 12 Nachhaltige/r Produktion und Konsum.

Das „Sustainability Mindset"
Kassel, Rimanoczy & Mitchell definieren das „Sustainability Mindset" als eine Denk- und Lebensweise, die aus einem umfassenden Verständnis der Ökosysteme resultiert, die sich in sozialer Sensibilität und einer introspektiven Konzentration auf die eigenen Werte und das höhere

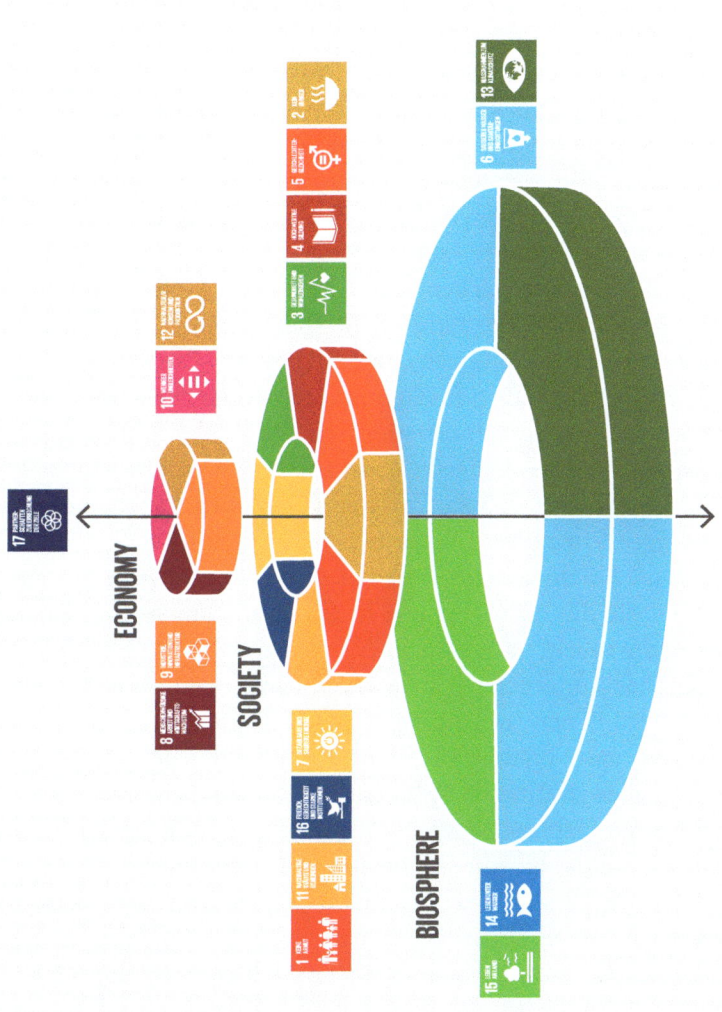

Abb. 5.3 Der sogenannte „SDG Wedding Cake" bzw. „SDG-Hochzeitskuchen". (Quelle: Stockholm Resilience Center; https://www.stockholmresilience.org/research/research-news/2016-06-14-the-sdgs-wedding-cake.html, CC BY-ND 3.0)

Selbst manifestieren und die ihren Ausdruck in Handlungen zum Wohle des Ganzen findet (frei übersetzt aus Kassel et al. 2018, S. 7). Ein von Rimanoczy entwickeltes Framework zum „Sustainability Mindset" und der langjährigen Weiterentwicklung durch Input aus einer Arbeitsgruppe mit Beteiligten aus über 46 Ländern mündete in die Identifikation von 12 Prinzipien. Diese sind in „The Sustainability Mindset Principles" detailliert beschrieben und sind frei übersetzt in Tab. 5.1 dargestellt.

Welche Impulse für ein nachhaltiges Mindset können die SDGs zu diesem Konzept beisteuern? Die SDGs unterstützen die Ökokompetenz, da sie in den ökologisch orientierten Zielen und Unterzielen klare Richtungsaussagen treffen, wohin sich unser Ökosystem bewegen muss. Sie unterstützen das Erkennen des eigenen Beitrages, wenn Sie bewusst untersuchen, wie die heutigen Handlungen auf die SDGs einzahlen – positiv sowie negativ. Zusätzlich unterstreichen die SDGs die Verflechtung globaler Probleme und die Rolle jedes Akteurs (Staatengemeinschaft, Regierungen, Unternehmen und Zivilgesellschaft), die er bei der Erreichung der Ziele und letztlich einer nachhaltigeren Zukunft spielt. Die Ziele und Unterziele können Impulse für kreative Innovation sein und dabei unterstützen, den Sinn (und die Vision) eines Unternehmens zu definieren.

Wenn Sie Impulse aus diesem Buch aufgenommen haben, handeln Sie schon nach einigen Prinzipien des „Sustainability Mindset":

Durch die in Abschn. 3.2.5.1 beschriebene Impact-Analyse mit den SDGs erkennen Sie die Auswirkungen Ihres Unternehmens im Nachhaltigkeitskontext und handeln nach Prinzip 2.

Wenn Sie Ihre unternehmerische Vision mit den SDGs verknüpft haben, leisten Sie einen wesentlichen Beitrag zur Stärkung der nachhaltigen Haltung nach Prinzip 10. Wenn Sie sich von den SDGs für Ihre Innovationsvorhaben inspirieren, zahlt das auf Prinzip 7 ein usw.

Eine nachhaltige Haltung zu entwickeln, ist eine individuelle Erfahrung und besonders wichtig für die nachhaltige Ausrichtung für jedes Unternehmen. Die Entwicklung eines nachhaltigen Mindsets auf persönlicher Ebene, aber auch als Kollektiv ist es eine wichtige Aufgabe, zu der ein Unternehmen in großem Maß beitragen kann. Ich kann Sie nur ermutigen, die einzelnen Denkmodelle, die dargestellten Prinzipien und Impulse zu explorieren. Nehmen Sie Ihre MitarbeiterInnen mit auf den Weg und bieten Sie Ihnen Möglichkeiten zur Weiterentwicklung hin zu einem nachhaltigen Mindset. Die nachhaltige Transformation in Ihrem Unternehmen wird dadurch erfolgsversprechender.

Interventionen zur Stärkung der nachhaltigen Haltung mit den SDGs für Gruppenformate in Workshops:

a) Weisen Sie den TeilnehmerInnen einer Großgruppe ein SDGs zu, welches diese in Form einer Karte oder Papierausdruck in die Hand nehmen. Moderieren Sie 3–5 Runden mit Zeitbegrenzung an. Die TeilnehmerInnen sollen sich je Runde zufällig zu dritt oder zu viert zusammenfinden und über positive und negative Auswirkungen zu den SDGs in den 3er- oder 4er-Gruppen austauschen.

b) In einer größeren Gruppe weisen Sie allen TeilnehmerInnen ein SDGs zu. Der Moderierende liest ausgewählte Unterziele verschiedener SDGs nacheinander vor. Mit einem Wollknäuel bei einem beliebigen Teilnehmenden startend, wird es den Vertretern der SDGs weitergegeben, welche in

Tab. 5.1 Die 12 Prinzipien des „Sustainability Mindset". (Quelle: übersetzt aus dem Englischen, Rimanoczy 2021)

Bereich	Prinzip
Ökologische Weltanschauung	1. Ökokompetenz: Wenn wir den Zustand des Planeten verstehen, können wir uns der Herausforderungen und der Komplexität ihrer Zusammenhänge besser bewusst werden und erkunden, was dies für uns bedeutet
	2. Mein Beitrag: Wenn wir erkennen, auf welche Weise wir unbeabsichtigt zu den Problemen beitragen, haben wir die Möglichkeit, etwas dagegen zu tun. Es erweitert auch unser Bewusstsein und entwickelt soziale Sensibilität
Systemisches Denken	3. Langfristiges Denken: Jede Handlung hat Folgen, die nicht sofort sichtbar sind. Die Berücksichtigung langfristiger Aspekte bei der Analyse von Situationen und beim Entscheiden hat positive Auswirkungen auf die globale Nachhaltigkeit
	4. Sowohl-als-auch-Denken: Das Sowohl-als-auch-Denken ermöglicht es uns, Paradoxien zu verstehen und fordert kreative Lösungen, die alle Interessengruppen (Stakeholder) einbeziehen
	5. Zyklischer Fluss: In der Natur gibt es keine linearen Prozesse: Alles verläuft in Zyklen von Geburt, Wachstum, Tod und Wiedergeburt. Viele Aspekte der vom Menschen verursachten Nichtnachhaltigkeit des Planeten sind das Ergebnis des Irrglaubens, dass wir nicht von diesem Naturgesetz beherrscht werden
	6. Vernetzungen: Wenn wir die Zusammenhänge erkennen, verstehen wir die Bedeutung der Vielfalt, und unsere Entscheidungen und Maßnahmen werden integrativer, was zur Nachhaltigkeit des Ganzen beiträgt

(Fortsetzung)

Tab. 5.1 (Fortsetzung)

Bereich	Prinzip
Emotionale Intelligenz	7. Kreative Innovation: Resilienz beruht auf ständiger Kreativität, Innovation und Experimentierfreude. Wenn wir die Intuition, die wir in uns tragen, vernachlässigen, fehlen unseren Lösungen wichtige Informationen und sie können sich negativ auf das Ökosystem und die Gesellschaft auswirken
	8. Reflexion: Reflexionspraktiken helfen, innezuhalten und über die Situation und ihre Auswirkungen nachzudenken, bevor man in Aktion tritt
	9. Selbstwahrnehmung: Wenn wir unsere persönlichen Werte, Überzeugungen, Annahmen und Motivationen erforschen, gewinnen wir mehr Kontrolle über unser eigenes Handeln und können neue alternative Verhaltensweisen erkennen
Geistige Intelligenz	10. Sinn: Die Definition unseres Sinns ist ein unbewusster Kompass, und wenn er auf den Werten unseres höheren Selbst beruht, gestalten wir aktiv eine bessere Welt
	11. Einssein mit der Natur: Die Erkenntnis, dass wir eins mit der Natur sind, ist eine mächtige spirituelle Erfahrung, die Verhaltensweisen prägen kann, die zu einer harmonischeren Beziehung zueinander und zu allen Lebewesen führen
	12. Achtsamkeit: Achtsamkeit bedeutet, ganz präsent zu sein und die Verbundenheit mit allem zu erfahren. Achtsamkeit fördert das Bewusstsein und das Mitgefühl und prädisponiert zu sozialem und ökologischem Handeln

einem großen Maß auf die Erreichung des Unterzieles beitragen. Nach mehreren Runden entsteht daraus ein dichtes Netz.

c) Überführen Sie die SDGs in Ihren privaten Kontext und laden Sie die TeilnehmerInnen ein, über Ihren persönlichen Beitrag zu den SDGs zu diskutieren und zu reflektieren.

d) Laden Sie in Kleingruppen zu einer „Quick-Innovation-Session" ein, in der die TeilnehmerInnen in kurzer Zeit ein zirkuläres Geschäftsmodell entwerfen sollen, das auf möglichst viele SDGs positiv einzahlt.

5.2   Fachwissen, Fähigkeiten, Kompetenzen

Wie bereits im vorangegangenen Kapitel erwähnt, sind Grundkenntnisse im Bereich Nachhaltigkeit für eine Transformation mit den SDGs und für die Entwicklung einer nachhaltigen Haltung unabdingbar. Ohne Ihre MitarbeiterInnen mit dem nötigen Wissen auszustatten, werden sie

nicht erfolgreich an der Umsetzung Ihrer nachhaltigen Unternehmensstrategie mitarbeiten können. Zusätzlich zum Basiswissen kann ein Ihren
Geschäftsfeldern entsprechendes spezifisches Branchenwissen in Bezug auf
Nachhaltigkeit nötig sein. Zu einer ganzheitlichen Verankerung von Nachhaltigkeit in Ihrem Unternehmen gehört nicht nur die nachhaltige Ausrichtung und Weiterentwicklung Ihrer Geschäftätigkeiten, Produkte
oder Dienstleistungen. Auch interne Prozesse und allgemein der Arbeitsalltag aller MitarbeiterInnen sollten im Zuge der Transformation nachhaltiger gestaltet werden. Eine aktuelle Studie bestätigt, dass entsprechende
Schulungen das nachhaltige Verhalten von MitarbeiterInnen positiv beeinflussen (Kang et al. 2022, S. 18). Dafür sind Weiterbildungsmaßnahmen
für Ihre MitarbeiterInnen und auch für die Unternehmensleitung von
fundamentaler Bedeutung, denn ein umfassendes Wissen zur Nachhaltigkeit bildet die Grundlage für die Entwicklung von nachhaltigen Strategien,
Einschätzung von Risiken und Erkennen von nachhaltigkeitsbezogenen
Chancen.

Weiterbildung ist jedoch nicht nur notwendig für eine nachhaltige Unternehmenstransformation, sie ist auch in den SDGs verankert und aus den
Unterzielen lassen sich klare To-dos für Unternehmen ableiten. Mit der
Förderung der Bildung Ihrer MitarbeiterInnen tragen Sie direkt zu SDG
4 Hochwertige Bildung bei. Es geht dabei nicht nur um eine Grundaus-
bildung für alle Menschen, sondern um das lebenslange Lernen und die
Möglichkeit, sich auch im Job weiterzubilden und neue Fähigkeiten zu
erlernen. Das Unterziel, allen Menschen Kenntnisse zur Förderung nachhaltiger Entwicklung zu vermitteln, liegt unter anderem auch in der Verantwortung von Unternehmen. Dies sollte einerseits im Interesse der
Unternehmen stehen, denn wenn sie sich nachhaltig und damit zukunfts-
sicher aufstellen wollen, sind sie auf den Input der MitarbeiterInnen
angewiesen. Andererseits sollte damit auch das Interesse der
MitarbeiterInnen an Nachhaltigkeit im privaten Kontext angeregt werden.
Unternehmen können so als Multiplikator für Nachhaltigkeit dienen.

SDG 8 Menschenwürdige Arbeit und Wirtschaftswachstum steht ebenfalls in Verbindung mit der Aus- und Weiterbildung Ihrer MitarbeiterInnen:
Um eine höhere wirtschaftliche Produktivität durch Modernisierung und
Innovation zu erreichen, müssen Unternehmen und ihre MitarbeiterInnen
entsprechende Kompetenzen entwickeln. Ähnliches gilt für SDG 9
Industrie, Innovation und Infrastruktur und SDG 12 Nachhaltige/r
Konsum und Produktion: Die Förderung von Innovationen und einer nachhaltigen Infrastruktur sowie die Umstellung auf eine ressourceneffiziente,
schadstoffarme und klimafreundliche Produktion sind nur möglich, wenn in

Unternehmen sowohl auf der Strategie- als auch auf der Umsetzungsebene das nötige Know-how dafür vorhanden ist.

Um erfolgreich mit den SDGs arbeiten zu können, ist es wichtig, die Quervernetzungen der einzelnen Ziele und Unterziele und allgemein die komplexen Zusammenhänge ökologischer, sozialer und ökonomischer Nachhaltigkeitsaspekte zu verstehen. Mit begrenzten zeitlichen Ressourcen ist es kaum möglich, sich neben dem Tagesgeschäft im Alleingang in das Thema ausreichend einzuarbeiten. Hier bieten sich Workshops und Seminare an, die die wesentlichen Grundlagen im Bereich Nachhaltigkeit vermitteln oder auch spezifische Aspekte der Nachhaltigkeit vertiefend aufgreifen (z. B. Klimaneutralität). Davon gibt es bereits eine Vielfalt von Weiterbildungsangeboten, auch speziell für die Arbeit mit den SDGs.

Ihren MitarbeiterInnen Weiterbildungen zu ermöglichen, ist ein Zeichen von Wertschätzung. Sie zeigen ihnen damit Entwicklungspotenziale auf und Ihre Bereitschaft, in sie zu investieren. Das kommt einerseits der Motivation Ihrer MitarbeiterInnen zugute, andererseits auch Ihnen als Arbeitgeber, der von dem erweiterten Leistungsspektrum derselben profitiert. Die Investition in Weiterbildungsmaßnahmen zahlt sich also in vielerlei Hinsicht aus, unter anderem auch in der Loyalität Ihrer Angestellten.

Neben reinem Fachwissen zur Nachhaltigkeit gilt es, die Fähigkeiten im Bereich Transformation, Veränderung, Komplexität und Systemik auszubauen. Das Rahmenwerk der „Inner Development Goals" (IDGs) sieht eine große Lücke zwischen fachlich orientierten Nachhaltigkeitswissen und den inneren Fertigkeiten und Qualitäten, um in einem komplexen, globalen und vernetzten System die nachhaltige Entwicklung im Rahmen der SDGs konkret zu verwirklichen. Das Projekt „Inner Development Goals" arbeitet daran, die Entwicklung relevanter Fähigkeiten und Qualitäten für inneres Wachstum zu identifizieren, bekannt zu machen und zu unterstützen. Sondierungsgespräche und Konsultationen fanden statt durch renommierte ExpertInnen und ForscherInnen auf dem Gebiet der Persönlichkeitsentwicklung und Systemik wie Robert Kegan, Susanne CookGreuter, Peter Senge und C. Otto Scharmer (IDG Framework – Inner Development Goals, 2021).

Der aktuelle IDG-Rahmen umfasst 5 Dimensionen und 23 Fähigkeiten und Qualitäten, die besonders für Führungskräfte, die sich mit den SDGs befassen, relevant sind und ist in Tab. 5.2 dargestellt.

Die Fertigkeiten und Kompetenzen haben deutliche Überlappungen mit den 12 Prinzipien des „Sustainability Mindset" aus Abschn. 5.1. Im Kontext der IDGs ist hier jedoch explizit die entsprechende Fähigkeit gemeint und weniger die Grundhaltung oder Weltsicht.

Tab. 5.2 Übersicht des IDG-Frameworks. (Quelle: aus dem Englischen übersetzt; IDG Framework – Inner Development Goals, 2021)

Sein – Beziehung zu sich selbst	Denken – kognitive Fähigkeiten	Beziehungen eingehen – Fürsorge für andere und die Welt	Zusammenarbeit – soziale Fähigkeiten	Handeln – Wandel vorantreiben
Innerer Kompass	Kritisches Denken	Wertschätzung	Kommunikationsfähigkeit	Mut
Integrität und Authentizität	Komplexitätsbewusstsein	Verbundenheit	Fähigkeiten der gemeinsamen Gestaltung	Kreativität
Offenheit und Lernbereitschaft	Perspektivische Kompetenz	Bescheidenheit	Integrative Denkweise und interkulturelle Kompetenz	Optimismus
Selbsterkenntnis	Sinnstiftung	Einfühlungsvermögen und Mitgefühl	Vertrauen	Durchhaltevermögen
Präsenz	Langfristige Orientierung und Visionen		Mobilisierungsfähigkeit	

Die folgenden Kompetenzen sind laut Glasl et al. (2020, S. 497–498) aus einer systemischen Perspektive für das Meistern von komplexen Vorhaben essenziell:

- **Konfliktfähigkeit:** In jeder Veränderung entstehen Konflikte. Diese sind wichtig, denn sie zeigen, an welchen Stellen nachjustiert werden muss. Konflikte auszuhalten, erfordert eine gewisse Stressresistenz. Sie brauchen Ideen und praktische Methoden, um sich aus Konfliktsituationen zu befreien und nicht vom Weg abbringen zu lassen.
- **Strukturauflösungsfähigkeit:** Um Veränderungen zu implementieren, müssen alte Denkmuster losgelassen werden. Um sich selbst und andere dazu zu bewegen, muss man in der Lage sein, laufend die eigenen Selbstverständlichkeiten zu hinterfragen und zu durchbrechen.
- **Ambiguitätskompetenz:** In Nachhaltigkeitstransformationen wird es immer wieder Zielkonflikte geben. Zwei Lösungen eine Zeit lang parallel stehen zu lassen und nicht sofort in Aktionismus zu verfallen, ist extrem wichtig, um sich ein gutes Urteil über die bestmögliche Vorgehensweise bilden zu können.

Die genannten Kompetenzen von Glasl aus der systemischen Organisationsentwicklungsperspektive ergänzen die Kompetenzen aus den IDGs passend.

Wenn Ihnen eine oder mehrere dieser Kompetenzen fehlen, ist das kein Aus für Ihre Nachhaltigkeitstransformation. An all diesen Kompetenzen kann jede und jeder stetig arbeiten und diese ausbauen. Im Folgenden möchte ich Ihnen einige Beispiele nennen, wie Sie diese Kompetenzen weiterentwickeln können.

- **Akzeptieren Sie die Unsicherheit:** Komplexe Umgebungen, wie man sie in der Nachhaltigkeitstransformation vorfindet, sind oft durch Unvorhersehbarkeit und Mehrdeutigkeit gekennzeichnet. Es ist wichtig, eine Denkweise zu fördern, die offen für Veränderungen ist und sich mit dem Unbekannten wohlfühlt. Achtsamkeitspraktiken und Meditation können diese Denkweise fördern. SAP hat Achtsamkeitskurse auf neurowissenschaftlicher Grundlage im Jahr 2013 eingeführt und ein globales Programm daraus entwickelt (Machmeier 2018).
- **Fördern Sie explizit die kreative Zusammenarbeit:** Komplexe Umgebungen erfordern oft Beiträge und Fachwissen von vielen verschiedenen Personen und Organisationen. Die Förderung der Zusammenarbeit mit kreativen Elementen, besonders auch aus der Kunst, der Musik oder dem Theater, kann zu effektiveren und effizienteren Ergebnissen führen. Bei dm sind Lerneinheiten im Theater fester Bestandteil der Ausbildung (Werner 2019).
- **Fördern Sie eine Kultur des Experimentierens:** In komplexen Umgebungen ist es oft schwierig, die Ergebnisse von Entscheidungen und Maßnahmen vorherzusagen. Durch kontrollierte und maßvolle Experimente lässt sich feststellen, was funktioniert und was nicht.
- **Befähigung des Einzelnen:** Menschen in komplexen Umgebungen haben oft wertvolle Einsichten und Perspektiven, die zur Entscheidungsfindung beitragen können. Wenn man den Einzelnen befähigt, seine Ideen und Erfahrungen mitzuteilen, kann dies zu deutlich besseren Ergebnissen führen. Durch die Selbstorganisation in kleinen Teams und Befähigung der MitarbeiterInnen erhalten die einzelnen PflegerInnen bei Buurtzorg, einem Pflegedienstleister aus den Niederlanden, viel Verantwortung und die Möglichkeit, Arbeitsprozesse eigenverantwortlich zu gestalten. Dies erhöht bei Buurtzorg sowohl die Kundenzufriedenheit des Patienten als auch die Arbeitszufriedenheit des Pflegepersonals (About Buurtzorg International, 2022).
- **Fördern Sie eine Lernkultur:** Komplexe Umgebungen können neue Herausforderungen und Lernmöglichkeiten bieten. Die Förderung einer Kultur des kontinuierlichen Lernens und der Verbesserung kann Organisationen dabei helfen, komplexe Umgebungen effektiver zu

managen. Das tesa Werk in Offenburg bietet dazu seinen MitarbeiterInnen egal welcher Hierarchiestufe ein Jobrotationsprogramm „Einsatz-Flex" an, bei dem sie 5 Tage im Jahr einen völlig anderen Job machen können (Moderne Personalsysteme, ohne Datum).

Besonders hervorheben möchte ich zuletzt die für die Nachhaltigkeits-transformation erforderliche Kreativität, welche in den letzten Jahren auf-grund gegebener Umstände sicherlich in vielen Unternehmen zu kurz kam. Eine Quelle für Inspiration und Kreativität können Sie im gemeinsamen interdisziplinären Austausch finden. Hierzu empfehle ich Ihnen, sich mit anderen UnternehmerInnen mit einem nachhaltigen Mindset zu vernetzen und zusammenzufinden. Der Bundesverband nachhaltige Wirtschaft (BNW e. V.), der Bundesdeutsche Arbeitskreis für Umweltbewusstes Management (BAUM e. V.) und die Unternehmensinitiative Fairantwortung sind Bei-spiele für Netzwerke, die auf nachhaltiges Wirtschaften ausgerichtet sind. Viele Netzwerke bieten sogenannte „Peer Circles" an, in denen gemeinsam an konkreten nachhaltigen Produktlösungen oder an der Umsetzung von Klimaschutzmaßnahmen unternehmensübergreifend gearbeitet werden kann.

Da Nachhaltigkeit im Unternehmen in jedem Fall ein Prozess ist, der einige Veränderungen mit sich bringt, ist ein gutes Verständnis von Changemanagement sinnvoll. Auf dieses gehe ich vertieft in Abschn. 7.2 ein.

5.3 Nachhaltige Kultur – Anreize für MitarbeiterInnen schaffen

Im folgenden Abschnitt möchte ich Ihnen einige Tipps und Methoden empfehlen, wie Sie Anreize für Ihre MitarbeiterInnen schaffen können, sich in Ihrem Unternehmen für Nachhaltigkeit zu engagieren und so zu einer nachhaltigen Kultur beizutragen.

Die Erfahrungen aus der systemischen Prozessberatung zeigen unmiss-verständlich, dass Partizipation ein wichtiges Prinzip in der Gestaltung der Transformation ist, um MitarbeiterInnen von einem Vorhaben zu überzeugen und für sie zu begeistern. Eine aktive Beteiligung von MitarbeiterInnen ermöglicht es Unternehmen, ihre Kenntnisse, Fähigkeiten und Perspektiven in den Analyse- und Strategieprozess einzubringen und so die Qualität und Relevanz der entstehenden Strategie zu erhöhen. Des Weiteren erhöht eine aktive Beteiligung die Umsetzbarkeit und Akzeptanz der entstehenden Strategie. MitarbeiterInnen haben ein tiefes Verständnis für die täglichen Herausforderungen und Anforderungen des Unternehmens und können so wertvolle Einsichten in die Umsetzbarkeit der entstehenden Strategie geben. Ebenso fühlen sich MitarbeiterInnen, die sich aktiv an der Entwicklung von Visions- und Strategieprozessen beteiligen, mehr mit dem Unternehmen verbunden. Sie haben ein höheres Verständnis für die Ziele und Zukunft des Unternehmens. Sie sind motivierter, ihre Arbeit zu leisten und sich aktiv an der Umsetzung der entstehenden Strategie zu beteiligen (Glasl et al. 2020).

Es ist sicherlich ein bedeutender Mehraufwand, die Analyse, Visions- und Strategieprozesse partizipativ zu gestalten. Falls dies nicht möglich sein sollte, ist es besonders wichtig, auf eine gute interne Kommunikation zu achten (vgl. Abschn. 8.2).

Neben der Partizipation in den Analyse- und Zukunftsgestaltungs- prozessen sind das klare Bekenntnis zu Nachhaltigkeit und den SDGs der Unternehmensleitung, der Darstellung der Unternehmenswerte (vgl. Abschn. 4.2) und der guten internen Kommunikation zu Nachhaltigkeit weitere wichtige kulturfördernde Maßnahmen.

Eine weitere wichtige kulturfördernde Maßnahme sind Mitarbeiter- Innenevents. Einige Ideen zur Verbindung der SDGs und Mitarbeiter- Innenevents stelle ich Ihnen hier vor, wobei ich betonen möchte, dass Ihrer Kreativität keine Grenzen gesetzt sind. Was zählt, ist nicht, dass Sie die Themen Nachhaltigkeit und SDGs auf jedem Event bis ins kleinste Detail aufrollen. Viel wichtiger ist, dass die Fokusthemen dauerhaft präsent sind und regelmäßig adressiert werden. Seien Sie also offen für ungewöhnliche Ideen und haben Sie den Mut, diese auszuprobieren. Je mehr Sie die SDGs in Ihren Unternehmensalltag und auch bei Events integrieren, umso ernster nehmen Ihre MitarbeiterInnen die Verankerung von Nachhaltigkeit in Ihrer Unternehmensstrategie.

- **Aktionstage:** An Aktionstagen, beispielsweise Familientage, Mitarbeiter- Innentage oder Betriebsausflüge können Sie Programmpunkte und/ oder Angebote integrieren, die die TeilnehmerInnen dazu anregen, sich mit den SDGs zu beschäftigen. Das kann ein Infostand sein, ein kleiner Workshop, an dem sich TeilnehmerInnen Wissen zu spezifischen Nachhaltigkeitsthemen erarbeiten, Diskussionsrunden, ein Quiz mit spannenden Preisen für die Bestplatzierten u.v.m. Hauptziel eines Quiz sollte dabei nicht sein, tiefgreifendes Wissen abzufragen, sondern den

TeilnehmerInnen Grundlagen über ein bestimmtes Nachhaltigkeitsthema zu vermitteln und auf die damit verbundenen Herausforderungen und Lösungsmöglichkeiten aufmerksam zu machen. Wichtig ist, die Angebote interaktiv zu gestalten, d. h., keine frontalen Vorträge zu halten, sondern Aktivitäten anzubieten, an denen sich die MitarbeiterInnen aktiv beteiligen. Ein weiteres Angebot könnte sein, die TeilnehmerInnen ihren persönlichen ökologischen Fußabdruck berechnen zu lassen (Informationen und Rechenbeispiele sind im Internet sehr leicht zu finden) und ihre Wirkungen in Bezug zu den SDGs zu setzen. Grundsätzlich bietet es sich bei derartigen Aktionen immer an, dass Sie Ihre MitarbeiterInnen Angebote und Programmpunkte erarbeiten lassen, denn so beschäftigt sich ein Teil schon im Vorfeld mit entsprechenden Nachhaltigkeitsthemen. Auch ein Aktionstag, der komplett den SDGs gewidmet wird, ist eine gute Option, um die SDGs gemeinsam mit Ihren MitarbeiterInnen langfristig in Ihrem Unternehmen zu verankern.

- **Nachhaltigkeitswettbewerbe:** Eine weitere Möglichkeit, um Ihre MitarbeiterInnen zur Mitgestaltung Ihrer Unternehmenstransformation zu motivieren, sind Nachhaltigkeitswettbewerbe. Ziel dabei ist, in einem bestimmten Zeitraum möglichst viele Ideen für nachhaltige Innovationen hervorzubringen. Auch hier können Sie das Engagement und die Kreativität Ihrer MitarbeiterInnen belohnen, indem Sie einen Preis für die besten Ideen vergeben. Das genaue Format des Wettbewerbs können Sie frei wählen und an die Bedürfnisse Ihres Unternehmens anpassen.

- **Nachhaltigkeitschallenges:** Mit einer Nachhaltigkeitschallenge können Sie und Ihre MitarbeiterInnen gemeinsam an der Verbesserung von den von Ihnen festgelegten Nachhaltigkeitsaspekten arbeiten und sich gegebenenfalls auch aneinander messen (z. B. Einsparung von CO_2, Wasser, Energie etc.) Hier können Sie Ihrer Kreativität freien Lauf lassen. Wählen Sie ein Thema, bei dem jede einzelne Person Ihren Fortschritt messen kann und vergleichen Sie, wenn gewünscht, nach einem festgelegten Zeitraum, wer den größten positiven Einfluss erzielen konnte. Beispielsweise können Sie eine einmonatige Fahrradchallenge machen und damit fördern, den Weg zur Arbeit ohne Auto zurückzulegen: Wer legt in dem Zeitraum die meisten Kilometer mit dem Fahrrad zurück? Wer mit öffentlichen Verkehrsmitteln? Sie können sich auch vornehmen, alle zusammen in einem Monat eine bestimmte Strecke mit dem Fahrrad zurückzulegen und alle Beteiligten bei der Zielerreichung entsprechend zu belohnen.

Anregungen, wie jeder Einzelne zur Erreichung der SDGs beitragen kann, finden Sie unter https://17ziele.de/. Hier sind für jedes SDGs konkrete Handlungsideen aufgeführt.

- **Preise und Belohnungen:** Durch die Vergabe von Preisen und Belohnungen bei Wettbewerben und Challenges oder allgemein für nachhaltiges Engagement schaffen Sie Anreize für Ihre MitarbeiterInnen, sich zu beteiligen und zur Transformation beizutragen. Kang et al. (2022, S. 18) haben in ihrer Studie herausgefunden, dass sich Belohnungen positiv auf das nachhaltige Verhalten von MitarbeiterInnen auswirken, wobei nicht monetäre Belohnungen sogar einen stärkeren Effekt haben als monetäre.

Literatur

‚Buurtzorg's model of care' (2022) About us. https://www.buurtzorg.com/about-us/

‚Einsatzflex'. Moderne Personalsysteme. https://www.tesa.com/de-de/ueber-uns/standorte-tochtergesellschaften/tesa-werk-offenburg/tesa-werk-offenburg-als-arbeitgeber/moderne-personalsysteme. Zugegriffen: 27. Dez. 2022

Glasl F, Kalcher T, Piber H (Hrsg) (2020) Professionelle Prozessberatung: das Trigon-Modell der sieben OE-Basisprozesse, 4. Aufl. Haupt Verlag, Bern

Göpel M (2016) The great mindshift. Cham: Springer International Publishing (The Anthropocene: Politik – Economics – Society – Science)

Independent Group of Scientists appointed by the Secretary-General (2019) The future is now – science for achieving sustainable development. United Nations, New York

‚Inner Development Goals: Background, method and the IDG framework' (2021). https://www.innerdevelopmentgoals.org/framework. Zugegriffen: 27. Dez. 2022

Kang Y-C, Hsiao H-S, Ni J-Y (2022) The role of sustainable training and reward in influencing employee accountability perception and behavior for corporate sustainability. Sustainability 14(18):11589. https://doi.org/10.3390/su141811589

Kassel K, Rimanoczy I, Mitchell SF (2018) ‚A sustainability mindset model for management education'. In: Kassel K, Rimanoczy I (Hrsg) Developing a sustainability mindset in management education. 1. Aufl. Routledge, Abingdon, Oxon ; New York, S 3–37

Machmeier C (2018) ‚Mit Achtsamkeit den digitalen Wandel meistern', Personalmanagement. https://news.sap.com/germany/2018/09/achtsamkeit/. Zugegriffen: 27. Dez. 2022

Maiteny PT (2002) Mind in the Gap: Summary of research exploring „inner" influences on pro-sustainability learning and behaviour. Environ Educ Res 8(3):299–306

Meadows DH, Wright D (2008) Thinking in systems: a primer. White River Junction, Vt: Chelsea Green Pub

Moderne Personalsysteme (ohne Datum). https://www.tesa.com/de-de/ueber-uns/standorte-tochtergesellschaften/tesa-werk-offenburg/tesa-werk-offenburg-als-arbeitgeber/moderne-personalsysteme

Porter ME, Kramer MR (2011) ‚Creating Shared Value'. Harvard Business Review

Raworth K (2018) Doughnut economics: seven ways to think like a 21st-century economist. RH Business Books, London

Rimanoczy I (2021) The sustainability mindset principles: a guide to develop a mindset for a better world. Routledge, Taylor & Francis Group (The principles for responsible management education series), London; New York

Schneider A (Hrsg) (2015) Corporate Social Responsibility: verantwortungsvolle Unternehmensführung in Theorie und Praxis. 2., erg. und erw. Aufl. Springer Gabler, Berlin

‚The SDGs wedding cake'. https://www.stockholmresilience.org/research/research-news/2016-06-14-the-sdgs-wedding-cake.html. Zugegriffen: 28. Dez. 2022

Wamsler C, Brink E (2018) Mindsets for sustainability: exploring the link between mindfulness and sustainable climate adaptation. Ecol Econ 151:55–61

Werner GW (2019) Womit ich nie gerechnet habe: die Autobiographie, 5. Aufl. List Taschenbuch (List-Taschenbuch 61254), Berlin

Whiteman G, Walker B, Perego P (2013) Planetary boundaries: ecological foundations for corporate sustainability: planetary boundaries. J Manage Stud 50(2):307–336

6

Gute Unternehmensführung und nachhaltige Prozesse mit den SDGs entwickeln

Zusammenfassung Für die feste Verankerung von Nachhaltigkeit im Unternehmen und damit Nachhaltigkeit im Handeln zum neuen Normal wird, ist es wichtig, die „Governance" des Unternehmens hinsichtlich Nachhaltigkeit anzupassen. Aus den SDGs können dazu Prinzipien und sogar Inhalt für die einzelnen „Governance-Mechanismen" abgeleitet werden. Die oberste Führungsebene spielt dabei eine besonders wichtige Rolle als Vorbildfunktion. Die SDGs sind dabei auch für nachhaltige Prozesse wie der nachhaltigen Produktentwicklung und der nachhaltigen Beschaffung ein hilfreiches Mittel bei der Gestaltung.

Verantwortung zu übernehmen, ist für Unternehmen ein dauerhaftes, langfristiges Ziel. Nachhaltigkeit stellt dabei kein einmaliges Projekt eines einzelnen Teams in einer isolierten Nachhaltigkeitsabteilung dar. Es braucht eine feste Verankerung in allen Abteilungen, Teams und Abläufen, damit nachhaltiges Handeln und Verhalten zur Tagesordnung wird. Dabei unterstützen „Governance-Mechanismen" wie festgeschriebene Prinzipien, Politiken, Grundsätze und Regeln: Sie beschreiben grundsätzliche Muster und erleichtern die Steuerung. Neben „Governance" sind auch die Prozesse in nachhaltiger Gestaltung ein wesentlicher Treiber für Nachhaltigkeit im Unternehmen. Die SDGs können hier eine Inspirationsquelle für Inhalte und Prinzipien sein, wie nachhaltiges Handeln in Unternehmensführung und Prozessen verankert werden kann. Zwei Prozesse, nämlich die nachhaltige Produktgestaltung und die nachhaltige Beschaffung und wie Sie

P. Moock, *SDGs im Mittelstand*, SDG - Forschung, Konzepte, Lösungsansätze zur Nachhaltigkeit, https://doi.org/10.1007/978-3-662-67736-0_6

mit den SDGs gestaltet werden können, beschreibe ich in den folgenden Abschnitten.

6.1 Vorbild Geschäftsführung

Der Geschäftsführung und den langjährigen MitarbeiterInnen kommt bei der Verankerung von Nachhaltigkeit eine tragende Rolle zu (Small 2006). Die Geschäftsführung ist dabei verantwortlich für das Bekenntnis zur Nachhaltigkeit und Verantwortungsübernahme, die einhergehenden strategischen Entscheidungen, die Einhaltung der Leitlinien sowie nachhaltiges und ethisches Verhalten auf oberster Ebene. Sie ernennt weitere Verantwortlichkeiten im Management für die Übersetzung der strategischen nachhaltigen Ziele und entscheidet über die Führungsmechanismen und Zielsysteme, um diese zu erreichen. Die Leitung wirkt als Vorbild und treibt die Verbreitung des nachhaltigen Denkens und Handelns an allen Stellen voran. Gerade in kleinen und mittelständischen Unternehmen hat die Geschäftsführung, die oft in Personalunion mit einem Hauptanteilseigner ist, eine besondere Rolle und prägt die Werte und das tägliche Handeln im Unternehmen maßgeblich mit. Dem Symbolverhalten der Geschäftsführung kommt neben der offiziellen Verantwortung für Nachhaltigkeit eine weitere wichtige Bedeutung zu. Wenn Nachhaltigkeit und die SDGs strategisch verankert werden sollen und das auf oberster Ebene ausgerufen wurde, die Geschäftsführung aber weiterhin aus dem 5 km entfernten Wohnort mit einem schweren Geländewagen aus der Oberklasse zur Arbeit pendelt, ist das wenig glaubwürdig. Wenn dagegen die Geschäftsführenden mit dem Rad oder mit den öffentlichen Verkehrsmitteln zur Arbeit kommen, hat das direkt eine Auswirkung auf die Wahrnehmung aller MitarbeiterInnen, wie ernst die Nachhaltigkeit in diesem Unternehmen genommen wird. Um nachhaltige Führung zu etablieren, sollten Führungskräfte und GeschäftsführerInnen Vertrauen signalisieren, Verantwortung in den Entscheidungen übernehmen und Integrität und Zuverlässigkeit symbolisieren durch das aktive Vorleben der nachhaltigen Ziele.

6.2 Compliance, „Governance" und nachhaltige Unternehmensführung

In Deutschland tragen etliche Gesetze dazu bei, dass soziale und ökologische Mindeststandards eingehalten werden und somit indirekt zur Erreichung der SDGs. Dazu zählen unter anderem das Grundgesetz, Unfallverhütungsvorschriften, das Allgemeine Gleichbehandlungsgesetz, das Zweite Führungspositionen-Gesetz, das Lieferkettensorgfaltspflichtengesetz, das Wasserhaushaltsgesetz und das Kreislaufwirtschaftsgesetz.

Die nachhaltigkeitsbezogene Regulatorik umzusetzen, ist gerade für kleinere Unternehmen sicherlich eine herausfordernde Aufgabe. Die Einhaltung dieser Gesetze und Vorschriften reichen jedoch bei Weitem nicht aus für einen vorausschauenden Umgang mit Nachhaltigkeit. Sie bilden lediglich die Mindestanforderungen ab, die Unternehmen zwingend erfüllen müssen. Nutzen Sie die weiteren Möglichkeiten und gestalten Sie die Freiräume, die sie haben, um ihr Unternehmen zukunftsfähig und resilient aufzubauen.

Aufbauend auf den Leitprinzipien für Wirtschaft und Menschenrechte der Vereinten Nationen und dem Nationalen Aktionsplan für Wirtschaft und Menschenrechte (NAP) von 2016, wurde im Jahr 2021 das Lieferkettensorgfaltspflichtengesetz (LKSG) verabschiedet. Die Dringlichkeit für das Gesetz wurde in einem Monitoringbericht des NAP von 2020 deutlich: Eine Untersuchung ergab, dass nur zwischen 13 und 17 % der befragten Unternehmen die Anforderungen des Aktionsplans im Rahmen der freiwilligen Selbstverpflichtung erfüllen (Auswärtiges Amt 2020, S. 18). Das LKSG ist am 1. Januar 2023 in Kraft getreten und soll die Einhaltung von sozialen und ökologischen Mindeststandards innerhalb der Wertschöpfungsketten von Unternehmen sicherstellen.

Führung nach langfristigen Zielen und Strategien, wirksame Unternehmenssteuerung und -überwachung, ethische Grundsätze, Leitbilder, Kodizes, Verhaltensregeln sind grundlegende Mechanismen einer guten Unternehmensführung. Im Englischen wird dies unter dem Oberbegriff „Corporate Governance", oder kurz auch nur „Governance" zusammengefasst, der mittlerweile auch im deutschen Sprachgebrauch gängig ist (vgl. Henschel und Heinze 2016, S. 72).

Was bedeutet nun „Governance" oder gute Unternehmensführung unter Nachhaltigkeitsaspekten und inwieweit tragen die SDGs zur Weiterentwicklung zur nachhaltigen „Governance" bei?

Allgemeine Ansätze zu „Governance-Mechanismen" im Nachhaltigkeitskontext, die die professionelle und nachhaltige Unternehmensführung unterstützen sollen, können aus internationalen Rahmenwerken wie dem UN Global Compact oder den OECD Leitsätzen, den gängigen Transparenzstandards (z. B. ESRS-Draft, TCFD und GRI) oder dem Deutschen Governance Kodex abgeleitet werden:

a) Leitungs- und Überwachungsstruktur und -prozesse:

- „Due-Diligence-Prozesse";
- Hinweisgebersysteme und -prozesse;
- Übersichtsmatrizen zu Rollen, Strukturen, Entscheidungsverläufe und Verantwortlichkeiten zu Nachhaltigkeitsaspekten;
- Risikoanalysen, Chancenanalysen, Impactanalysen und die Ableitung von Wesentlichkeit hinsichtlich Nachhaltigkeitsaspekten;
- Einbindung von Nachhaltigkeitsaspekten in die Strategie;
- Zielsetzung hinsichtlich Nachhaltigkeitsaspekten, deren Fortschrittsüberprüfung und Steuerung;
- Verantwortlichkeiten in Bezug auf der Überwachung von Risiken, das Integrieren von Chancen in die Geschäftsstrategie und Kontrolle der Nachhaltigkeitszielerreichung;
- „Lessons Learned".

b) Besetzung der Gremien (Verwaltungs-, Leitungs- und Aufsichtsorgane), deren Kompetenzen und deren Verantwortlichkeiten:

- Besetzungsverteilungen (Geschlecht, Alter, Herkunft etc.);
- Erklärungen zur Sicherstellung, dass Fachkenntnisse und Kompetenzen zur Ermöglichung der Überwachung von Nachhaltigkeitsfragen vorhanden und/oder zugänglich sind.

c) Interessens- und Zielkonflikte.

d) Transparenz und externe Berichterstattung:

- öffentliche Statements und Bekennung zu Nachhaltigkeitsaspekten;
- Kodizes, Richtlinien zu Nachhaltigkeitsaspekten und deren Implementierung;
- Nachhaltigkeitsberichterstattung unter Einhaltung von Prinzipien;
- Offenlegung der politischen Einflussnahme;
- Offenlegung zu Zahlungspraktiken an Geschäftspartner.

e) Vergütung der Gremien und des Managements:

- System zur Kopplung der Vergütung der Führungskräfte an Nachhaltigkeitszielerreichung.

> Sämtliche Beschreibungen und Dokumente zu den genannten „Governance-Mechanismen" können Sie zur Erfüllung der Berichterstattungspflicht nach CSRD nutzen.

Der Deutsche Corporate Governance Kodex gibt die deutschen Gesetzes-
vorschriften zur Leitung und Überwachung börsennotierter Unternehmen
sowie Anregungen und Empfehlungen aus internationalen Standards
wieder. Auch nicht börsennotierte Unternehmen können diese Elemente
zur Gestaltung und Verbesserung ihrer eigenen „Governance-Mechanismen"
verwenden.

Generell wird durch eine gute Unternehmensführung erhöhte Transparenz geschaffen und es soll den Anspruchsgruppen ermöglicht werden,
das unternehmerische Verhalten und die Ergebnisse anhand der gesetzten
Mechanismen und Kriterien zu überprüfen. Unter Nachhaltigkeitsgesichtspunkten sollen „Governance-Mechanismen" dahingehend erweitert werden,
dass sie zur Verankerung von Nachhaltigkeit im Unternehmen dienen und
sicherstellen, dass die unternehmerische Tätigkeit im Einklang mit den
globalen Nachhaltigkeitsabkommen (z. B. dem Pariser 1,5-Grad-Klima-
abkommen, dem Übereinkommen über die biologische Vielfalt, den SDGs
oder dem European Green Deal etc.) steht.

Unter dem SDG 8 Menschenwürdige Arbeit und Wirtschaftswachstum
finden sich dazu wichtige Unterziele, die in einen Verhaltenskodex mit aufgenommen werden:

- Zwangsarbeit abschaffen,
- Kinderarbeit ein Ende setzen,
- Arbeitsrechte schützen,
- sichere Arbeitsumgebung für alle Arbeitnehmer.

In Deutschland sind diese Punkte im Grundgesetz, im Jugendarbeitsschutz-
gesetz und im Arbeitsschutzgesetz – worin auch menschengerechte Arbeits-
gestaltung, Gesundheit der Arbeitnehmer mit einbezogen sind – geregelt; in
der EU ist dies unter der Charta der Grundrechte der Europäischen Union
festgehalten.

Trotz der Verankerung in Gesetzen und hohen Standards schätzt der
Global Slavery Index, dass an einem beliebigen Tag im Jahr 2016 in
Deutschland 167.000 Menschen von moderner Sklaverei betroffen waren.
Das entspricht einer Prävalenzrate von 2,0 Promille. Erzwungene sexuelle
Ausbeutung stellte die große Mehrheit (90 % oder 488 Fälle) aller 2016 in
Deutschland festgestellten Fälle von moderner Sklaverei dar (Global Slavery
Index, ohne Datum).

Global gesehen verrichten 27,6 Mio. Menschen Zwangsarbeit. Davon
werden 17,3 Mio. im privaten Sektor ausgebeutet, 6,3 Mio. sind von
kommerzieller sexueller Ausbeutung betroffen und 3,9 Mio. von staatlich

verordneter Zwangsarbeit (Global estimates of modern slavery forced labour und forced marriage 2022, S. 2).

Da moderne Sklaverei durch unsere hochglobalisierten Lieferketten auch deutsche Unternehmen betreffen und die letzten Jahre ein Anstieg in der modernen Sklaverei verzeichnet wurde, gibt es neue Regularien auf EU-Ebene, ebenso wie in Deutschland, die das Risiko für moderne Sklaverei und Zwangsarbeit einschränken sollen. Dazu zählen unter anderem der Modern Slavery Act der EU, die Corporate Sustainability Due Diligence Directive und das deutsche Lieferkettensorgfaltspflichtengesetz.

Zur Unterstützung bei der inhaltlichen Erstellung eines Abschnittes zur Einhaltung von Menschenrechten, Arbeitsrechten und Arbeitssicherheit innerhalb eines Kodexes können neben den SDGs folgende internationale und nationale Rahmenwerke unterstützen:

- die 10 Prinzipien des UN Global Compact;
- OECD-Leitsätze für multinationale Unternehmen, Sektion Menschenrechte und Sorgfaltspflichten;
- ILO Arbeitsstandards;
- Nationaler Aktionsplan „Wirtschaft und Menschenrechte".

Unter SDG 5 Geschlechtergleichheit und SDG 16 Frieden, Gerechtigkeit und starke Institutionen finden sich, neben den oben Erwähnten, weitere Prinzipien zu „Governance-Mechanismen", die implementiert werden können und sollten:

- Rechtskonformität der Geschäftstätigkeiten;
- Antikorruption und Antibestechung;
- Diversität und Chancengleichheit;
- bedarfsorientierte, inklusive, partizipatorische und repräsentative Entscheidungsfindung auf allen Ebenen

Dass Rechtskonformität der Geschäftstätigkeiten die Grundlage der Geschäftstätigkeit bildet sowie Antikorruptions- und Antibestechungsbemühungen zu einer grundlegenden guten Unternehmensführung zählen, steht außer Frage. Chancengleichheit, Diversität, Partizipation, Inklusion sind jedoch keine Schlagworte, die zuerst unter dem Stichwort „gute Unternehmensführung" fallen.

Um die Inklusion und Vielfalt in Geschäftsführungsorganen und Aufsichtsorganen sieht es in Deutschland bescheiden aus. Seit Jahrzehnten haben Börsenunternehmen ihre Vorstände nach nahezu unverändertem

Muster ausgewählt, sodass sich die Vorstandsmitglieder in Bezug auf Alter, Geschlecht, Herkunft und Ausbildung sehr ähnlich sind: überwiegend männliche westdeutsche Wirtschaftswissenschaftler Mitte 50. 2022 waren 81 von 160 börsennotierten Unternehmen komplett ohne Frau im Vorstand (Albright Stiftung 2022, S. 12). Obwohl Vielfalt und Inklusion im Unternehmen zu einer um 25 % höheren Chance führen, überdurchschnittliche Profite zu erwirtschaften (Hunt et al. 2015, S. 3), sind Frauen in Führungspositionen abseits des Vorstands in deutschen Unternehmen weiterhin unterrepräsentiert. Dementsprechend kann heute in Deutschland bei Weitem nicht von einer repräsentativen oder inklusiven Entscheidungsfindung gesprochen werden.

Viele mittelständische Unternehmen wirtschaften nach hohen ethischen und moralischen Ansprüchen. Jedoch gibt es in der Praxis häufig große Lücken bei der konkreten Ausformulierung der „Governance-Mechanismen". Was bringt es also, die Papiere und Dokumente mit Kodizes, „Policies", Prozesse, Übersichtstabellen usw. zu erstellen? Das Wichtige ist doch, dass man danach handelt, oder? Auf den ersten Blick scheint es ein hoher Aufwand zu sein, ein penibles Aufsetzen aller „Governance-Mechanismen" und der Gewinn scheint erstmal klein. Neben der Vorbereitung auf gesetzliche Vorgaben (siehe CSRD und die spätere Umsetzung auch für kleine und mittelgroße Unternehmen) kann eine gut ausformulierte „Governance" einen echten Wettbewerbsvorteil bringen oder sogar die Bedingung für ein Geschäft überhaupt sein. In Ausschreibungen für die öffentliche Hand werden Nachhaltigkeitskriterien Schritt für Schritt eingeführt (Die Bundesregierung 2021, S. 302–303) und viele Unternehmen verlangen einen Nachweis über die Nachhaltigkeitsleistung ihrer Zulieferer – etliche große Unternehmen verlangen sogar das Erreichen einer bestimmten Nachhaltigkeitsperformance in Ratings wie z. B. Ecovadis. „Policies", Kodizes, Bekenntnisse der Geschäftsführung zur nachhaltigen Unternehmensführung und dergleichen gehören dabei zur Standardabfrage, denn sie legen die Verpflichtung zur Nachhaltigkeit auf oberster Ebene offen.

Sammeln Sie zur Umsetzung deshalb alle bestehenden „Governance-Mechanismen", alle diesbezüglichen Anfragen von Kunden, Anforderungen aus den für Sie relevanten Transparenzstandards und aktuell geltenden und zukünftigen Anforderungen der Regulatorik und führen Sie eine „Gap-Analyse" durch. Ein Anforderungskatalog, der einen Orientierungsrahmen bilden kann, ist der UN Global Compact mit seinen 10 Prinzipien.

Entscheiden Sie, welche Umsetzungen für Sie nun Priorität haben, welche davon eine längere Zeit und einen größeren Aufwand für die Umsetzung brauchen, welche eine rechtliche Dringlichkeit besitzen und welche mit geringem Aufwand erledigt werden können. Erstellen Sie einen Fahrplan mit den entsprechenden Stichtagen, an denen bestimmte „Governance-Mechanismen" umgesetzt sein müssen und den entsprechenden Verantwortlichkeiten für die Umsetzung. Es empfiehlt sich in regelmäßigen Abständen diese Mechanismen zu überprüfen, zu überarbeiten und nach Wirksamkeit anzupassen.

> Weiterführendes Material zu „Governance" im Kontext zu SDG 16 und das Rahmenwerk für Unternehmen „Inspiring Transformational Governance" finden Sie unter https://sdg16.unglobalcompact.org/

Die „Nachhaltigkeits-Governance" hilft einem Unternehmen, die Nachhaltigkeitsstrategie im gesamten Unternehmen umzusetzen, Zielsetzungs- und Berichterstattungsprozesse zu definieren und weiterzuentwickeln, die nachhaltige Identität zu gestalten, die Beziehungen zu externen Stakeholdern zu stärken und die allgemeine Verantwortlichkeit sicherzustellen. Insgesamt sollten Sie berücksichtigen, dass die Qualität der Ausgestaltung der „Governance" und ihrer Mechanismen hinsichtlich Nachhaltigkeit ein wesentlicher Erfolgsfaktor ist.

6.3   Nachhaltige Prozesse mit den SDGs

Neben nachhaltiger „Governance" ist Nachhaltigkeit in alle Unternehmensprozesse aufzunehmen ein weiterer wichtiger Schritt. Dadurch werden Nachhaltigkeit und die SDGs im unternehmerischen Alltag sichtbar, anfassbar, greifbar und erlebbar. Im Folgenden beschreibe ich detaillierter eine Möglichkeit, die SDGs bei der nachhaltigen Produktentwicklung mit einzubeziehen und eine nachhaltige Beschaffung zu gestalten.

6.3.1 Nachhaltige Produkte entwickeln

Die Integration von Nachhaltigkeit und die Berücksichtigung der SDGs im Innovations- und Entwicklungsprozess von Produkten ist eine sehr wirksame Maßnahme für mehr Nachhaltigkeit im Unternehmen. Die Umstellung hin zu nachhaltigen Produkten ist aufwendig, bietet aber viele Chancen: Nachhaltige Produkte eröffnen neue Marktchancen, senken Kosten durch Energie- oder Ressourceneffizienz und bieten die Möglichkeit für ganz neue nachhaltige Geschäftsmodelle. Dabei haben kleine und mittlere Unternehmen einen entscheidenden Vorteil gegenüber Großkonzernen: Sie sind oft wendiger und flexibler und können deshalb neben Kundenorientierung Nachhaltigkeit in die Innovationsprozesse leichter integrieren. Ebenso kann nachhaltige Produktentwicklung dabei unterstützen, das Konsumverhalten der KundInnen durch neue Ideen anzuregen. Die Entwicklung innovativer Konzepte und Designs kann den KundInnen ein besseres Verständnis für Nachhaltigkeit vermitteln und so deren Kaufentscheidung beeinflussen. Für mehr Nachhaltigkeit ist es zwingend notwendig, das Design von Produkten zu verbessern, da bis zu 80 % der Umweltauswirkungen von Produkten in der Designphase bestimmt werden (European Commission, Directorate-General for Energy, Directorate-General for Enterprise and Industry, 2012).

Laut einer Studie des Umweltbundesamtes von 2021 hält Deutschland innerhalb der EU den größten Anteil an den Umweltpatenten. Am größten ist sein Patentanteil bei energieeffizienter Mobilität und beim Recycling von Metallen und Mineralstoffen mit jeweils etwas über 20 % der weltweiten Patentanmeldungen (Gehrke et al. 2021, S. 94).

Das Konzept der Kreislaufwirtschaft unterstützt dabei, Produkte nachhaltiger zu gestalten (Europäische Kommission 2014). Innerhalb der Kreislaufwirtschaft sollen Rohstoffe innerhalb eines Systems möglichst lange zirkulieren.

Die Prinzipien der Kreislaufwirtschaft (engl. „circular economy") beinhalten folgende Merkmale zur nachhaltigen Produktentwicklung:

a) langlebige Konstruktion,
b) Instandhaltung,
c) Reparaturmöglichkeit,
d) Wiederverwendung,
e) „Remanufacturing",
f) „Refurbishing",
g) Recycling.

Der Kreislaufwirtschaft kommt eine hohe Bedeutung zu und sie ist im Zweiten Aktionsplan Kreislaufwirtschaft auf EU-Ebene verankert (Europäische Kommission 2020). Vorgaben zu Langlebigkeit und Garantien werden ausgebaut, das „Recht auf Reparatur" aufgegriffen, was auch Upgrademöglichkeiten umfasst. Einwegprodukte werden langfristig eingeschränkt, dahingehend ist die Mehrwegangebotspflicht aus dem deutschen Verpackungsgesetz, das am 1. Januar 2023 in Kraft getreten ist, ein erster Schritt.

Viel wichtiger als das Recycling von Abfällen ist die langlebige Konstruktion und Reparaturfähigkeit, um Ressourcen möglichst lange in der Nutzungsphase zu halten. Dazu hat Deuter für seine Produkte einen lebenslangen Reparaturservice für jedes seiner Produkte ins Leben gerufen. Allein in Deutschland wurden innerhalb eines Jahres 3500 Reparaturen und damit 14 Reparaturen pro Arbeitstag durchgeführt (Lebenslanger Reparaturservice, ohne Datum).

Die Aspekte der Kreislaufwirtschaft beinhalten jedoch keine Merkmale, die sich auf die soziale Dimension von Nachhaltigkeit beziehen. Diese Dimension sollte hier noch ergänzt werden (vgl. Murray et al. 2015).

Die Ökodesign-Richtlinie der EU (Richtlinie 2009/125/EG) mit ihren Arbeitsprogrammen gibt weitere Anforderungen für nachhaltigere Produkte vor, diese beziehen sich unter anderem auf:

- Haltbarkeit, Wiederverwendbarkeit, Nachrüstbarkeit und Reparierbarkeit von Produkten,
- Stoffe, die die Kreislauffähigkeit hemmen,
- Energie- und Ressourceneffizienz,
- Recyclinganteil,
- Wiederaufarbeitung und Recycling,
- CO_2- und Umweltfußabdruck,
- Informationspflichten einschließlich eines digitalen Produktpasses.

Aus den SDGs können ebenso nachhaltige Designprinzipien abgeleitet werden:

- Unter fairen und menschenwürdigen Bedingungen, mit fairer Bezahlung und ohne Kinder- und Zwangsarbeit entlang der gesamten Lieferkette produziert.
- Zugänglich und inklusiv bezogen auf Preismodelle und im Gebrauch.
- Effizient in der Nutzung aller natürlichen Ressourcen.
- Umweltverträglich im Umgang mit Chemikalien.
- Nachteilige Auswirkungen auf die menschliche Gesundheit und die Umwelt sind auf ein Mindestmaß beschränkt.
- Geringes Abfallaufkommen.

- Transparent in Hinblick auf Rohmaterialien, deren Lieferkette, deren Nutzung und Nachgebrauchsphase.
- Nicht schädlich für Land- und Wasserökosysteme im gesamten Produktlebenszyklus.
- Treibhausgasemissionen entlang des Produktlebenszyklus sind im Einklang mit dem Pariser 1,5-Grad-Abkommen.
- Energieeffizient in der Herstellung und Nutzung.

Ein Produktbeispiel mit dem Fokus auf Ökodesign und das viele Prinzipien aus den SDGs berücksichtigt, ist das Shiftphone. Das Smartphone ist modular aufgebaut und auf Reparaturfähigkeit und Langlebigkeit optimiert. Beim Kauf des Smartphones erhält man passendes Werkzeug und eine Anleitung, um eigenständig Reparaturen und sogar Upgrades mittels neuer Hardware (z. B. eine bessere Kamera) möglich zu machen. Durch die Modularität können Ersatzteile problemlos nachbestellt werden. Durch die Möglichkeit der eigenständigen Reparatur und Upgrades kann das Shiftphone deutlich länger verwendet werden. Dadurch spart der Kunde nicht nur Geld, sondern auch Ressourcen. Des Weiteren sind auch die Produktionspraktiken optimiert: Die Smartphones werden unter fairen Bedingungen in China und Deutschland produziert und die verwendeten Rohstoffe, sofern es möglich und nachvollziehbar ist, aus ökologisch und sozial unbedenklichen Quellen bezogen. Das Smartphone gibt es seit Sommer 2022 auch als Mietmodell (SHIFTPHONES zur Miete, ohne Datum).

Ein weiteres nachhaltiges Designprinzip ist das „cradle-to-cradle" (kurz: C2C, engl. von der Wiege zur Wiege), entwickelt durch Michael Braungart und William McDonough. Das C2C-Designkonzept ist natürlichen Kreisläufen nachempfunden, in denen jeglicher Abfall Ausgangspunkt für ein neues Produkt ist. Im biologischen Kreislauf zirkulieren Verbrauchsgüter wie z. B. Naturfasern oder biologisch abbaubare Verpackungen; im technischen Kreislauf zirkulieren Gebrauchsgüter wie beispielsweise Elektronikartikel oder Fußböden. Diese Produkte werden bereits im Entwicklungs- und im Herstellungsprozess als Ressourcen für die nächste Nutzungsphase optimiert. Ebenso berücksichtigt C2C neben ökologischen und ökonomischen auch soziale Aspekte von Produkten bereits in der Planungsphase (Braungart und McDonough 2021).

Zusätzlich wurde ein Cradle to Cradle Certified® Produktstandard entwickelt. Dieser sieht vor, dass Produktmaterialien und Verarbeitungsprozesse in 5 Kategorien bewertet werden:

- Materialgesundheit der eingesetzten Inhaltsstoffe,
- Kreislauffähigkeit des Produktes im technischen oder biologischen Kreislauf,
- Nutzung von erneuerbaren Energien,
- verantwortungsvolles Wassermanagement,
- Einhaltung sozialer Standards

(Cradle to Cradle Products Innovation Institute 2021).

Um die Nachhaltigkeit Ihrer Produkte nun zu verbessern, betrachten Sie Ihre Produkte genauer und führen Sie eine Lebenszyklusanalyse durch. Eine der bekanntesten Methoden ist die Ökobilanzierung bzw. die Erstellung von Lebenszyklusanalysen („Life Cycle Assessment", kurz: LCA). Neben dieser umfassenden Methode, bei der die ökologischen Auswirkungen während des gesamten Produktlebenswegs analysiert und die auftretenden Stoff- und Energieumsätze sowie die daraus resultierenden Umweltbelastungen bewertet werden, gibt es weitere Methoden, die einen bestimmten Aspekt hervorheben, z. B. kann der CO_2-Fußabdruck von Produkten und Betriebsstätten („Product Carbon Footprint", kurz: PCF bzw. „Corporate Carbon Footprint", kurz: CCF) bestimmt werden oder der Wasserfußabdruck („Water Footprint").

Definieren Sie nach der Bestandsaufnahme Nachhaltigkeitsziele für Ihr Portfolio und legen Sie spezifische, messbare Nachhaltigkeitsziele für das Produkt fest, z. B. Abfallvermeidung, Verwendung erneuerbarer Materialien, Kreislauffähigkeit, Reduzierung der Wassernutzung oder Reduzierung der Emissionen. Nehmen Sie Ihre Materialien, Technologien und Produktionsprozesse unter die Lupe. Tragen Sie zusammen, woher die Rohstoffe ihrer Produkte stammen: aus verantwortungsbewussten Quellen? Können bedenkliche Rohstoffe ersetzt werden? Unter welchen Bedingungen sind sie hergestellt? Die Ergebnisse der Nachhaltigkeitsbewertung sowie der Forschung und Entwicklung fließen in das Produktdesign ein, und es werden daraufhin nachhaltigere Prototypen erstellt, um das Design zu testen und zu verfeinern. Testen Sie das Produkt, um sicherzustellen, dass es die Leistungsanforderungen und die Nachhaltigkeitsziele erfüllt. Dies kann Labortests, Feldtests oder wiederum Lebenszyklusanalysen umfassen. Welche weiteren nachhaltigen Designprinzipien können Sie anwenden und welche Anforderungen können sie verbessern? Ebenso wichtig wie die Designphase ist die Nutzungsphase: Ist der Kunde ausreichend aufgeklärt über die richtige Verwendung des Produkts? Welche Möglichkeiten gibt es, das Produkt wieder zurückzunehmen oder es bei Bedarf zu reparieren?

Die einzelnen Schritte des nachhaltigen Produktdesigns sind sicherlich im ersten Durchlauf sehr zeitaufwendig. Dennoch gilt, dass wir uns früher oder später in einer Kreislaufwirtschaft bewegen müssen, aufgrund unserer endlichen Ressourcen. Je früher Sie also damit anfangen, desto eher können Ihnen Lieferengpässe und Ressourcenknappheit nichts mehr anhaben.

Weitere Informationsquellen

- Lernfabrik zu Ecodesign www.ecodesignlearningfactory.com
- Workbook Kreislaufwirtschaft. Hanser Verlag.
- Umweltbundesamt. Was ist Ecodesign? – Praxishandbuch für Ecodesign inkl. Toolbox
- 7-stufiger Leitfaden zu Ecodesign: http://www.ecodesign.dtu.dk/Eco-innovation

---

6.3.2 Nachhaltige Beschaffung

Schon innerhalb der Produktentwicklung wird die Herkunft der Rohstoffe und Materialien zur Herstellung der Produkte betrachtet. Zu den Gesamttreibhausgasemissionen von Unternehmen trägt der Einkauf von Waren und Dienstleistungen zu einem erheblichen Teil bei. Je nach Branche erreicht der Anteil der Lieferkette bis zu 87 % (Capgemini 2022, S. 8). Neben ökologischen Faktoren kommt der Lieferkette auch in der sozialen Dimension eine tragende Bedeutung zu: 160 Mio. Kinder mussten 2020 Kinderarbeit verrichten (SDG 8: Menschenwürdige Arbeit und Wirtschaftswachstum, ohne Datum).

Deshalb ist ein wichtiger Teil der Umsetzung von Nachhaltigkeit im Unternehmen die nachhaltige Beschaffung.

Die globalisierten Lieferketten stellen Einkäufer jedoch vor große Herausforderungen. Die Coronakrise hat dabei ein Brennglas auf die Lieferkettensituation geworfen und Einkäufer waren froh, überhaupt Rohstoffe und Ware zu erhalten. Weitere Hemmer für nachhaltige Beschaffung sind laut Giunipero (2012): kurzfristige Kostensenkungsziele, fehlende Richtlinien und Standards, geringe Unterstützung des Topmanagements, zusätzliche Anforderungen an Lieferanten und deren Mangel an notwendigen Ressourcen. Auf dem Einkauf lastet sicherlich seit einiger Zeit ein hoher Druck.

Was ist nachhaltige Beschaffung? Laut ISO 20400 ist es „Eine Beschaffung, die die bestmöglichen Auswirkungen auf Umwelt, Gesellschaft und Wirtschaft über den gesamten Lebenszyklus hinweg hat (Quelle ISO 20400; 2017. S. 3)."

In der Umsetzung kann ein nachhaltiges Beschaffungsmodell schrittweise auf dem Modell von Fröhlich aufgebaut werden (Fröhlich et al. 2013, S. 214).

Schritt 1: Die Grundlage für nachhaltige Beschaffung im Unternehmen legen

Für den Start in nachhaltige Beschaffungspraktiken gilt es, alles bereits Bestehende zu sammeln: Wie wird aktuell beschafft? Was sind Vergabekriterien? Was sind Lieferantenkriterien? Werden Audits durchgeführt?

Falls Sie in einem Branchenverband Mitglied sind, hat dieser eventuell eine Arbeitsgruppe zu nachhaltiger Beschaffung initiiert oder es liegen schon Kodizes für Lieferanten vor. Des Weiteren sammeln sie konkrete Anforderungen aus der Regulatorik wie das Lieferkettengesetz oder das zukünftige CSDDD sowie aus Kundenanforderungen.

Das Lieferkettensorgfaltspflichtengesetz

Mit besonderer Berücksichtigung für die soziale Dimension wird mit dem Lieferkettengesetz erstmals die unternehmerische Verantwortung für die Einhaltung von Menschenrechten in den Lieferketten geregelt, das am 1. Januar 2023 in Kraft getreten ist. Das Gesetz gilt für Unternehmen ab einer Größe von 3000 MitarbeiterInnen und ab 1. Januar 2024 wird diese Grenze auf 1000 MitarbeiterInnen gesenkt. Auch wenn Ihr Unternehmen diese Kenngrößen unterschreitet, können Sie indirekt betroffen sein, da es Ihre Kunden betreffen könnte und diese Informationen von Ihnen einholen müssen.
Zu den Anforderungen zählen:

- Einrichtung eines Risikomanagements und Durchführung einer Risikoanalyse
- Verabschiedung einer Grundsatzerklärung der unternehmerischen Menschenrechtsstrategie
- Verankerung von Präventionsmaßnahmen
- Sofortige Ergreifung von Abhilfemaßnahmen bei festgestellten Rechtsverstößen
- Einrichtung eines Beschwerdeverfahrens
- Dokumentations- und Berichtspflicht für die Erfüllung der Sorgfaltspflichten

(Lieferketten – Überblick, ohne Datum)

Betrachten Sie strukturiert Ihre relevanten Warengruppen (z. B. nach Beschaffungsvolumina), Ihre Beschaffungsmärkte nach Ländern und Regionen und die Tiefe Ihrer Lieferkette. Mithilfe von externen Quellen können Sie eine erste Risikobewertung durchführen. Diese werden mit internen Daten z. B. aus Lieferantenaudits, die soziale und Umweltkriterien mit abfragen, Selbstbewertungen von Zulieferern und aus Beschwerdekanäle, abgeglichen und darüber Hochrisikoländer und -regionen, -zulieferer und -rohstoffe identifiziert.

Aus den SDGs lassen sich folgende mögliche Risiken formulieren:

- Kinderarbeit,
- Zwangsarbeit, moderne Sklaverei, Menschenhandel,
- Verstöße gegen Arbeitsschutz und Gesundheitsschutz,
- Verstöße gegen Arbeitsrecht,
- Ungleichbehandlung von Arbeitern,
- Vorenthalten einer angemessenen Bezahlung,
- nachteilige Auswirkungen auf die menschliche Gesundheit und die Umwelt,
- Verstoß gegen Landrechte,
- Geschäftspraktiken, die nicht im Einklang mit dem Pariser 1,5-Grad-Abkommens sind,
- erhöhte Meeresverschmutzung und Zerstörung von Meeresökosystemen,
- Zerstörung von Landökosystemen und Verlust der biologischen Vielfalt,
- Korruption und Bestechung.

Die identifizierten Risiken können Sie in einem Risikoinventar dokumentieren: Risikobeschreibung, Verantwortlicher, Gewichtung, Präventions- und Abhilfemaßnahmen.

Schritt 2: Integration nachhaltiger Aspekte in die Beschaffungsprozesse
Aus den Erkenntnissen der Analysen aus dem ersten Schritt kann dann eine nachhaltige Beschaffungsstrategie formuliert werden und konkrete Ziele gesetzt werden, deren Erreichung durch Leistungsindikatoren transparent gemacht werden und ins Beschaffungscontrolling mit aufgenommen werden sollten. Formulieren Sie Maßnahmen zur Erreichung dieser Ziele. Fokussieren Sie sich bei der Umsetzung von konkreten Maßnahmen auf Ihre wichtigsten Warengruppen. Weiterhin sollte ein Verhaltenskodex für Lieferanten definiert werden und dieser an MitarbeiterInnen und Zulieferer kommuniziert werden.

Maßnahmen für eine nachhaltigere Beschaffung:

a) Lokale Beschaffung: Minimierung der Umweltauswirkung durch verkürzte Transportwege, Stärkung der lokalen Gemeinschaft.

b) Beschaffung ökoeffizienter Materialien: Minimierung der Umweltauswirkung durch Langlebigkeit, Rohstoffe aus nachwachsenden Quellen,
Kreislauffähigkeit, Reparierbarkeit, Recyclingfähigkeit.

c) Beschaffung mit Mietmodellen.

d) Suffizienzfördernde Beschaffung: Reduktion von Verpackung, weniger
Geschäftsreisen, Streichen von Kurzstrecken- und innerdeutschen Flügen,
Verlängerung der Nutzungszeit von IT-Hardware usw.

e) Inklusionsfördernde Beschaffung: Eingang von Geschäftsbeziehungen mit
Kleinunternehmenden, Kleinhändlern, frauengeführten Unternehmen,
Beschäftigte benachteiligter Gruppen.

Des Weiteren schlägt der Leitfaden für nachhaltige Beschaffung des Bundes-
verbands Materialwirtschaft, Einkauf und Logistik die Einführung einer
internen CO_2-Bepreisung vor, der die Beschaffungsentscheidungen hin zu
geringeren Treibhausgasemissionen lenken soll.

Schritt 3: Kontinuierliche Leistungsmonitoring und -verbesserung der Lieferanten

Im Lieferantenmanagement können Nachhaltigkeitsaspekte zur systema-
tischen Steuerung mit aufgenommen werden. Nachhaltigkeitsrelevante
Daten können mit in den Lieferantenkriterienkatalog mit aufgenommen
werden und so die Vorauswahl von Lieferanten schon nachhaltig gestalten.
Eine Liste für nachhaltige Lieferantenkriterien, abgeleitet aus den SDGs, hat
das JARO Institut veröffentlicht. Des Weiteren sollten in Ausschreibungen
und Anfragen Nachhaltigkeitskriterien zu Produkten und Leistungen verankert sein.

Abgeleitet aus den SDGs könnten das speziell für Produkte sein:

- Energieverbrauch,
- Treibhausgasemissionen,
- Wasserverbrauch,
- Abfallaufkommen,
- Ressourceneffizienz,
- Umweltauswirkungen,
- Gesundheitsauswirkungen,
- Informationen zum nachhaltigen Konsum, zur Entsorgung,
- Informationen zur Rücknahme,
- Wiederverwendbarkeit,
- Recyclingfähigkeit.

In einem Workshop mit Ihrem Team lassen sich weitere konkrete Kriterien bei der Auswahl von Produkten oder Dienstleistungen finden.

Bei der Vertragsgestaltung beachten Sie die Verankerung von Nachhaltigkeit in den Einkaufsdokumenten wie Lieferantenselbstverpflichtung, Einkaufsbedingungen, Rahmenverträge sowie verhandeln Sie Sanktionen und Korrekturmaßnahmen bei Verstößen. Ebenso wichtig ist es, faire Zahlungsziele mit Ihren Lieferanten zu vereinbaren.

Für Ihre eigene Treibhausgasbilanzierung ist es enorm wichtig, auch die Treibhausgasemissionsdaten aus Ihrer Lieferkette zu kennen. Fragen Sie Ihre Lieferanten direkt nach Treibhausgasdaten zu Ihren Produkten oder zu Lebenszyklusbetrachtungen.

Bieten Sie für Ihre Lieferanten Schulungen zu Nachhaltigkeit und den SDGs an und entwickeln Sie gemeinsam Lösungen zu bestehenden Problemen.

Überprüfen Sie die Leistung Ihrer Lieferanten regelmäßig z. B. mit Audits, die Ihre festgelegten Nachhaltigkeitskriterien beinhalten. Schließen Sie sich bei der Durchführung der Audits einer Initiative an, so übernehmen Sie gemeinsam einheitliche Vorgaben und können den Datenaustausch vereinfachen.

Auch die öffentliche Vergabe wird nachhaltiger. Die Bundesregierung hat das deutsche Vergaberecht anlässlich des neuen gemeinschaftsweiten EU-Vergaberechts modernisiert. Es sieht vor, die Vergabe stärker zur Unterstützung strategischer Ziele nutzen zu können, etwa soziale, umweltbezogene und innovative Aspekte zu fördern (vgl. Deutsche Nachhaltigkeitsstrategie 2021).

Schritt 4: Steuern und Lernen

Nachdem die nachhaltige Beschaffung schrittweise in Ihr Unternehmen integriert wurde, sollten Sie in Ihrem Team alle MitarbeiterInnen schulen und sicherstellen, dass das Team befähigt ist, alle Vereinbarungen und Maßnahmen umzusetzen sowie dass die Beziehung zwischen Einkäufer und Lieferant nachhaltig gestaltet werden kann.

Damit Sie über die umweltfreundlichsten oder ökoeffizientesten Materialien und Rohstoffe auf dem neusten Stand bleiben, ist es wichtig, sich regelmäßig zu informieren, z. B. in Fachpublikationen, technischen Datenblättern, Umweltsiegeln, Websites usw.

Im Einkauf haben Sie durch die Integration von Nachhaltigkeitsaspekten einen sehr großen Einfluss auf die SDGs.

Weiterführende Informationen

- Im April 2017 wurde die ISO 20400 veröffentlicht. Damit werden Unternehmen auf operativer und strategischer Ebene bei der Gestaltung einer nachhaltigeren Beschaffung unterstützt. Der Begriff Nachhaltigkeit wird hierbei nicht nur auf der ökologischen Ebene genutzt, sondern beinhaltet auch soziale und ökonomische Aspekte
- Der CSR Risiko Check bietet eine kostenfreie Möglichkeit zur ersten Risikobewertung in der Lieferkette an: https://www.mvorisicochecker.nl/de
- Der KMU Kompass unterstützt beim Lieferketten managen und umsetzen der Sorgfaltspflichten: https://kompass.wirtschaft-entwicklung.de/
- Weitere Unterstützung bietet der Beschaffungsstandard „Social Accountability" (SA8000)

Literatur

Albright Stiftung (2022) Kampf um die besten Köpfe. Die Konkurrenz um die Vorständinnen nimmt zu. Albright Stiftung, S 16

Auswärtiges Amt (2020) Zwischenbericht Erhebungsphase 2020

Braungart M, McDonough W (2021) Cradle to Cradle: einfach intelligent produzieren. 7. Aufl., ungekürzte Taschenbuchausgabe. Übers.: Schuler K, Pesch U. Piper (Piper, 30467), München

Capgemini (2022) Nachhaltiger Einkauf in der Energie- und Wasserwirtschaft

Cradle to Cradle Products Innovation Institute (2021) Cradle to Cradle Certified® Version 4.0. User guidance

Deutsche Nachhaltigkeitsstrategie – Langfassung (2021). Berlin

DIN ISO 20400:2021-02. Nachhaltiges Beschaffungswesen – Leitfaden (ISO 20400:2017) (2021). Beuth Verlag

Europäische Kommission (2014) ‚Communication From The Commission To The European Parliament, The Council, The European Economic And Social Committee And The Committee Of The Regions Towards a circular economy: a zero waste programme for Europe'

Europäische Kommission (2019) ‚Mitteilung Der Kommission An Das Europäische Parlament, Den Europäischen Rat, Den Rat, Den Europäischen Wirtschafts- Und Sozialausschuss Und Den Ausschuss Der Regionen – der europäische Grüne Deal'. https://eur-lex.europa.eu/resource.html?uri=cellar:b828d165-1c22-11ea-8c1f-01aa75ed71a1.0021.02/DOC_1&format=PDF. Zugegriffen: 28. Jan. 2023

European Commission, Directorate-General for Energy, Directorate-General for Enterprise and Industry, (2012) Ecodesign your future :how ecodesign can help the environment by making products smarter. LU: Publications Office. https://data.europa.eu/doi/10.2769/38512. Zugegriffen: 12. Febr. 2023

Fröhlich E (Hrsg.) (2015) CSR und Beschaffung: theoretische wie praktische Implikationen eines nachhaltigen Beschaffungsprozessmodells. Springer Gabler (Management-Reihe Corporate Social Responsibility), Berlin

Gehrke B, Ingwersen K Schasse U (2021) Innovationsmotor Umweltschutz: Forschung und Patente in Deutschland und im internationalen Vergleich. Im Auftrag des Umweltbundesamtes, S. 117

Giunipero LC, Hooker RE, Denslow D (2012) Purchasing and supply management sustainability: drivers and barriers. J Purch Supply Manag 18(4):258–269

Global estimates of modern slavery forced labour and forced marriage (2022). International Labour Office, Geneva

‚Global Slavery Index‘ (kein Datum). https://www.globalslaveryindex.org/2018/data/maps/#prevalence. Zugegriffen: 11. Juli 2022

Henschel T, Heinze I (2016) Governance, Risk und Compliance im Mittelstand: Praxisleitfaden für gute Unternehmensführung. Schmidt, Berlin

Hunt V, Layton D, Prince S (2015) Diversity Matters. McKinsey&Company

Jamal Y, Tietze D (2021) Leitfaden Nachhaltige Beschaffung. Bundesverband Materialwirtschaft, Einkauf und Logistik e. V. (BME)

‚Lebenslanger Reparaturservice‘ (kein Datum) https://www.deuter.com/de-de/verantwortung/reparaturservice. Zugegriffen: 1. Sept. 2022

‚Lieferketten – Überblick‘ (kein Datum) https://www.bafa.de/DE/Lieferketten/Ueberblick/ueberblick_node.html. Zugegriffen: 8. Nov. 2022

Murray A, Skene K, Haynes K (2017) The circular economy: an interdisciplinary exploration of the concept and application in a global context. J Bus Ethics 140(3):369–380

‚SDG 8: Menschenwürdige Arbeit und Wirtschaftswachstum‘ (kein Datum). https://www.bmz.de/de/agenda-2030/sdg-8. Zugegriffen: 13. Nov. 2022

‚Shiftphones zur Miete‘ (kein Datum). https://www.shiftphones.com/commown/. Zugegriffen: 10. Sept. 2022

Small MW (2006) Management development: developing ethical corporate culture in three organisations. J Manag Dev 25(6):588–600

7

Die SDGs und Nachhaltigkeit im Unternehmen umsetzen

Zusammenfassung Nachhaltigkeit im Unternehmen anzugehen und umzusetzen, stellt für viele Unternehmen eine große Herausforderung dar. Wichtig dabei ist, von der strategischen Verankerung zügig ins Handeln und Umsetzen zu kommen. Dabei ist es sinnvoll, Nachhaltigkeit im Unternehmen als Programm anstatt als Projekt aufzusetzen. Grundlagenwissen zu Veränderungsprozessen und deren Begleitung sind ein weiterer wichtiger Erfolgsfaktor, die SDGs und Nachhaltigkeit im Unternehmen zu etablieren.

Nachdem Sie Ihr Unternehmen unter Nachhaltigkeitsgesichtspunkten unter die Lupe genommen haben, die Vision und die Strategie mit den SDGs entwickelt haben, an Ihrer nachhaltigen Kultur und Haltung gearbeitet haben, Ihre „Governance" mit den SDGs bearbeitet haben, fragen Sie sich vielleicht, wie Sie die gesetzten Ziele nun erreichen und Nachhaltigkeit im Unternehmen verankern. Zur gelungenen Umsetzung möchte ich Ihnen Hinweise im folgenden Kapitel geben.

7.1 Nachhaltigkeit: ein Programm und kein Projekt

Die Umsetzung hat per se wenig mit den Inhalten der SDGs zu tun und auch wenig mit Nachhaltigkeit.

P. Moock, *SDGs im Mittelstand,* SDG - Forschung, Konzepte, Lösungsansätze zur Nachhaltigkeit, https://doi.org/10.1007/978-3-662-67736-0_7

Für viele Organisationen und Unternehmen stellt sich nun die Frage: Die Vision ist überarbeitet oder neu erstellt, die Strategie ist beschlossen, die regulatorischen Anforderungen geprüft, aber wie kommt man nun ins Umsetzen? Viele Unternehmen setzen dann viele einzelne Projekte auf, die alle im Unternehmen unterschiedlich angesiedelt sind. Der Einkauf setzt die Erfüllung des LKSGs um, der Energiemanager berechnet die Treibhausgasbilanz, F&E und die Produktion kümmern sich um die Kreislauffähigkeit der Produkte. Oder das andere Extrem ist der Fall und alles landet zur Umsetzung auf dem Tisch des Nachhaltigkeitsmanagers. Beide Praxen führen selten zum gewünschten Ergebnis. Da die Verankerung von Nachhaltigkeit zur Erfüllung von strategischen Zielen dient, die Umsetzung die ganze Organisation betrifft, viele Themen im Querschnitt betrachtet werden müssen und die Umsetzung meistens in mehreren Zyklen oder Phasen über mehrere Jahre abläuft, sollte Nachhaltigkeit als Programm organisiert werden. Ein Projektcharakter würde dem fortdauernden Prozess der stetigen Verbesserung und Veränderung nicht gerecht werden (vgl. Project Management Institute 2013).

> Transformationen und Veränderungen hin zu einem nachhaltigen Unternehmen sind immer als ein Programm und nicht als Projekt aufzusetzen.

Programmmanagement und Projektmanagement sind beides Methoden, um Ziele und Aufgaben zu erreichen, aber sie unterscheiden sich in ihrem Umfang und ihrem Zweck.

Projektmanagement konzentriert sich auf die erfolgreiche Durchführung eines einzelnen Projekts innerhalb eines definierten Zeitrahmens, Budgets und Ressourcen. Projekte haben in der Regel klar definierte Anfangs- und Enddaten und sind in sich abgeschlossen.

Programmmanagement hingegen konzentriert sich auf die erfolgreiche Durchführung mehrerer Projekte, die eng miteinander verknüpft sind und die gemeinsam ein größeres Ziel erreichen. Beim Programmmanagement ist die Zusammenarbeit und die Abstimmung der Projekte untereinander von großer Bedeutung, um Synergien zu erreichen und Risiken zu minimieren. Es hat in der Regel kein klares Enddatum, sondern arbeitet ständig an der Umsetzung und Optimierung der Projekte im Rahmen des Programms.

In der Praxis hat sich folgendes Vorgehen als sehr erfolgreich erwiesen: das Aufsetzen von Nachhaltigkeit als Programm mit ProgrammleiterInnen und mit einem Sponsorensystem für jedes einzelne Projekt, das an dieses Programm angegliedert ist. In Abb. 7.1 ist ein solcher Aufbau exemplarisch dargestellt.

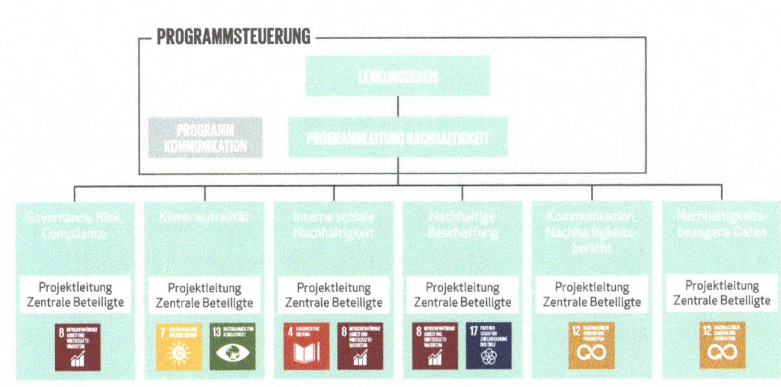

Abb. 7.1 Beispielhaftes Nachhaltigkeitsprogramm. (© Moock 2023. All Rights Reserved)

Wie setzen Sie am besten ein solches Nachhaltigkeitsprogramm auf?

- **Schritt 1 Zielklärung:** Zunächst muss das allgemeine Ziel des Programms klar definiert werden, welches es zu erreichen gilt. Das übergeordnete Ziel des Programmes leitet sich aus dem strategischen Aktionsprogramm ab (vgl. dazu Kap. 4). Zusätzlich gilt es zu definieren, welche konkreten Ziele das Programm verfolgt.
- **Schritt 2 Projektauswahl:** Es müssen Projekte und Maßnahmen identifiziert werden, die zusammenarbeiten und die das Programmziel erreichen. Diese Projekte sollten sorgfältig ausgewählt werden, um sicherzustellen, dass sie sinnvoll und notwendig sind und dass sie zusammenarbeiten können.
- **Schritt 3 Programmstruktur:** Eine Programmstruktur muss erstellt werden, die die Organisation, die Entscheidungsorgane, die Verantwortlichkeiten und die Kommunikationskanäle des Programms definiert.
- **Schritt 4 Ressourcenplanung:** Es müssen Ressourcen wie Personal, Finanzen und technologische Unterstützung bereitgestellt werden, um das Programm erfolgreich durchführen zu können.

- **Schritt 5 Projektplanung:** Ein Projektplan muss erstellt werden, der die Zeitpläne, die Budgets, die Ressourcen und die Ergebnisse für jedes Projekt im Programm enthält.
- **Schritt 6 Überwachung und Steuerung:** Ein System zur Überwachung und Steuerung des Programms muss eingerichtet werden, um sicherzustellen, dass das Programm auf Kurs bleibt und dass Probleme frühzeitig erkannt und behoben werden können.

Die jeweiligen Aktivitäten, die sich aus den strategischen Zielen ableiten, werden im 2. Schritt in Projekte gruppiert. Im Bereich Nachhaltigkeit gibt es einige „Standardprojekte", die für viele Unternehmen zentral in der Nachhaltigkeitsarbeit sind und die es umzusetzen gilt. Dazu zählen:

a) „Governance", Risiko, Compliance in Bezug auf Nachhaltigkeitsanforderungen,
b) Klimaneutralität,
c) interne soziale Nachhaltigkeit,
d) externe soziale Nachhaltigkeit und nachhaltige Beschaffung,
e) Nachhaltigkeitsbericht bei der Erstberichterstattung,
f) nachhaltigkeitsbezogene Daten.

Im Produktionsumfeld zusätzlich:

g) Ressourceneffizienz/Kreislaufwirtschaft,
h) Biodiversität und Umweltverschmutzung.

Eine zentrale Verantwortlichkeit für Nachhaltigkeitstransformation im Unternehmen ist zur Steigerung der Erfolgschancen Ihrer Veränderung extrem wichtig und ist Teil des 3. Schritts zum Aufsetzen der Projektstruktur. Der/Die ProgrammleiterIn wird in der Regel vom Lenkungskreis des Programms bestimmt und eingesetzt. Je nach Organisation ist es sinnvoll, die Nachhaltigkeitsverantwortlichen dafür einzusetzen. Der/Die ProgrammleiterIn übernimmt typischerweise folgende Aufgaben:

- Aufsetzen des formellen Programms.
- Dokumentation der Ziele, des Umfangs und der erwarteten Ergebnisse aus dem Programm.
- Regelmeetings mit den Projektverantwortlichen und Statusabfrage der Projekte.

- Identifikation von Stakeholdern des Programms, ihre Bedürfnisse und Erwartungen verstehen und einen Plan zur Einbindung der Stakeholder entwickeln.
- Konsolidierte Informationsbereitstellung an den Lenkungskreis.
- Erstellen der Programm-Roadmap, der Verfolgung des Fortschritts und der Entscheidungsfindung.
- Ermittlung von Abhängigkeiten in den einzelnen Projekten.
- Kommunikation von Programmanforderungen.
- Ermittlung und Minderung von Risiken und Lösung von Konflikten und Problemen.

Der Kommunikation im Programm kommt eine bedeutende Rolle zu. Es ist wichtig, dass alle Beteiligten über das Programm informiert sind und ihre Rolle und Verantwortung verstehen, um eine erfolgreiche Umsetzung zu gewährleisten.

Die einzelnen Inhalte und Aufgaben der Projekte werden dann in den weiteren Schritten nach den allgemein gültigen Projektmanagement-standards aufgesetzt, die Ressourcen geplant, die zeitliche Abfolge bestimmt und durchgeführt. Ernennen Sie zu jedem Projekt eine ProjektleiterIn. In der Praxis hat es sich bewährt, die ProjektleiterInnen entsprechend ihrem Wissen bezüglich der betreffenden Prozesse in der Ablauforganisation einzusetzen. Die ProjektleiterInnen können durch kompetente MitarbeiterInnen aus der Nachhaltigkeitsabteilung mit ergänzendem Nachhaltigkeits-fachwissen unterstützt werden und als SparringspartnerInnen für die ProjektleiterInnen dienen. Falls die Nachhaltigkeitsabteilung nicht die nötigen Ressourcen hat, bietet es sich an, die ProjektleiterInnen zu Beginn des Projektes entsprechend zu schulen, was direkt die erste Aufgabe inner-halb des Projektes darstellen könnte. Je nach Besetzung der einzelnen ProjektleiterInnen erhöht es die Erfolgschancen, wenn zu jedem Projekt ein Sponsor auf oberster Ebene eingesetzt wird. Die Knüpfung der variablen Vergütung der jeweiligen Sponsoren an die Zielerreichung der Projekte und des Programms hat eine Signalwirkung auf die MitarbeiterInnen und führt ebenso zur Erhöhung der Erfolgschancen des Programms.

Je nachdem, ob zu Beginn des Projektes alle Anforderungen bekannt sind (bei der Umsetzung des LKSG sind diese hinlänglich bekannt – bei der Umsetzung von Kreislauffähigkeit wahrscheinlich weniger), kann es vielversprechend sein, einen Teil der Projekte im klassischen Projektmanagement-stil zu führen und einen Teil agil. Jedoch nur, wenn Ihre Organisation mit beiden Stilen reichlich Erfahrung gesammelt hat und die Unterschiede kompetent managen kann.

Der Abschluss der einzelnen Projekte könnte der Aufbau von zielführenden Strukturen sein und die Übergabe in den Regelbetrieb in diese aufgebauten Strukturen bilden.

Im Gegensatz zu Reduktionszielen, z. B. im Bereich der Treibhausgasemissionen oder des Abfallaufkommens, ist Nachhaltigkeit ein nach oben hin offenes System. Jede Organisation, jedes Land, jeder innerhalb der Zivilgesellschaft kann immer noch ein Stück nachhaltiger werden. Aus diesem Grund sollten Unternehmen frühzeitig eine geeignete Verankerung in der Unternehmensstruktur und in den Funktionen anstreben, um Nachhaltigkeit auch organisatorisch und funktional nach dem Abschluss der Projekte zu etablieren und zu stabilisieren.

7.2 Transformation und Veränderungsmanagement

Eine gelingende Umsetzung jeder Transformation beginnt mit dem Wissen zu Veränderungsmanagement. Programmverantwortliche und ProjektleiterInnen haben idealerweise neben Fachkenntnissen zur Nachhaltigkeit auch Grundwissen über Veränderungsprozesse.

Glasl et al. (2020) beschreiben Prinzipien der Veränderung, die es in Transformationsprozessen zu beachten gilt. Diese erweitere ich im Folgenden um die Aspekte der Nachhaltigkeit:

I. Ziel-Weg-Stimmigkeit: Wenn Nachhaltigkeit das erklärte Ziel ist, sollte der Weg dorthin auch nachhaltig sein.
II. Betroffene zu Beteiligten machen: MitarbeiterInnen direkt von Anfang an einbeziehen und Verantwortung übertragen.
III. Entwickeln und Verändern der Organisation als permanenter Prozess: Da Nachhaltigkeit ein nach oben offener Bezugsrahmen ist, ist die Arbeit hin zu einem nachhaltigeren Unternehmen ein kontinuierlicher Prozess.
IV. Weg vom Verändern der Organisation, hin zum Organisieren der Veränderung.
V. Zweifache Wirkung eines nachhaltigen Veränderungsprozesses: verbessertes Ergebnis und Verbesserungsfähigkeit der Organisation.

Des Weiteren gibt es nach Glasl et al. sieben Basisprozesse der Veränderung, die ich in Bezug mit den vorangegangenen Kapiteln und speziell mit Nachhaltigkeit bringe:

1. **Diagnoseprozesse:** Analyse und Bewertung ergeben eine Diagnose einer zu bestimmenden Situation. Methoden dazu habe ich in Kap. 3 beschrieben. Ziel von Diagnoseprozessen ist es, ein gemeinsames Verständnis der Situation und ein gemeinsames Problembewusstsein zu erlangen. Ebenso bildet die Diagnose die Grundlage für weitere Entscheidungen. Diagnosen sollten nicht nur zu Beginn der Nachhaltigkeitsarbeit stattfinden.

2. **Zukunftsgestaltungsprozesse:** Diese umfassen alle Aktivitäten und Interventionen, die die Zukunft bestimmen. Die Beteiligten erarbeiten hier die gewünschte Zukunft; vor allem die Vision und die Strategie sowie weitere Programm- und Projektziele. Möglichkeiten zur nachhaltigen Zukunftsgestaltung dazu habe ich in den Abschn. 4.2 und 4.3 beschrieben. Ich unterstreiche auch hier noch mal die Wichtigkeit der Partizipation: Bei der späteren Umsetzung können sich die Menschen durch transparente und ehrliche Beteiligung ganz anders mit den Projekten identifizieren, als wenn ihnen ein fremdes Top-down-Konzept einfach übergestülpt würde.

3. **Psychosoziale Prozesse:** Damit sind alle Interventionen und Prozesse gemeint, die Spannungen, Widerstände, bisherige Rollenverständnisse hinterfragen und auflösen sowie Konflikte bearbeiten. Psychosoziale Interventionen sollen den betroffenen Menschen helfen, sich von bisherigen Gewohnheiten und Haltungen zu lösen. Um Nachhaltigkeit im Unternehmen zu verankern, brauchen wir ein neues Mindset und eine neue Haltung, wie in Abschn. 5.1 beschrieben. Das wird bei vielen Ihrer KollegInnen sicherlich zu Spannungen und eventuell auch zu Konflikten führen. Sich von alten Denkmustern zu lösen ist nicht leicht. Im gesamten Kap. 5 habe ich Möglichkeiten, die zu einem nachhaltigen Mindset und Kultur beitragen, beschrieben. In individuellen Projekt- oder Programmsituationen ist es besonders wichtig, auf die psychosozialen Prozesse zu achten. Wenn Sie feststellen, dass einzelnen SchlüsselmitarbeiterInnen Schwierigkeiten haben, sich mit der Veränderung hin zu mehr Nachhaltigkeit anzufreunden, wenn es Widerstände oder andere Hemmnisse gibt, gehen Sie dem auf den Grund; z. B. in einem Zwiegespräch.

4. **Lernprozesse:** Hierbei geht es um die Lernprozesse bezogen auf Fachwissen zu Nachhaltigkeit (näher beschrieben in Abschn. 5.2) und ebenso um das Erlernen eines neuen Mindsets und neuer Muster, um unter den neuen Bedingungen gut arbeiten zu können, was ich in Abschn. 5.1 näher erläutert habe. Auch das Durchführen von Experimenten und Pilotprojekten ist unter Lernprozessen im engeren Sinn zu verstehen, wenngleich das auf der Ebene von Gruppen und Teams geschieht.

5. **Informationsprozesse:** Informationslücken entstehen in Veränderungs-
prozessen und Transformationen allein schon dadurch, dass nicht alle
MitarbeiterInnen an allen Prozessen beteiligt werden können. Es ist
wichtig, mit gezielten Informationsprozessen schon in der frühen Phase
der Nachhaltigkeitsarbeit diese Lücken zu schließen. Sie beugen dadurch
Gerüchten und Ängsten vor und schaffen ein Umfeld, das eine hohe
Motivation zu Nachhaltigkeit und der Umsetzung begünstigt. Weitere
Hinweise dazu finden Sie in Kap. 8.

6. **Umsetzungsprozesse:** Das Handeln und Umsetzen ist natürlich ein
weiterer wichtiger Prozess für die Gestaltung der Veränderung. Die
Umsetzungsprozesse müssen nicht erst nach monatelanger Strategiearbeit
beginnen. Sie können kleinere Maßnahmen zur Steigerung der Nachhaltigkeit im Unternehmen bereits früh implementieren und erste Erfolge
feiern. Generelle Hinweise zu Umsetzungsprozessen sind in diesem
Kapitel beschrieben.

7. **Changemanagementprozesse:** In diesen Oberbegriff fließen alle Aktivitäten, die die Veränderung steuern, lenken und kontrollieren. Dies kann
z. B. im beschriebenen Nachhaltigkeitsprogramm organisiert werden
oder die zusätzliche Rolle der NachhaltigkeitsmanagerIn sein. Die
Organisation in einem Programm habe ich im Abschn. 7.1 beschrieben.

Diese Basisprozesse gilt es als Verantwortliche bzw. Verantwortlicher für
Nachhaltigkeit und als ProgrammleiterIn für Nachhaltigkeit ständig im
Blick zu behalten und zu managen.

Tranformationsbeispiel: vom Insektizidhersteller zum Insektenretter
Ein beeindruckendes Beispiel für eine langfristig angelegte und erfolgreiche
Transformation des gesamten Unternehmens ist die Reckhaus GmbH & Co.
KG. Das Unternehmen aus Bielefeld mit schweizerischem Standort, 1956
gegründet, hat sich von der Herstellung von Insektiziden zu einem Insekten-
retter weiterentwickelt.

Die Veränderung begann vor etwa 10 Jahren, als Reckhaus ein Künstler-
duo mit dem Design einer neuen Fliegenfalle beauftragen wollte. Statt-
dessen konfrontieren die Künstler Reckhaus mit den Auswirkungen seines
Insektenbekämpfungsgeschäfts. Sie forderten ihn auf, die Beziehung
zwischen Mensch und Insekt zu hinterfragen: Was ist der Wert eines
Insekts? Er erkannte, dass der drastische Biodiversitätsverlust und die

zunehmende Verbreitung von resistenten Insektenpopulationen ein großes Problem darstellte und dass es dringend notwendig war, Alternativen zu den herkömmlichen chemischen Insektiziden zu entwickeln und sein gesamtes Geschäftsmodell drastisch zu verändern.

2012 startete die neue Marke Dr. Reckhaus: die weltweit ersten Insektenbekämpfungsprodukte mit ökologischer Kompensation. Das Prinzip dahinter lautete: Weniger Insekten töten, und wenn es sein muss, insektizidfrei und mit ökologischer Kompensation. Im nächsten Schritt druckte das Unternehmen Warnhinweise „Tötet wertvolle Insekten" auf die Verpackungen, die den Warnhinweisen derer auf Zigarettenschachteln ähneln.

> „Ein unternehmerisches Herz sollte für eine zukunftsfähige Wirtschaft schlagen (Dr. Hans-Dietrich Reckhaus, Ag 2019)."

Der nächste logische Schritt für den Unternehmer war, vollständig auf das Töten verzichten. „Das ist für einen traditionsreichen Biozid-Hersteller erstmal ein schwieriger und sehr beängstigender Gedanke – aber es ist nicht unmöglich!", schreibt er auf der Website des Unternehmens. Im Juli 2020 führte das Unternehmen sein erstes Insektenrettungsprodukt, eine Lebendfliegenfalle, vor.

Das Unternehmen hat auch seine gesamte Geschäftsphilosophie geändert, um die Bedürfnisse der lokalen Gemeinden und Umwelt zu berücksichtigen. Reckhaus engagiert sich nun in verschiedenen sozialen und ökologischen Projekten und hat sich zum Ziel gesetzt, langfristige Partnerschaften mit lokalen Gemeinden und Umweltgruppen aufzubauen.

Die Bemühungen von Reckhaus wurden von der Branche und von Umweltgruppen anerkannt. Das Unternehmen wurde mehrfach für seine nachhaltigen Praktiken ausgezeichnet, darunter der „Green Chemistry Award" für die Entwicklung natürlicher Insektizide. Reckhaus wurde des Weiteren mit Insect Respect als Projekt mit zahlreichen Preisen ausgezeichnet, unter anderem der UN-Dekade für biologische Vielfalt 2020, mit dem Sustainability Heroes Award und dem Silver Award bei den WorldMediaFestivals. Nominiert wurde er für den Deutschen Nachhaltigkeitspreis, den Deutschen Innovationspreis für Klima und Umwelt, den Marketing for Future Award sowie den Swiss Ethics Award (Dr. Reckhaus 2020).

Literatur

Ag M (2019) „Einsatz für Insekten ausgezeichnet", LEADER Digital – Das Ost-schweizer Wirtschaftsportal, 7 Februar. https://www.leaderdigital.ch/news/einsatz-fuer-insekten-ausgezeichnet-2720.html. Zugegriffen: 29. Dez. 2022

Reckhaus (2020) Geschichte. https://dr-reckhaus.com/geschichte. Zugegriffen: 29. Dez. 2022

Glasl F, Kalcher T, Piber H (Hrsg.) (2020) Professionelle Prozessberatung: das Trigon-Modell der sieben OE-Basisprozesse, 4. Aufl. Haupt, Bern

Project Management Institute (Hrsg.) (2013) The standard for program management. 3., Aufl. Project Management Institute, Newtown Square

8

Nachhaltige Kommunikation mit den SDGs gestalten

Zusammenfassung Die Kommunikation für Nachhaltigkeit ist ein Schlüsselelement der Nachhaltigkeitsarbeit im Unternehmen. Der Nachhaltigkeitsbericht ist dabei ein zentrales Element der externen Nachhaltigkeitsberichterstattung. Die SDGs können dabei unterstützen den lokalen Bemühungen eine globale Verbindung zu geben. Sie eignen sich hervorragend für die Strukturierung des eigenen Nachhaltigkeitsberichtes. Zusätzlich sind sie ein nützliches Mittel, um die interne Kommunikation zu Nachhaltigkeit sicher aufzustellen.

Die Kommunikation der nachhaltigen Positionierung von Unternehmen nach außen nimmt an Wichtigkeit immer weiter zu: Einerseits wird die Offenlegung von Nachhaltigkeitsaktivitäten seitens der Politik im Rahmen von gesetzlichen Vorgaben gefordert (siehe CSRD, LKSG, NFRD), andererseits verlangen auch Stakeholder und im Allgemeinen die Gesellschaft mehr Transparenz über die ökologischen und sozialen Auswirkungen des Handelns von Unternehmen. Das SDG 12 und das Unterziel 12.6 „Die Unternehmen dazu ermutigen, nachhaltige Verfahren einzuführen und in ihre Berichterstattung Nachhaltigkeitsinformationen aufzunehmen" nimmt direkten Bezug dazu und unterstreicht die Wichtigkeit der Nachhaltigkeitsberichterstattung.

Aber auch intern müssen Nachhaltigkeitsstrategien erfolgreich kommuniziert werden, denn andernfalls ist ein ausreichendes Engagement seitens der

P. Moock, *SDGs im Mittelstand,* SDG - Forschung, Konzepte, Lösungsansätze zur Nachhaltigkeit, https://doi.org/10.1007/978-3-662-67736-0_8

MitarbeiterInnen nicht garantiert und ohne dieses ist die nachhaltige Entwicklung Ihres Unternehmens zum Scheitern verurteilt.

Im Allgemeinen gilt es, bei der Nachhaltigkeitskommunikation ein paar Grundregeln zu beachten, allen voran die Glaubwürdigkeit Ihrer kommunizierten Inhalte:

1. Es ist wichtig, transparent und ehrlich zu bleiben, auch wenn es um schwierige und umstrittene Themen, Zielkonflikte oder um nicht erreichte Ziele geht. Ziele sollten immer konkret formuliert und damit verbundene Ergebnisse messbar sein. Formulieren Sie Ihre Ziele und Stellungnahmen eindeutig und unmissverständlich und vermeiden Sie vage Aussagen. So können die AdressatInnen Ihre Intentionen einordnen und Ihre Bemühungen von reinen Greenwashingmaßnahmen unterscheiden.
2. Lassen Sie Ihren Worten Taten folgen: Belegen Sie Ihre Aussagen nach Möglichkeit auch immer mit Praxisbeispielen aus Ihrem Unternehmen, um Ihre Aktivitäten sichtbar und greifbar zu machen.
3. Fokussieren Sie sich inhaltlich auf die Bereiche, in denen Ihr Unternehmen einen echten Unterschied macht – diese treffen bei Ihren Stakeholdern auf das größte Interesse.
4. Wählen Sie in Ihrer Kommunikation eine authentische Sprache, die Ihrer Unternehmensidentität und -kultur entspricht.
5. Um Ihre Zielgruppen zu nachhaltigem Handeln zu inspirieren, eignen sich häufig auch unkonventionelle Kommunikationsansätze – haben Sie daher Mut zum Ungewöhnlichen.

Die folgenden Abschnitte befassen sich mit beiden Herausforderungen: der externen sowie der internen Kommunikation für Nachhaltigkeit. Für die externe Kommunikation zeige ich im ersten Teil des Kapitels ein umfassendes Konzept für die Nachhaltigkeitsberichterstattung auf. Dabei gehe ich auf wesentliche Standards ein und erläutere, wie Sie in Ihrem Bericht eine Verbindung zu den SDGs herstellen können. Weitere Formate für die externe Kommunikation sind vielfältig in weiterer Literatur beschrieben und nicht Teil dieses Buches. Im zweiten. Teil des Kapitels bringe ich Ihnen Methoden der internen Nachhaltigkeitskommunikation näher. Einen besonderen Fokus lege ich hierbei darauf, wie Sie Ihre MitarbeiterInnen auf Ihrer Reise zu einer nachhaltigen Entwicklung mit den SDGs ins Boot holen können.

8.1 Nachhaltigkeitsberichterstattung mit den SDGs

Der Nachhaltigkeitsbericht ist ein sehr gut geeignetes Mittel, um sich als Unternehmen zu den SDGs zu positionieren und die externe nachhaltigkeitsbezogene Kommunikation zu gestalten. Eine Studie der Global Reporting Initiative untersuchte im Zeitraum von 2020 bis 2021 Nachhaltigkeitsberichte nach GRI-Standards auf die Integration der SDGs. Die Ergebnisse zeigten, dass 83 % der untersuchten Unternehmen ihre Unterstützung der SDGs in ihren Nachhaltigkeitsberichten aussprechen. 69 % der Berichte wiesen einen Fokus auf die jeweils wichtigsten SDGs vor. Messbare Unternehmensziele als Beitrag zu den SDGs waren in 40 % der Berichte enthalten (GRI 2022, S. 9).

In diesem Kapitel vermittle ich Ihnen Grundlagen zur Nachhaltigkeitsberichterstattung und erläutere, wie Sie die SDGs in Ihren Nachhaltigkeitsbericht integrieren können.

8.1.1 Berichtspflichten und Berichtsstandards

Bevor ich mit Ihnen in den Prozess der Nachhaltigkeitsberichterstattung einsteige, möchte ich Ihnen zunächst einen Überblick über die Gesetzeslage und die gängigsten Berichtsstandards geben. Dieser Überblick dient als Einführung in das Thema Nachhaltigkeitsberichterstattung und stellt keinen Anspruch auf absolute Vollständigkeit, da er nicht Schwerpunkt dieses Kapitels ist. Welchen Berichtspflichten Ihr Unternehmen speziell unterliegt und welche Berichtsstandards sich dafür eignen, ist im Einzelfall zu prüfen.

Das erste Gesetz in Deutschland, das bestimmte Unternehmen dazu verpflichtet, über Nachhaltigkeitsaspekte ihrer Aktivitäten zu berichten, ist das **CSR-Richtlinie-Umsetzungsgesetz (CSR-RUG),** welches 2018 in Kraft trat. Hierin wurde die europäische Richtlinie, die **Non Financial Reporting Directive (NFRD),** in das deutsche Gesetz überführt. Laut NFRD müssen kapitalmarktorientierte Unternehmen, Kreditinstitute sowie Versicherungen mit jeweils mehr als 500 MitarbeiterInnen und Unternehmen, die im öffentlichen Interesse der EU-Mitgliedstaaten stehen, nicht finanzielle Nachhaltigkeitsinformationen offenlegen. Diese beinhalten Angaben zu Umwelt-, Sozial- und Arbeitnehmendenbelangen, zur Korruptionsbekämpfung und zur Einhaltung der Menschenrechte. Darüber hinaus sind Angaben über die zugehörigen Vorgehensweisen, Strategien und Risiken zu machen.

Im Jahr 2020 kam die EU-Taxonomie-Verordnung hinzu, welche Kriterien für die Bewertung der Nachhaltigkeit von Unternehmensaktivitäten definiert und die bisherigen Offenlegungspflichten näher ausführt. Unternehmen müssen innerhalb der EU-Taxonomie offenlegen, zu wie viel Prozent ihre Wirtschaftsaktivität, ausgedrückt in Umsatz, CapEx und OpEx, zur Erreichung der ökologischen Nachhaltigkeitsziele, die in der Taxonomie definiert sind, beitragen. (Eine Ausarbeitung der sozialen Nachhaltigkeitsziele in einer Sozialtaxonomie ist am Laufen.) Sie greift seit dem 1. Januar 2022 für alle EU-Mitgliedstaaten, Unternehmen von öffentlichem Interesse, die bereits der NFRD, sowie für Finanzmarktteilnehmer, die der **Sustainable Finance Disclosure Regulation (SFDR)** unterliegen. Grundlegend gilt es, die Erfüllung der in der EU-Taxonomie geforderten Kriterien darzulegen, wobei sich die Berichtspflicht für Finanz- und Nichtfinanzunternehmen unterscheidet.

Die SFDR ist 2021 in Kraft getreten und gilt für Finanzinstitute, die Finanzprodukte anbieten, d. h. Vermögensverwaltungen, Finanzberatungen und Versicherungsanbieter in der EU. Betroffene Unternehmen müssen die Nachhaltigkeitsauswirkungen ihrer Finanzprodukte sowie die Berücksichtigung von Nachhaltigkeitsfaktoren bei ihrer Entwicklung offenlegen.

Die jüngste Entwicklung der Berichtspflichten im Bereich Nachhaltigkeit ist die im Jahr 2022 durch die EU-Kommission verabschiedete **Corporate Sustainability Reporting Directive (CSRD),** die als Erweiterung der NFRD eine erhebliche Ausweitung der bisherigen Berichtspflichten vorsieht. Unter anderem werden von der CSRD ab 2026 auch kapitalmarktorientierte kleine und mittelständische Unternehmen betroffen sein. Sie sieht EU-weit umfassendere und einheitliche Maßstäbe für die Berichterstattung vor. Grundlage hierfür werden die **European Sustainability Reporting Standards (ESRS)** sein, für die die European Financial Reporting Advisory Group (EFRAG) im November 2022 Entwürfe vorgelegt hat. Die CSRD-Richtlinie zielt darauf ab, die Transparenz und Vergleichbarkeit der von großen Unternehmen und Konzernen in der EU offengelegten nicht finanziellen Informationen zu erhöhen, um Nachhaltigkeit und verantwortungsvolle Unternehmensführung zu fördern.

Im Vergleich zum CSR-RUG verlangt die EU-Richtlinie von den Unternehmen ein höheres Maß an Offenlegung, einschließlich Informationen zur strategischen Berücksichtigung von Nachhaltigkeit, der Integration in die Geschäftsmodelle, „Governance" in Bezug auf Nachhaltigkeit sowie weitere Sozial- und Umweltthemen. Die Richtlinie enthält auch Bestimmungen zur Überprüfung der berichteten nicht finanziellen Informationen, die ab einer

Karenzzeit ebenso von WirtschaftsprüferInnen geprüft werden und zur verstärkten Einbeziehung der Stakeholder.

Die Wahl des richtigen Standards für Ihr Unternehmen richtet sich in der Regel nach der Unternehmensgröße, der Branche und der strategischen Ausrichtung. Ich möchte darauf hinweisen, dass die ESRS als Teil der verpflichtenden CSRD in den nächsten Jahren voraussichtlich in den Fokus der Nachhaltigkeitsberichterstattung im europäischen Raum rücken wird. Folgende Berichtsstandards gehörten bisher zu den geläufigsten:

- **Global Reporting Initiative (GRI):** Die GRI-Standards zählen zu den weltweit meistgenutzten Standards der Nachhaltigkeitsberichterstattung. Sie eignen sich für Unternehmen verschiedener Sektoren und Größen und haben in ihrer aktuellen Auflage einen Fokus auf die Auswirkungen eines Unternehmens auf die Umwelt, Gesellschaft, Wirtschaft und Menschenrechte. Entscheidet sich ein Unternehmen nach Durchführung einer Wesentlichkeitsanalyse über einzelne Berichtsaspekte nicht zu informieren, so muss es dafür nachvollziehbare Gründe vorlegen. Die GRI-Standards legen Wert auf Qualität und Darstellung von Informationen. Im Jahr 2017 berichteten 75 % der Global Fortune 250 (G250), die 250 größten Unternehmen der Welt nach Umsatz, basierend auf der Fortune-500-Rangliste von 2016, dass sie den GRI-Berichtsrahmen anwenden (Blasco und King 2017, S. 28).
- **Deutscher Nachhaltigkeitskodex (DNK):** Der DNK besteht aus 20 Nachhaltigkeitskriterien und entsprechenden nicht finanziellen Leistungsindikatoren, die in einer öffentlichen Datenbank einsehbar sind. Er bietet Unterstützung für den Aufbau einer Nachhaltigkeitsstrategie und erleichtert den Einstieg in die Nachhaltigkeitsberichterstattung. Er ist daher vor allem bei kleinen und mittelständischen Unternehmen beliebt.
- **UN Global Compact:** Herausgegeben von den Vereinten Nationen, sieht der UN Global Compact 10 soziale und ökologische Mindeststandards vor, auf die sich mehr als 170 Länder geeinigt haben. Schwerpunkte sind die Wahrung der Menschenrechte, die Vereinigungsfreiheit, die Bekämpfung von Korruption und die Förderung umweltfreundlicher Technologien sowie des allgemeinen Umweltbewusstseins. Die Einhaltung der Standards können Unternehmen dann in einem jährlichen Bericht ("Communication on Progress") belegen.
- **Corporate Net-Zero Standard:** Der Corporate Net-Zero Standard ist ein vergleichsweise neuer Standard, der nach und nach mehr Aufmerksamkeit erhält. Er wurde im Jahr 2021 von der Science Based Targets Initiative (SBTi) als weltweit erster wissenschaftsbasierter Standard herausgegeben.

Er arbeitet auf ein Netto-Null-Emissionen-Ziel hin und orientiert sich am 1,5-Grad-Ziel des Pariser Klimaabkommens. Der Schwerpunkt des Standards liegt auf der schnellstmöglichen drastischen Senkung der Emissionen und der Formulierung kurz- und langfristiger Ziele in Bezug auf Emissionen. Er eignet sich daher besonders für die Treibhausgas-berichterstattung.

8.1.2 Konzept zur Erstellung eines Nachhaltigkeitsberichts mit den SDGs

Aus einem Nachhaltigkeitsbericht mit den SDGs als Basis sollte unbedingt der Nutzen aus der Arbeit mit den SDGs hervorgehen. Darüber hinaus sollte ein klarer Fokus Ihres Unternehmens auf spezifische SDGs erkennbar sein als Beweis dafür, dass Ihre Strategie dort ansetzt, wo sie am meisten Einfluss nehmen kann. Ihre positiven und negativen Einflüsse müssen dabei klar kommuniziert werden. Sie können Ihre Bemühungen untermauern, indem Sie in der Terminologie der SDGs berichten.

Im Allgemeinen folgt die Nachhaltigkeitsberichterstattung zwei wesentlichen Ansätzen: Dem Top-down- und dem Bottom-up-Ansatz. Im Top-down-Ansatz geht es darum, den gesetzlichen Offenlegungspflichten nachzukommen, d. h., alle Informationen und Daten bereitzustellen, die rechtlich erforderlich sind oder dem für Sie geltenden Berichtsstandard entsprechen. Der Bottom-up-Ansatz umfasst alle Berichtsinhalte, die Sie zusätzlich zu den vorgegebenen Inhalten anführen wollen, die also spezifisch für Ihr Unternehmen und relevant für Ihre Stakeholder sind.

Der Nachhaltigkeitsbericht ist grundlegend in Einleitung, Hauptinhalt und Abschluss unterteilt. In den folgenden Abschnitten beschreibe ich jeweils die Kernelemente und einen möglichen strukturellen Aufbau der genannten Berichtsteile.

Einleitung
Der **Einleitungsteil** bereitet die Lesenden auf den Hauptteil Ihres Berichts vor und sollte die folgenden wesentlichen Elemente enthalten:

- **Kurzüberblick über den Bericht:** Beschreiben Sie, worum es in Ihrem Bericht geht, und stecken Sie den Rahmen ab: Auf welchen Berichtszeitraum beziehen Sie sich? Wo sind die Grenzen des Berichts? An welche Berichtsstandards halten Sie sich? In welchem Zeitabstand berichten Sie?

- **Vorwort:** Im Vorwort nimmt die Unternehmensleitung zu aktuellen Nachhaltigkeitsthemen mit Bezug auf die SDGs Stellung. Sie sollte dabei Erfolge, Misserfolge und künftige Ziele des Unternehmens einbeziehen. Für Lesende ist die Botschaft der Geschäftsleitung ein Indiz dafür, wie ernsthaft eine nachhaltige Entwicklung mit den SDGs im Unternehmen vorangetrieben wird.
- **Unternehmensporträt mit wesentlichen Kennzahlen:** Geben Sie den Lesenden einen Überblick, was Ihr Unternehmen macht, und schaffen Sie damit eine Grundlage, damit die Lesenden die weiteren Informationen Ihres Berichts einordnen können. Heben Sie außerdem die wesentlichen Kennzahlen in Bezug auf Nachhaltigkeit hervor, damit ein schneller erster Überblick über die Entwicklungen in Ihrem Unternehmen gewährleistet ist. Hier können Sie auch gleich den ersten Bezug zu den SDGs herstellen, indem Sie die für Ihre Unternehmensaktivitäten wichtigsten SDGs herausstellen.
- **Vision und Strategie:** Legen Sie Ihre Vision für die nachhaltige Entwicklung Ihres Unternehmens dar. Arbeiten Sie heraus, welche langfristigen Ziele Sie erreichen wollen und welche Strategie Sie zur Erreichung Ihrer Ziele verfolgen. Auch hier können Sie die SDGs wieder optimal einbauen, indem Sie sie in Bezug zu Ihren Unternehmenszielen setzen.

Hauptteil

Im Hauptteil berichten Sie über die eigentlichen relevanten Nachhaltigkeitsaspekte.

In der Vorarbeit zur Erstellung der Inhalte zur Berichterstattung sammeln Sie alle zurzeit geltenden gesetzlichen Anforderungen sowie zukünftige Anforderungen und auch gegebenenfalls Anforderungen aus Branchenverbänden, Selbstverpflichtungen usw. zur Nachhaltigkeitsberichterstattung. Falls Sie freiwillig berichten, wählen Sie einen Transparenzstandard für die Berichterstattung.

Aus der Wesentlichkeitsanalyse (siehe Abschn. 3.2.5) erhalten Sie zusätzlich alle wesentlichen Themen, über die Sie mit den Transparenzstandards berichten. Sammeln Sie ebenso die geforderten Offenlegungen aus den Transparenzstandards.

Zuletzt sammeln Sie alle weiteren Offenlegungen, die in Ihrer Branche, in Ihrem lokalen Unternehmenskontext oder für Ihre Stakeholder zusätzlich relevant sind.

Ordnen Sie die Offenlegungen aus den verschiedenen Quellen Ihren Kernhandlungsfeldern, die sich aus Ihrer Strategie ableiten, zu. Sie können danach je Kernhandlungsfeld ein Kapitel erstellen und darin jeweils die Verbindung zu den SDGs herstellen. Konzentrieren Sie sich dabei auf Ihre Haupt-SDGs, die Sie zuvor (wie Abschn. 3.2.5.3 beschrieben) identifiziert haben und erläutern Sie Ihre positiven und negativen Wirkungen auf die jeweiligen SDGs. Wichtig ist, dass aus Ihrem Bericht der Status quo und Ihre Zielsetzungen für jedes der relevanten SDGs hervorgehen. Ihre strategischen Ziele und entsprechenden Maßnahmen können Sie um weitere journalistische Elemente wie Entwicklungsbeschreibungen oder Interviews von SchlüsselmitarbeiterInnen, die maßgeblich an der Umsetzung beteiligt sind, ergänzen. Gehen Sie beim Status quo insbesondere auch auf bisher gesetzte Ziele ein und erläutern Sie, inwieweit diese erreicht wurden. Achten Sie bei der Setzung neuer Ziele darauf, dass diese messbar und dem angestrebten Nachhaltigkeitsaspekt dienlich sind.

Falls Sie nach einem bestimmten Standard berichten und dieser eine Struktur bereits vorgibt, wie in etwa der DNK, nehmen Sie die Einordnung der SDGs zu den jeweiligen Standardaspekten vor. Die Offenlegungen nach GRI können Sie frei in Ihrem Bericht integrieren und müssen sich nicht an der Nummerierung der GRI-Offenlegungen halten.

Folgende SDG-spezifische Leitfragen sollte Ihr Bericht beantworten:

- Warum und wie haben Sie die jeweiligen SDGs als relevant identifiziert?
- Welche wesentlichen positiven und/oder negativen Auswirkungen hat Ihr Unternehmen auf die jeweiligen SDGs?
- Gibt es konkrete Unterziele der SDGs, auf die Ihr Unternehmen einzahlt? Gibt es konkrete Indikatoren, auf die Ihr Unternehmen einzahlt?
- Welche Faktoren machen den Einfluss meines Unternehmens auf dieses SDG messbar?
- Welche Ziele haben Sie für die jeweiligen SDGs definiert und welche Fortschritte konnten Sie bezüglich dieser Ziele bereits erzielen?
- Welche Zielkonflikte gibt es in meinem Unternehmen in Bezug auf die SDG? Wie können diese aufgelöst werden?
- Welche Strategien und Praktiken wenden Sie an, um die Auswirkung auf die jeweiligen SDGs zu managen?
- Wie integrieren Sie die jeweiligen SDGs in Ihr Unternehmen, um die gesetzten Ziele zu erreichen?

Abschluss

Der Abschluss enthält Informationen, die die im Hauptteil berichteten Sachverhalte stützen. Dazu gehören Datentabellen, Indizes (z. B. der GRI-Index) und relevante Auszüge der angewendeten Berichtsstandards. Des

Weiteren können Sie hier eine Übersicht Ihrer Unternehmensstruktur einfügen und sofern erforderlich weitere Anhänge. Sie können hier Schlussworte, Danksagungen und Ansprechpersonen unterbringen – nicht zu vergessen das Impressum.

Zuletzt müssen Sie festlegen, wo und in welcher Form Sie Ihren Nachhaltigkeitsbericht extern veröffentlichen wollen. Ein pragmatisches Verfahren ist sicherlich die Veröffentlichung in einem digitalen Dokument auf Ihrer Website. Aufwendiger ist die phasenweise Veröffentlichung mit einem begleitenden Podcast oder die Veröffentlichung auf dedizierten Unterseiten auf der Unternehmenshomepage. Fragen Sie sich dabei auch, inwieweit und wie Sie Ihren Stakeholdern im Rahmen Ihres Berichts eine Interaktionsmöglichkeit anbieten wollen.

8.2 MitarbeiterInnen abholen mit den SDGs

Die Nachhaltigkeitstransformation Ihres Unternehmens ist nur möglich, wenn alle MitarbeiterInnen an einem Strang ziehen und gemeinsam an der Umsetzung Ihres Nachhaltigkeitsprogrammes arbeiten.

Hierfür müssen einige Voraussetzungen geschaffen werden: Die MitarbeiterInnen müssen von dem Transformationsvorhaben überzeugt sein. Darüber hinaus müssen sie das nötige Wissen aufbauen, um die Nachhaltigkeitsstrategie Ihres Unternehmens verstehen, mitgestalten und letztlich auch in die Praxis umsetzen zu können und vor allem die Quervernetzung der einzelnen Vorhaben zu verstehen. In diesem Abschnitt gebe ich Ihnen Tipps an die Hand, wie Sie Ihre interne Nachhaltigkeitskommunikation mit den SDGs ausgestalten können, um Ihre MitarbeiterInnen für Ihr Transformationsvorhaben zu gewinnen. Außerdem gehe ich darauf ein, wie Sie Ihre MitarbeiterInnen beim Wissensaufbau im Bereich Nachhaltigkeit unterstützen können.

8.2.1 Interne Nachhaltigkeitskommunikation

Um erfolgreich an Ihrem Transformationsvorhaben mitzuarbeiten, benötigen Ihre MitarbeiterInnen unter anderem alle dafür relevanten Informationen. Eine Nachhaltigkeitstransformation ist ein Gestaltungsprozess der Zukunft, bei dem alle MitarbeiterInnen mitwirken sollten. Mehr als sie zu informieren, möchten wir also gemeinsam mit ihnen innovieren. Dafür braucht es interaktive, emotionale und kreative Methoden. Einige davon möchte ich Ihnen in den nächsten Abschnitten vorstellen. Dabei greife ich eine Mischung aus Grundelementen der Kommunikation in Bezug auf Nachhaltigkeit, Transformationsvorhaben und speziell der SDGs auf.

Damit Ihre MitarbeiterInnen mit dem nötigen "Commitment" an der Transformation mitarbeiten, benötigen Sie ihr Vertrauen. Sie müssen sich daher gut überlegen, ob und wenn ja, wie stark Sie Informationen während Ihres Transformationsprozesses filtern. Ich empfehle Ihnen, auf vollständige Transparenz zu setzen und jederzeit alle Informationen mit Ihren MitarbeiterInnen zu teilen. Das vorherige Filtern von Informationen führt zu Misstrauen, es signalisiert ein mangelndes Vertrauen Ihrerseits in Ihre MitarbeiterInnen und kann zu falschen Schlüssen führen, dass ihr Input nicht wichtig für Ihr Vorhaben ist. Unter diesen Umständen ist kein partizipativer Prozess möglich. Vollständige Information hingegen motiviert Ihre MitarbeiterInnen, auch für schwierige Herausforderungen Lösungen zu suchen.

Ein wichtiger allgemeiner Punkt, den ich Ihnen mit auf den Weg geben möchte, ist, dass ein wesentlicher Bestandteil von Kommunikation auch immer das Zuhören ist. Durch Zuhören können Sie sich einen Eindruck über die Situation Ihrer Adressaten verschaffen, um so Ihrerseits gezielter kommunizieren zu können. Ihre Zielgruppe zu kennen und zu verstehen, ist daher unabdingbar, um sich in sie hineinzuversetzen und für ihre Perspektive zu kommunizieren (alterozentrische Orientierung statt egozentrische Orientierung).

Wenn Sie Ihre MitarbeiterInnen von Ihrem Transformationsvorhaben überzeugen wollen, sollten Sie in Ihrer Kommunikation folgende Fragen unbedingt beantworten:

a) Wofür ist die Transformation notwendig (Stichwort Sinnvermittlung)?
b) Welche Erwartungen und Ziele sollen durch die Veränderung erfüllt werden?
c) Welche Strategien sollen dabei verfolgt werden?
d) Welche konkreten Auswirkungen hat die Transformation für die MitarbeiterInnen?

Es gibt viele Kommunikationsansätze, um die SDGs bei Ihren MitarbeiterInnen zu thematisieren. Wichtig dabei ist, dass Ihre Methoden im Einklang mit Ihrer Unternehmenskultur und -strategie stehen.

Verschaffen Sie sich zunächst Klarheit über die Bedürfnisse Ihrer Zielgruppe – in diesem Fall Ihre MitarbeiterInnen – und leiten Sie daraus geeignete Kommunikationsmittel und -medien ab. Nicht alle Menschen sind für dieselben Kommunikationswege empfänglich. Integrieren Sie daher unterschiedliche Methoden und Kanäle, um jede einzelne Person abzuholen (z. B. SDG-Moment in Besprechungen, Bildung von Arbeitsgruppen, Aktionen, Integration der SDGs im Intranet etc.).

Zeigen Sie für die Zielgruppen den Nutzen aus der Umsetzung der SDGs auf. Thematisieren Sie dabei hauptsächlich die SDGs, die für Ihr Unternehmen relevant sind und seien Sie offen für Ideen und Fragen Ihrer MitarbeiterInnen. Es ist enorm wichtig, bei Ihren MitarbeiterInnen ein Gefühl der Dringlichkeit für eine nachhaltige Entwicklung zu schaffen (beispielsweise über Storytelling, siehe unten). Präsentieren Sie dabei kein fertiges Umsetzungskonzept, sondern entwickeln Sie die Handlungsfelder, Maßnahmen und Zeitpläne gemeinsam mit Ihren MitarbeiterInnen. So stellen Sie sicher, dass alle mitgenommen werden und im besten Falle motiviert sind, zu Ihrem Vorhaben beizusteuern.

Im Nachfolgenden finden Sie eine kurze Auflistung mit Ideen zur Kommunikation mit den SDGs.

Verankerung der SDGs durch Hilfsmittel der persönlichen Kommunikation:

- SDG-Momente in Meetings,
- Events mit SDG-Bezug,
- Hotlines zum Beantworten von Fragen rund um Nachhaltigkeit und die SDGs,
- SDG-Workshops,
- SDG-Trainings,
- „Peer Education",
- „Open Spaces",
- „World Cafés",
- …

Verankerung der SDGs durch Hilfsmittel der Massenkommunikation:

- Artikel zu den SDGs in MitarbeiterInnenmagazinen,
- Aushänge am Schwarzen Brett zu SDG-Maßnahmen,
- SDG-Galerien und Ausstellungen,
- Artikel oder Umfragen im Intranet,
- Podcasts,
- Videos zu den SDGs,
- Newsletter, die die Entwicklungen zu den SDGs aufgreifen,

- nachhaltige Give-aways mit SDG-Bezug,
- Wikis oder Glossare,
- FAQs,
- …

> Auf www.17ziele.de finden Sie viele Druckvorlagen zu physischen Materialien zu den SDGs, wie SDG-Pappwürfel, SDG-Bierdeckel mit Mundart, SDG-Schablonen u.v.m.

Im Abschn. 5.3 finden Sie weitere Ideen, wie Sie entsprechende Anreize für Ihre MitarbeiterInnen schaffen können. Ganz wichtig: Seien Sie ein Vorbild im Bereich Nachhaltigkeit. Haben Sie dabei keine Sorge – Sie müssen nicht perfekt sein: Auch kleine Zeichen, die Sie in Ihrem (Arbeits-) Alltag im Sinne einer nachhaltigen Entwicklung setzen, sind ein Beweis für Ihr "Commitment" und untermauern die Ernsthaftigkeit Ihres Transformationsvorhabens.

Storytelling mit den SDGs

Das sogenannte Storytelling – im deutschen Sprachgebrauch das „Geschichtenerzählen" – ist das zielgerichtete Erzählen zur Vermittlung bestimmter Botschaften. Es ermöglicht die sanfte Vermittlung harter Fakten, indem der Erzähler offen Gefühle anspricht und auch persönliche Erfahrungen in die Geschichte integriert, anstatt nüchtern Informationen zu präsentieren. Dies macht ihn nahbar und schafft bei den EmpfängerInnen Vertrauen. Im Unternehmenskontext ermöglicht das Storytelling eine glaubhafte und einzigartige Positionierung.

Das Storytelling hilft Adressaten dabei, sich in den erzählten Sachverhalt hineinzuversetzen und diesen greifbar und erlebbar zu machen. Es ist sehr gut geeignet, um neue Vorhaben und Ideen verständlich zu erklären und die Betroffenen dafür zu begeistern. Dabei geht es nicht um eine reine Wissensvermittlung: Ziel des Geschichtenerzählens ist es auch immer, Werte, Moral und Rechtsempfinden zu transportieren. Gerade deshalb eignet sich das Storytelling so gut für die Kommunikation mit den SDGs, denn sie sprechen Themen an, die auf der ganzen Welt kontrovers diskutiert werden und versuchen in gewisser Weise eine gemeinsame globale Wertebasis zu schaffen.

Im Falle Ihres Transformationsvorhabens können Sie zunächst eine aktuelle Entwicklung oder einen aktuellen Sachverhalt (z. B. Klimawandel, Biodiversitätsverlust, soziale Ungleichheiten) kritisch hinterfragen und damit das Publikum zum Nachdenken anregen. Indem Sie mit der Story aufzeigen, wie Sie gemeinsam die infrage gestellte Entwicklung verbessern können, können Sie die geplante Transformation rechtfertigen.

Es gibt verschiedene Techniken für das Storytelling. Eine davon, die ich Ihnen empfehlen möchte, ist das visuelle Storytelling, bei dem das Geschichtenerzählen mit visuellen Medien unterstützt wird. Das visuelle Storytelling erreicht noch besser die menschlichen Emotionen und kann Mitgefühl hervorrufen. Es lässt das Publikum die Geschichte miterleben und bleibt eindrücklicher im Gedächtnis.

Nachfolgend beschreibe ich einige wesentliche Elemente, die eine erfolgreiche Geschichte ausmachen:

a) **Ziel:** Ihre Story muss eine eindeutige Botschaft vermitteln.
b) **Zielgruppe:** Eine gute Story orientiert sich an den Bedürfnissen ihrer Adressaten und nicht an den Vorstellungen der Person, die sie erzählt.
c) **Konflikt:** Die Geschichte muss im Publikum einen Konflikt auslösen bzw. es vor eine Herausforderung stellen.
d) **Einfachheit:** Die Story sollte so einfach sein, dass die ZuhörerInnen sie gut in Erinnerung behalten und weitererzählen können.
e) **Ein Held oder eine Heldin:** In der Story sollte eine Figur vorkommen, mit der sich das Publikum identifizieren kann. Dies muss nicht zwingend eine Person sein.
f) **Veränderung:** Der Held bzw. die Heldin sollte am Ende der Geschichte eine Veränderung der Ausgangssituation erfahren.

Ein gutes Storytelling mit den SDGs stellt Muster und Trends sowie Erkenntnisse und Beobachtungen hinsichtlich des durch die SDGs adressierten Themenspektrums dar. Es unterstützt Sie dabei, die Wahrnehmungen Ihrer MitarbeiterInnen zu beeinflussen und ihr Handeln anzustoßen.

Beispiele für Stories mit den SDGs finden Sie unter https://sdgstoday.org/storytelling

Literatur

Blasco JL, King A (2017) The road ahead – KPMG's survey of corporate responsibility reporting S 58

Global Reporting Initiative (2021) State of progress: Business contributions to the SDGs. A 2020–2021 study in support of the Sustainable Development Goals. https://www.globalreporting.org/media/ab5lun0h/stg-gri-report-final.pdf. Zugegriffen: 24. Jan. 2023

‚Storytelling Through a Spatial Lens' (kein Datum). https://sdgstoday.org/storytelling

9

Fazit

Zusammenfassung Die Umsetzung von Nachhaltigkeit und die Verankerung der SDGs ist ein komplexes Vorhaben für Unternehmen. Die SDGs sollten dabei stets im Kontext des Unternehmens betrachtet und eng mit der Vision und der Entwicklung der Strategie verknüpft werden. Eine nachhaltige Haltung fördert die Transformation zu einem nachhaltigen Unternehmen. Bei der Gestaltung sind die „Governance" und die Prozesse aus der Perspektive der SDGs zu betrachten, ein gewinnbringender Faktor für Unternehmen. Dabei sollten alle MitarbeiterInnen an der Transformation beteiligt werden. In diesem Kontext wurden Ansätze und praktische Hinweise zu den einzelnen Themen zur Umsetzung erläutert.

Die Umsetzung von Nachhaltigkeit und der Verankerung der SDGs im Unternehmen ist an sich ein komplexer, multidimensionaler, abteilungsübergreifender, das gesamte Unternehmen betreffender Prozess. Es gibt dabei viel zu beachten, viel Neues zu lernen, seine Denkweisen und Weltansichten zu hinterfragen, das Unternehmen von innen und von außen zu betrachten, neu zu strukturieren, anders zu wirtschaften und Wert zu schaffen und ist somit letztlich eine große Transformation.

Mit dem Lesen dieses Buchs haben Sie die SDGs kennengelernt, sie im Unternehmenskontext betrachtet und sie in den größeren Kontext der Nachhaltigkeit gesetzt. Somit haben Sie schon einen wichtigen ersten Schritt in die nachhaltige Zukunft Ihres Unternehmens genommen.

Im mittleren Teil haben Sie Ansätze kennengelernt, die SDGs für die Standortbestimmung und für Analysen zu verwenden. Ich hoffe, Sie haben dabei bemerkt, wie viel Sie mit einzelnen Maßnahmen schon zum Erreichen der SDGs beitragen – und haben ebenso ehrlich eine Einschätzung zu Ihrem negativen Einfluss auf die SDGs vorgenommen. Diese Standortbestimmung hat Ihnen wiederum als Grundlage für die Entwicklung der Vision und der Strategie dienen und einen ersten Fokus auf die wichtigsten Handlungsfelder legen können. Die Strategieentwicklung ist dabei sicher kein leichter Prozess und Hindernisse wie Datenverfügbarkeit, Informationsbeschaffung und der „unconscious bias" liegen auf dem Weg. Dennoch ist es der ganzheitliche Weg, die SDGs und Nachhaltigkeit in die Unternehmensstrategie zu integrieren. Sie haben gesehen, welche gewaltigen Geschäftschancen im Prozess der Zielerreichung liegen und wie die SDGs Inspiration für die Entwicklung von nachhaltigen Geschäftsmodellen liefern können. Ich hoffe, Sie sind während des Lesens auf neue Ideen zu nachhaltigen Geschäftsmodellen mit den SDGs gekommen und haben Ihre Denkmodelle und Haltungen durch die neuen Ansätze erweitern können.

Die nachhaltige „Governance" und nachhaltige Prozesse zu implementieren, ist ein weiterer wichtiger Schritt bei der Transformation. Sie erhöhen die Chancen ungemein, dass Ihnen diese Transformation gelingt, wenn die Verantwortung für die Zielerreichung für den Start auf oberster Ebene und bei Ihren Führungskräften auch monetär verknüpft ist, die ProgrammleiterInnen und ProjektleiterInnen das nötige Fachwissen in Bezug auf Nachhaltigkeit besitzen und Sie generell an der Entwicklung eines nachhaltigen Mindsets und einer nachhaltigen Kultur arbeiten. Seien Sie bemüht, alle Ihre MitarbeiterInnen auf dieser Reise mitzunehmen, denn Sie brauchen alle im Unternehmen, um diese Transformation zu meistern.

Sie zu bewältigen ist sicherlich keine leichte Aufgabe, besonders nicht für den Mittelstand, da Ressourcen und Kapital nicht unendlich sind. Ich kann Sie hier nur ermutigen, mit Weitsicht im Jetzt Entscheidungen zu treffen, die sich erst in einigen Jahren auszahlen werden. Berichten Sie ebenso mutig über Ihre Fortschritte und genauso über Ihre Rückschläge, da diese ein wichtiger Bestandteil des Lernens und Verbesserns sind. So kommen Sie schlussendlich in den Dialog mit anderen Unternehmen und weiteren Interessensgruppen und können ihr Wissen über effektive Wege der Umsetzung teilen.

Ich bin fest davon überzeugt, dass der Austausch zu Nachhaltigkeit und der Umsetzung mit den SDGs ein wichtiger Bestandteil ist, dass wir die große Aufgabe, die vor uns liegt, die keine kleinere ist, als unsere Lebensgrundlage zu retten, schaffen. Nachhaltigkeit ist ein Gemeinschaftswerk!

Vernetzen Sie sich unbedingt in Austauschgruppen, Nachhaltigkeitsnetzwerken oder Verbänden. Deshalb lade ich Sie auch herzlich ein, Teil meines Netzwerks zu werden und mit mir in den Kontakt und Austausch zu gehen und Feedback zu geben, welche Erkenntnisse Sie beim Lesen gehabt haben oder welche Erfahrungen Sie beim Umsetzen gemacht haben.

Für Ihre weiteren Schritte mit den SDGs und mit der Nachhaltigkeit wünsche ich Ihnen viel Erfolg, Kreativität und Mut.

Patricia Moock

Im Februar 2023

Glossar

1,5-Grad-Ziel oder Pariser Klimaabkommen: Im Pariser Klimaabkommen von 2015 einigten sich die Vereinten Nationen auf das 1,5-Grad-Ziel. Demnach soll der menschengemachte globale Temperaturanstieg durch den Treibhauseffekt 1,5 °C nicht überschreiten, was deutlich weniger destruktive Folgen als eine Erwärmung um 2 °C hätte.

Aktionsplan Kreislaufwirtschaft: Der Aktionsplan Kreislaufwirtschaft ist ein Baustein des European Green Deals, der kreislaufwirtschaftliche Maßnahmen über den gesamten Lebenszyklus von Produkten vorsieht. Seine Ziele sind der Schutz der Umwelt, die Stärkung der Wettbewerbsfähigkeit in der EU und die Einführung neuer Rechte für Verbrauchende. Die Produktion soll unter anderem so gestaltet werden, dass die verwendeten Ressourcen möglichst lange in der EU-Wirtschaft Verwendung finden.

CO_2-Kompensation: Die CO_2-Kompensation ist ein Prinzip zum Ausgleich von CO_2-Emissionen durch den Erwerb von Emissionszertifikaten, von dem Unternehmen Gebrauch machen können. Das Geld aus dem Erwerb wird zur Durchführung und Förderung von Klimaschutzmaßnahmen verwendet.

Corporate Carbon Footprint (CCF): Der „Corporate Carbon Footprint" gibt Auskunft über alle unternehmensbezogenen Treibhausgasemissionen, die direkt vom Unternehmen oder seiner Wertschöpfungskette ausgehen.

Corporate Sustainability Due Diligence Directive (CSDDD): Bei der CSDDD handelt es sich um einen Vorschlag der EU-Kommission vom 23. März 2022, in dem in der EU tätige Unternehmen verpflichtet werden, die Menschenrechte und die Umwelt entlang globaler Wertschöpfungsketten zu achten. Ein neuer Aspekt ist die zivilrechtliche Haftung, die geschädigten AkteurInnen einen Entschädigungsanspruch einräumt. Die Gewährleistung der Entschädigung muss

P. Moock, *SDGs im Mittelstand*, SDG - Forschung, Konzepte, Lösungsansätze zur Nachhaltigkeit, https://doi.org/10.1007/978-3-662-67736-0

durch die Mitgliedstaaten sichergestellt werden. Ziel ist, die CSDDD ab 2024 in nationales Recht umzusetzen.

Corporate Sustainability Reporting Directive (CSRD): Mit der durch das EU-Parlament beschlossenen Corporate Sustainability Reporting Directive greift eine verschärfte Pflicht zur Nachhaltigkeitsberichterstattung für Unternehmen, welche in den nächsten Jahren durch eine Ausweitung auch mittelständische Unternehmen treffen wird. Die Pflicht besteht aus der regelmäßigen Vorlage eines an den ESG-Kriterien orientierten und extern geprüften Nachhaltigkeitsberichts.

Deutsche Nachhaltigkeitsstrategie: Die deutsche Nachhaltigkeitsstrategie ist eine Adaptation der 17 Ziele für nachhaltige Entwicklung in Deutschland. Die aktuelle Fassung aus dem Jahr 2021 setzt die Ziele in Zusammenhang mit der Agenda 2030, dem Green Deal und der Coronapandemie. In ihr sind deutsche Leitprinzipien und Ziele einzelner Entwicklungsfelder definiert.

Deutscher Nachhaltigkeitskodex (DNK): Der Deutsche Nachhaltigkeitskodex verfolgt das Ziel, Nachhaltigkeitsbemühungen zu standardisieren, zu erleichtern und fördern. Der Kodex wurde 2011 vom Rat für Nachhaltige Entwicklung (RNE) eingeführt und umfasst 20 Kriterien nachhaltigen Wirtschaftens mit ökologischen, sozialen und ökonomischen Aspekten.

Eco-Management and Audit Scheme (EMAS): Das Eco-Management Audit Scheme ist eines der verbreitetsten Umweltmanagementsysteme. Durch Erfüllung der europäischen EMAS-Verordnung (EG, NR 1221/2009) können sich Unternehmen mit dem EMAS-Logo zertifizieren lassen. Unternehmen, die den Anforderungen von EMAS nachkommen, erfüllen auch die Anforderungen des ISO 14001 Standard.

ESG-Kriterien: Die ESG-Kriterien dienen der Einschätzung von Nachhaltigkeitsbemühungen eines Unternehmens in den Bereichen Umwelt („Environment"), Soziales („Social") und Unternehmensführung („Governance"). In diesen drei Bereichen werden unterschiedlichen Metriken zur Messung der Nachhaltigkeitsleistung eines Unternehmens definiert. Dies erlaubt Investoren, die Nachhaltigkeit von Unternehmen zu bewerten und somit ihre Investitionsentscheidung zu erleichtern. Ebenso gibt es Ausschlusskriterien wie beispielsweise Menschenrechtsverletzungen oder der Handel mit Waffen.

European Green Deal: Der European Green Deal ist ein Plan, mit dem die heutige europäische Wirtschaft in eine nachhaltige und klimaneutrale Kreislaufwirtschaft transformiert werden soll. Der Plan beinhaltet alle Wirtschaftssektoren mit dem Fokus auf den Bereichen Industrie, Gebäude, Energie und Mobilität. Das Ziel des Plans ist, Europa in einem fairen und integrativen Prozess zum ersten klimaneutralen Kontinent zu machen und eine Wirtschaft zu betreiben, die durch die effektive und sparsame Nutzung von Ressourcen und Produkten sowie deren Wiederverwertung charakterisiert ist.

European Financial Reporting Advisory Group (EFRAG): Die EFRAG – Europäische Beratungsgruppe für Finanzberichterstattung – wurde 2001 mit Unterstützung der EU-Kommission als ein dem öffentlichen Interesse dienender privater Verband gegründet. Sie ist für die Entwicklung von internationalen Rechnungslegungsstandards sowie von Standards für die Nachhaltigkeitsberichterstattung zuständig. Zuletzt erarbeitete die EFRAG im Jahr 2022 Entwürfe für Berichtsstandards (ESRS), die in der CSRD verankert werden sollen.

European Sustainability Reporting Standards (ESRS): Die ESRS sind ein Entwurf (Stand Januar 2023) der European Financial Reporting Advisory Group (EFRAG), welcher die Berichtsstandards der Nachhaltigkeitsberichterstattung entsprechend der Corporate Sustainability Reporting Directive (CSRD) festlegen soll. Ziel ist, mehr Klarheit, Einheitlichkeit und Vergleichbarkeit hinsichtlich der Nachhaltigkeitsleistungen von Unternehmen zu schaffen.

EU-Taxonomie: Die EU-Taxonomie ist ein gesetzlich verankertes Regelwerk mit einer eindeutigen und innerhalb der EU anerkannten Definition nachhaltigen Wirtschaftens. Sie enthält klare Maßstäbe, welche die Bewertung von Unternehmenstätigkeiten hinsichtlich ihrer Nachhaltigkeit und Umweltfreundlichkeit ermöglichen. Die EU-Taxonomie beabsichtigt, nachhaltige Unternehmen durch einen Investitionsfokus indirekt zu fördern. Sie beinhaltet 6 Umweltziele zu Klimaschutz und -anpassung, Biodiversität, Wasser und Meeresresourcen, Umweltverschmutzung und Kreislaufwirtschaft.

Global Reporting Initiative (GRI): Die Global Reporting Initiative ist eine unabhängige internationale Initiative, die Standards zur Nachhaltigkeitsberichterstattung herausgibt. Sie bietet Unternehmen Unterstützung für ihre Berichterstattung und ermutigt sie zu nachhaltigen Entscheidungen. Die GRI-Standards sind weltweit die meistgenutzten Standards.

Greenhouse Gas Protocol (GHGP): Das im Jahr 1990 gegründete GHG-Protokoll legt weltweit anerkannte Standards zur Berechnung und Handhabung von Treibhausgasemissionen für Unternehmen und deren Wertschöpfungsketten fest. Es soll für Unternehmen die Berichterstattung über die eigenen Emissionen erleichtern sowie für Außenstehende transparenter machen. Darüber hinaus stellt es Vorschläge für Maßnahmen zur Emissionsminderung zur Verfügung.

International Panel on Climate Change (IPCC): Das International Panel on Climate Change oder der „Weltklimarat" ist eine Institution der Vereinten Nationen, die mithilfe von Wissenschaftlern den aktuellen Stand zum Klimawandel einschließlich möglicher Zukunftsszenarien zusammenfasst und bewertet. Die Arbeit des Weltklimarates ist rein informativ, d. h., er trifft weder Entscheidungen noch macht er Handlungsvorschläge.

ISO 14001: Die ISO 14001 legt weltweit anerkannte Anforderungen an ein Umweltmanagementsystem fest. Diese beinhaltet zahlreiche weitere Normen zu verschiedenen Bereichen des Umweltmanagements, unter anderem zu Ökobilanzen, zu Umweltkennzahlen bzw. zur Umweltleistungsbewertung. Sie kann sowohl auf produzierende als auch auf dienstleistende Unternehmen angewandt werden und Unternehmen können ihre Prozesse nach ihr zertifizieren.

ISO 26000: Die ISO 26000 ist ein Leitfaden, der Unternehmen als Orientierung und als Empfehlung dienen kann, um sich gesellschaftlich verantwortlich aufzustellen. Der Leitfaden wurde im November 2010 veröffentlicht und seine Anwendung ist freiwillig. Die ISO 26000 ist keine zertifizierbare Managementsystemnorm.

Kreislaufwirtschaft: Im Gegensatz zur linearen Wirtschaft hat die Kreislaufwirtschaft das Ziel, Produkte oder Einzelteile am Ende ihres Lebenszyklus neu zu verwenden, d. h., diese wie in der Natur zurück in den Kreislauf einfließen zu lassen. Dadurch können Abfälle vermieden und Primärrohstoffe eingespart werden. Durch die weltweit rasant wachsenden Abfallmengen und die damit verbundene Umweltverschmutzung nimmt die Notwendigkeit der Kreislaufwirtschaft stetig zu.

Lieferkettensorgfaltspflichtengesetz (LKSG): Das im Juni 2021 vom Deutschen Bundestag verabschiedete Lieferkettensorgfaltspflichtengesetz legt Anforderungen an ein verantwortungsvolles Lieferkettenmanagement fest. Das Gesetz greift seit dem 1. Januar 2023 für in Deutschland ansässige Unternehmen mit mindestens 3000 Beschäftigten, ab dem 1. Januar 2024 für Unternehmen mit mindestens 1000 Beschäftigten. Betroffene Unternehmen haben demnach im Rahmen ihrer Möglichkeiten dafür Sorge zu tragen, dass ihre Lieferanten entlang der gesamten Lieferkette die geforderten sozialen und ökologischen Mindeststandards einhalten.

Net Zero (Nullemission): Bei Net Zero handelt es sich um ein Konzept, das entweder eine Reduktion oder einen Ausgleich aller ausgestoßenen Emissionen vorsieht, sodass die Emissionsbilanz letztendlich null ergibt. Damit soll eine weitere Anreicherung von klimaaktiven Treibhausgasen in der Atmosphäre verhindert werden.

Non Financial Reporting Directive (NFRD): Die NFRD ist eine europäische Richtlinie zur Offenlegung nicht finanzieller Informationen von Unternehmen mit mehr als 500 MitarbeiterInnen. Zusätzlich zu Angaben bezüglich ihres Geschäftsmodells, ihrer Konzepte, Ergebnisse sowie Risiken und Leistungsindikatoren müssen Unternehmen gemäß NFRD Angaben zu Nachhaltigkeitsbelangen machen. Die Nachhaltigkeitsbelange belaufen sich auf Sachverhalte hinsichtlich der Umwelt, Soziales, Arbeitnehmende, Achtung der Menschenrechte und Korruptionsbekämpfung. Sofern Unternehmen kein Konzept hierzu vorlegen, müssen sie dafür Gründe vorlegen.

Product Carbon Footprint (PCF): Der „Product Carbon Footprint" gibt Auskunft über alle produktbezogenen Treibhausgasemissionen, die während des gesamten Produktlebenszyklus eines Produktes (von der Entwicklung bis zur Entsorgung) entstehen.

Science Based Targets Initiative (SBTI): Die Initiative „Science Based Targets" wurde gegründet, um Unternehmen bei der Reduktion ihrer Emissionen zu unterstützen. Dafür stellt sie für jede Branche individuelle Maßnahmenkataloge zur Verfügung und errechnet die am schnellsten erzielbaren Einsparpotenziale. Für die Erreichung der selbst gewählten Ziele erhalten Unternehmen eine offizielle Bestätigung.

Scope-1-, Scope-2- und Scope-3-Treibhausgasemissionen: Für die Emissionen von Unternehmen gibt es 3 Geltungsbereiche, sogenannte "Scopes". Alle direkt vom Unternehmen ausgestoßenen Emissionen (z. B. durch die Produktion) fallen in Scope 1. Scope 2 umfasst jene Emissionen, die indirekt durch die für den Eigenbedarf gekaufte Elektrizität, Wärme oder Kühlung entstehen. Scope 3 bezeichnet alle aus der vor- und nachgelagerten Wertschöpfungskette eines Unternehmens hervorgehenden Emissionen (z. B. durch das Abfallmanagement oder den Berufsverkehr).

Sustainable Development Goals (SGDs – Ziele für eine nachhaltige Entwicklung): Bei den Zielen für eine nachhaltige Entwicklung handelt es sich um eine gemeinsame Agenda, die die 193 Mitglieder der Vereinten Nationen im Jahr 2015 verabschiedeten. Die Agenda beinhaltet 17 Nachhaltigkeitsziele mit insgesamt 169 Unterzielen mit einem Zeithorizont bis 2030. Die dahinterstehende Bestrebung der Weltgemeinschaft sind der Schutz unseres Planeten sowie ein Leben in Frieden und Wohlstand für alle Menschen. Die Themen Gesundheit, Bildung, Versorgung, Klimaschutz, Infrastruktur und Globalisierung sind Schwerpunkte der Ziele.

Sustainable Finance Disclosure Regulation (SFDR): Die SFDR ist eine europäische Richtlinie, die Anbieter von Finanzprodukten dazu verpflichtet, Informationen zu Nachhaltigkeitsaspekten offenzulegen. Verlangt werden insbesondere Angaben zur Integration von Nachhaltigkeitsfaktoren in Entscheidungsprozesse bei der Entwicklung von Finanzprodukten und deren wesentlichen negativen Auswirkungen. Besondere Vorschriften gelten für Produkte, die als „nachhaltige Investments" deklariert sind oder mit ESG-Eigenschaften beworben werden.

Treibhausgasbilanz (THG-Bilanz): Die THG-Bilanz enthält die Menge aller Treibhausgasemissionen, die aus der unternehmerischen Tätigkeit entstehen (siehe CCF). Sie kann mithilfe des GHG-Protokolls oder ISO14064-1 ermittelt werden.

Übereinkommen über die biologische Vielfalt: Das Übereinkommen über die biologische Vielfalt ist ein am 29. Dezember 1993 in Kraft getretenes internationales Umweltabkommen zum Schutz und zum Erhalt der biologischen Vielfalt. In der Abschlusserklärung der 15. Weltbiodiversitätskonferenz – dem Kunming-Montreal Global Biodiversity Framework – wurde das 30-%-Flächenschutzziel aufgenommen, bei dem mindestens 30 % der globalen Landes- und Meeresfläche bis zum Jahr 2030 unter Schutz gestellt werden sollen.

United Nations Global Compact (UNGC): Der UNGC – zu Deutsch „Globaler Pakt der Vereinten Nationen" – ist ein Pakt zwischen Unternehmen und den Vereinten Nationen, mit dem eine sozialere und ökologischere Globalisierung erreicht werden soll. Er besteht aus 10 Prinzipien, zu deren Einhaltung sich die teilnehmenden Unternehmen verpflichten. Sie decken die Bereiche Menschen-

und Arbeitsrechte, Umweltstandards, Antikorruption und die Verfolgung der SGDs ab.

Wesentlichkeitsanalyse: Die Wesentlichkeitsanalyse hilft Unternehmen dabei, die für sie drängendsten ökologischen und/oder sozialen Probleme zu identifizieren. In einem 1. Schritt wird analysiert, welche positiven und negativen Auswirkungen die Unternehmen auf Nachhaltigkeitsaspekte haben. In einem 2. Schritt wird geprüft, welche Nachhaltigkeitsherausforderungen von außen in besonderem Maße auf das Unternehmen einwirken. Die Wesentlichkeitsanalyse ist ein grundlegendes Element der Nachhaltigkeitsberichterstattung.